江苏省社科基金后期资助项目

我国跨市场金融风险传染研究

武 琳 著

南京大学出版社

图书在版编目(CIP)数据

我国跨市场金融风险传染研究 / 武琳著. —南京：南京大学出版社，2022.12
ISBN 978-7-305-25082-8

Ⅰ.①我… Ⅱ.①武… Ⅲ.①金融市场－金融风险防范－研究－中国 Ⅳ.①F832.5

中国版本图书馆 CIP 数据核字(2021)第 274081 号

出版发行	南京大学出版社		
社　　址	南京市汉口路22号	邮　编	210093
出 版 人	金鑫荣		

书　　名　**我国跨市场金融风险传染研究**
著　　者　武　琳
责任编辑　尤　佳　　　　　　　　编辑热线　025-83592315
照　　排　南京开卷文化传媒有限公司
印　　刷　江苏苏中印刷有限公司
开　　本　787 mm×960 mm　1/16　印张 18.5　字数 230 千
版　　次　2022年12月第1版　2022年12月第1次印刷
ISBN　978-7-305-25082-8
定　　价　49.80元

网　　址：http://www.njupco.com
官方微博：http://weibo.com/njupco
微信服务号：njuyuexue
销售咨询热线：(025)83594756

* 版权所有，侵权必究
* 凡购买南大版图书，如有印装质量问题，请与所购
  图书销售部门联系调换

前 言
Foreword

改革开放以来,中国经济持续高速增长,实体经济和以期货、证券为代表的虚拟经济均得到了长足发展。股票、债券和期货市场也从无到有,并且发展迅速。近年来,中国内地期货市场交易品种越来越丰富,部分期货品种的国际定价能力也逐渐显现;A股也正式纳入MSCI新兴市场指数。中国金融市场的国际影响正在逐步加强。

在过去的40年里,特别是自2007年次贷危机以来,跨国、跨市场危机和风险传染事件频发,使得风险传染成为各方关注的焦点之一。近年来,我国股市的暴涨暴跌、部分商品价格剧烈波动备受关注。特别是从"豆你玩"到"糖高宗"的价格事件所引起的不仅仅是社会消费者对切身消费的关注与热议,更引发了投资者、监管机构和研究人员对我国资产价格波动风险及其跨市场传染问题的深思。

跨市场金融风险传染问题是一个复杂的、动态的经济问题。学术界与实践领域多年的学术积累、实践检验,形成了大量的有关经济危机发展与传染、国际金融风险传染等方面的研究成果,诸多成果已在实践中得到借鉴和采用。作为最大的发展中国家,中国的股票市场、债券市场、期货市场在改革开放后经历了从无到有,再到迅速发展的过程。在我国市场快速发展阶段,由于产品和功能的不完善,以及持续快速发展带来的结构性变化等原因使得我国跨市场金融风险传染与国际发达市场存在明显差异。目前,学术界对高速发展中的股票、债券、期货和商品现货市场之间风险传染问题的研究尚不充分,也缺乏系统和全面的研究成果。

基于上述思考,本研究在借鉴相关研究成果的基础上,尝试从资产价格波动角度对我国股票、债券、期货和现货市场之间的跨市场风险传染问题进行研究。为达到此目的,立足于我国实际开展以下几方面研究:一是对我国主要金融市场资产价格的波动性与关联性进行分析;二是在资产价格波动风险界定的基础上,运用 VaR 方法测度我国金融市场风险,采用 Copula 方法分析金融市场风险的相关性;三是研究资产价格波动风险的跨市场传染机制;四是分别从金融市场间、金融市场内部板块间、金融市场与实体经济间进行我国跨市场金融风险传染的实证研究。

本研究的主要观点如下:①金融市场风险传染是风险累积与市场关联共同作用的结果。当某一市场的风险累积量突破临界点时,风险借助市场关联关系,以各类风险传染途径向外传染,最终形成跨市场金融风险传染。②从资产价格波动视角研究跨市场金融风险传染问题可兼顾风险累积与市场关联性两个核心点,有效阐释跨市场金融风险传染机制。资产价格波动反映了复杂的市场信息变动情况。通过对资产价格波动的分析,可从细微处考查金融市场风险。对资产价格波动关联性进行分析可发现波动风险的传染机制,以达到研究市场风险传染机制的目的。③跨市场金融风险传染存在资本流动、资产替代、信息溢出、投资心理预期、资产的产业关联等多个传染途径。跨市场金融风险传染可以通过单一传染途径来实现,也可以是多途径共同作用的结果。④基于我国金融市场间、金融市场内部板块间、金融市场与实体经济间多维度样本数据的动态分析结果,证实了存在信息、资产产业关联、资产替代效应等途径的跨市场金融风险传染。我国跨市场金融风险传染具有时变特征，受到各个市场以及外部环境冲击的影响。

应该指出，中国经济正处于转型发展时期，各市场处于高速发展之中，市场的不完全性和结构变化使得现有数据存在代表性不足等问题，特别是现货市场发展的不均衡性给数据采集带来了极大困难，一些数据的不可获得性在一定程度上影响了本研究的结论。同时，市场发展的不均衡性与扩张性使得各种风险传染的稳定性较差，这在一定程度上影响了理论研究成果的实证分析效果。尽管研究远非完善，诸多研究尚有待深入，但从事我国跨市场金融风险传染问题研究是有意义的。本研究虽显浅薄，但希望能够起到抛砖引玉的作用，为相关研究提供借鉴，为相关决策分析提供参考。

目 录
Contents

第一章 绪 论 ……………………………………………… 1

1.1 问题提出 …………………………………………… 1

 1.1.1 研究背景 ……………………………………… 1

 1.1.2 研究意义 ……………………………………… 4

1.2 相关研究综述 ……………………………………… 6

 1.2.1 资产价格与金融风险的相关研究 …………… 6

 1.2.2 金融资产价格与宏观经济关联性的相关研究 …… 14

 1.2.3 金融危机传染的相关研究 …………………… 18

 1.2.4 跨市场风险传染的相关研究 ………………… 23

 1.2.5 现有研究成果评述 …………………………… 32

1.3 研究对象及基本概念的界定 ……………………… 33

 1.3.1 资产价格与资产价格波动风险 ……………… 33

 1.3.2 金融市场与跨市场金融风险传染 …………… 34

1.4 主要研究内容 ……………………………………… 35

第二章 金融市场资产价格的波动性与关联性 ·············· 37
2.1 金融市场资产价格波动的分析方法 ·················· 37
2.1.1 时间序列平稳性检验和正态性检验 ············· 37
2.1.2 波动聚集性检验和异方差性检验 ··············· 38
2.1.3 资产价格收益率的杠杆效应检验 ··············· 39
2.1.4 资产价格收益率的长记忆性检验 ··············· 41
2.2 金融市场资产价格收益的波动性分析 ················ 43
2.2.1 资产价格收益的变量选择与样本数据 ············ 43
2.2.2 金融市场资产价格收益率时间序列的正态性和平稳性
检验 ···························· 46
2.2.3 金融市场资产价格收益率的波动集簇性与 ARCH 效应
································ 48
2.2.4 金融市场资产价格收益率的杠杆效应检验 ········· 53
2.2.5 金融市场资产价格收益率时间序列的长期记忆效应与分形
维度 ···························· 55
2.3 金融市场资产价格收益率波动的关联性 ··············· 58
2.3.1 金融市场间资产价格收益率波动的协整检验 ········ 58
2.3.2 不同子市场间资产价格收益率波动的关联性检验 ····· 59
2.3.3 金融市场指数波动与宏观经济运行的关联性检验 ····· 61

第三章 金融市场风险测度与波动相关性 ················· 67
3.1 金融市场风险的内涵界定与分析方法梳理 ·············· 67
3.1.1 金融市场风险的内涵界定 ··················· 67

3.1.2　金融市场风险的分析方法 ································ 70
3.2　我国金融市场价格收益率波动风险测度 ····················· 78
　　3.2.1　金融市场指数收益率 VaR 测度的参数设定 ············ 78
　　3.2.2　我国股票市场价格收益率波动风险测度 ················ 79
　　3.2.3　我国债券市场价格收益率波动风险测度 ················ 83
　　3.2.4　我国商品期货市场价格收益率波动风险测度 ·········· 85
3.3　我国金融市场风险的相关性 ································· 87
　　3.3.1　金融市场风险相关性分析的 Copula 方法 ·············· 87
　　3.3.2　金融市场风险相关性检验 ······························ 88

第四章　跨市场金融风险传染机制研究 ························· 90
4.1　跨市场金融风险传染的特征 ································· 90
　　4.1.1　风险的累积性与临界性特征 ···························· 90
　　4.1.2　风险传染过程的路径依赖性 ···························· 92
　　4.1.3　风险传染载体的物化与非物化特征 ···················· 93
　　4.1.4　跨市场金融风险传染的动力特征 ······················ 100
4.2　基于资本流动与资产替代路径的跨市场金融风险传染 ······ 101
　　4.2.1　资本流动的风险累积与临界点 ························ 101
　　4.2.2　基于资本流动路径的跨市场金融风险传染过程 ········ 102
4.3　基于信息流路径的跨市场金融风险传染 ····················· 105
　　4.3.1　跨市场信息流转的非对称性 ···························· 105
　　4.3.2　基于信息流路径的跨市场金融风险传染过程 ·········· 107
4.4　基于投资预期路径的跨市场金融风险传染 ··················· 111

  4.4.1 预期的差异与羊群效应 ……………………………… 111

  4.4.2 基于投资预期路径的跨市场金融风险传染过程 ……… 112

 4.5 基于资产产业关联路径的跨市场金融风险传染 …………… 114

  4.5.1 资产的产业关联性与价格影响 ……………………… 114

  4.5.2 基于资产产业关联路径的跨市场金融风险传染过程 … 115

 4.6 基于资产替代效应路径的跨市场金融风险传染 …………… 119

  4.6.1 资产的替代性与价格影响 …………………………… 119

  4.6.2 基于资产替代效应路径的跨市场金融风险传染过程 … 120

第五章 金融市场间的金融风险传染实证研究 ………………… 122

 5.1 股票、债券与商品期货市场间的金融风险传染研究 ……… 122

  5.1.1 实证分析模型与方法 ………………………………… 123

  5.1.2 变量选择与样本数据整理 …………………………… 126

  5.1.3 基于 TVP-VAR 模型的股票、债券与商品期货市场间的金融风险传染实证分析 ……………………………… 128

 5.2 股指与股指期货市场间的金融风险传染研究 ……………… 137

  5.2.1 实证分析模型与方法 ………………………………… 137

  5.2.2 变量选择与样本数据整理 …………………………… 139

  5.2.3 股指与股指期货价格收益率波动的长期均衡分析 …… 140

  5.2.4 股指与股指期货市场间的动态相关性分析 ………… 141

  5.2.5 股指与股指期货市场双向风险溢出 ………………… 144

 5.3 国债与国债期货市场间的金融风险传染研究 ……………… 147

  5.3.1 变量选择与样本数据整理 …………………………… 147

5.3.2　国债期货与现货价格收益间的长期均衡分析 ………… 149
　　5.3.3　国债期货与现货市场间的收益率动态相关性分析 …… 151
　　5.3.4　国债期货与国债现货市场双向风险溢出 ……………… 152

第六章　金融市场内部板块间的金融风险传染实证研究 ………… 156
6.1　期货市场板块间的金融风险传染研究 ……………………… 156
　　6.1.1　变量选择与样本数据整理 ………………………………… 156
　　6.1.2　基于 TVP-VAR 的期货市场板块间的金融风险传染
　　　　　研究 …………………………………………………………… 158
　　6.1.3　期货市场板块间的金融风险传染研究结论 …………… 167
6.2　债券市场不同板块间的金融风险传染研究 ………………… 168
　　6.2.1　国债市场不同期限板块间的金融风险传染研究 ……… 169
　　6.2.2　不同债权工具间的金融风险传染研究 ………………… 183
6.3　产业关联期货品种间的金融风险传染研究 ………………… 197
　　6.3.1　变量选择与样本数据整理 ………………………………… 197
　　6.3.2　产业关联期货板块间的收益率动态相关性分析 ……… 199
　　6.3.3　产业关联期货板块间的双向风险溢出 ………………… 201
　　6.3.4　产业关联期货品种间的金融风险传染研究结论 ……… 205

第七章　金融市场与实体经济间的金融风险传染实证研究 ……… 207
7.1　期货、现货及证券市场相关资产间的金融风险传染研究 …… 207
　　7.1.1　基于 SVAR 的期货、现货及证券市场相关资产间的
　　　　　金融风险传染研究 …………………………………………… 208

  7.1.2 期货、现货及证券市场间的风险溢出动态分析 ············ 216

  7.1.3 期货、现货及证券市场相关资产间的金融风险传染研究

     结论 ·· 222

 7.2 期货市场与宏观经济变量间的金融风险传染研究 ············ 222

  7.2.1 变量选择与样本数据整理 ······································ 223

  7.2.2 基于 TVP-VAR 模型的期货市场与宏观经济变量间的

     金融风险传染研究 ··· 224

  7.2.3 期货市场与宏观经济变量间的金融风险传染研究结论

      ··· 231

 7.3 股票市场与宏观经济变量间的金融风险传染研究 ············ 232

  7.3.1 变量选择与样本数据整理 ······································ 233

  7.3.2 基于 TVP-VAR 模型的股票市场与宏观经济变量间的

     金融风险传染研究 ··· 234

  7.3.3 股票市场与宏观经济变量间的金融风险传染研究结论

      ··· 240

第八章 结论与展望 ·· 242

 8.1 主要研究结论 ··· 242

 8.2 展 望 ·· 245

参考文献 ··· 246

第一章

绪 论

1.1 问题提出

1.1.1 研究背景

1. 经济全球化背景下金融风险传染加剧

20世纪70年代布雷顿森林体系崩溃后,世界货币和金融市场波动加剧,风险环境日益复杂化。各类机构为避免重大损失、保持盈利纷纷加强了风险管理,学术界也愈发重视风险管理问题的研究。进入20世纪90年代后,经济全球化进程加快,世界经济的联系越来越紧密,与之相随的是市场波动性剧增、风险加大,经济危机和金融危机的传染效应逐渐加强,危害性在加大。

自1992年欧洲货币危机以来,世界危机频发,如1994—1995年的墨西哥金融危机、1997—1998年的亚洲金融危机、2007—2008年的美国次贷危机、2009—2010年的欧债危机等,这些危机的发生与传染无不在世界经济中掀起波澜,甚至是惊涛骇浪,多国经济受损。从历次危机的发展趋势来看,市场波动性加剧,风险传染效应的加强使得企业、金融机构和投资者面临日益严重的风险,且危机也不再是简单影响工商企业和金融机构,而是跨越市场、跨越国界对多个市场、多个国家或地区产生严重影响。以 2007 年 2 月 13 日美国新世纪金融公司(New Century Finance)发出 2006 年第四季度盈利预警为标志,到 2009 年 6 月 1 日通用公司破产为止的美国次贷危机影响了世界多数国家、众多市场与机构。直接受损企业包括次级房贷公司、次级抵押贷款机构、商业银行和投资银行等,而世界证券市场、期货和现货市场也出现大幅跳水,沃尔玛、家得宝等众多不同类别的公司遭到严重损失,雷曼兄弟、克莱斯勒和通用公司甚至申请破产。人们在关注美国次贷危机产生危害的同时,也更加重视风险在不同市场、不同国家与地区之间传染的问题,跨市场、跨国界风险传染问题受到热议。

2020 年,新冠肺炎疫情给全球的金融市场与宏观经济造成显著冲击,国际金融市场和大宗商品市场出现巨幅波动,全球经济出现大幅度下滑。全球主要股票市场出现剧烈震荡,美国股市史无前例地连续出现熔断,系统性金融风险快速在国际金融市场中扩散、传染。世界银行《全球经济展望》数据显示,以不变价格计算,2020 年全球经济增长率为 －3.4%,发达经济体为－4.6%(其中,美国为－3.4%),新兴市场和发展中经济体为－1.7%。研究金融风险传染问题,防范并化解金融风险,防止系统性金融风险,加强金融安全不仅是学术界和金融实践领域关注的热点,也是政府高度重视的问题之一。

2. 中国金融市场快速发展背景下异常波动频繁

随着中国宏观经济的持续高速增长,国内以股票、债券和期货为代表的金融市场得到了长足发展,各市场的规模不断扩大,交易品种增加,功能也不断完善。截止到2020年,我国沪、深两市上市公司达到了4 154家,市值为797 238亿元。债券市场则形成了以全国银行间债券市场、证券交易所为主体,交易产品涵盖国债、政策性银行债券、商业银行债券、企业债、公司债等多种类型,债券余额超过1 143 929亿元的综合性债券市场。期货市场发展到现在拥有郑州商品交易所、大连商品交易所、上海期货交易所和中国金融期货交易所共四个交易所,有62种商品期货和6种金融期货上市交易,年交易额达到了4 373 005亿元。并且,随着我国期货市场的迅速发展,部分期货产品的国际影响力逐渐显现。

随着我国金融市场的快速增长,金融市场间以及其与国际市场的联系不断提升,金融市场的联动性增强。与此同时,我国金融市场的异常波动增多,波动幅度增强,公募债券违约现象从无到有,乃至屡见不鲜。2007年以来,我国股票市场经历了2007年、2015年的股灾,2016年"熔断式股灾",以及2020年2月沪、深两市逾3 000只个股跌停的暴跌行情。债券市场出现了市场巨幅波动、国债市场异常波动造成的临时停牌,以及国债利率倒挂等异常现象。中国信用债市场自2014年首只公募信用债违约之后债券违约数量增加。同花顺iFinD金融终端数据显示,截止到2020年年底,共有291家单位发行的710只债券违约,涉及违约金额超过4 443亿元,债券违约风险加大。随着期货市场的不断发展与完善,一方面,期货市场与股票、债券市场的联动性增强,特别是在金融市场巨幅波动过程中,金融期货与股票、债券市场间的风险传染迅速。另一方面,作为大宗商品定价市场,国内期货价格波动及期现货价格联动备受关注。从"豆你玩"到"糖高宗",一个个关乎社会公众切身利益的事件引起多方关注。糖价的剧烈波动引起了制糖上市公司股价波动以及相关产业、产品的价格波动。"糖高宗"所引起的并不仅仅是社会消费者对切身消费的关注与热议,更是引发了投资者、监管机构和研究人员对价格风险跨市场传染问题的深思。

2020年,面对全球性新冠肺炎疫情的冲击,我国政府采取了有力措施在较短时间内有效控制住疫情的传播,并且实现了2020年全年国内生产总值增长2.3%①,保持了经济的持续增长。但国内金融市场仍受到较大冲击,中国股市经历了两次暴跌行情,期货、债券市场出现了不同程度波动,金融市场风险加剧。外部冲击下的金融风险传染与防范问题再次成为各方关注的焦点。

1.1.2 研究意义

在我国经济快速发展的宏观背景下,随着股票市场、债券市场、商品期货市场和商品现货市场规模的飞速增长以及功能逐渐完善,系统研究风险跨市场传染问题,对推进我国风险管理水平的提升,防范并化解金融风险,保护投资者利益,促进证券市场与大宗商品市场健康有序发展具有重要的理论与现实意义。

1. 本研究的理论意义

跨市场风险传染问题是一个复杂的、动态的经济问题,也是学术界与实践领域一直关注的问题。多年的学术积累和实践检验,有关经济危机发展与传染、国际金融风险传染等方面已有大量的研究成果,并在实

---

① 数据来源:《中华人民共和国2020年国民经济和社会发展统计公报》。世界银行《全球经济展望》数据为2.2%。

践中得到借鉴和采用。然而发展中国家的证券市场、商品期货市场和大宗商品现货市场从无到有发展迅速,在快速发展阶段,由于功能和结构不完善等因素使得其风险跨市场传染与成熟市场存在差异。同时新兴市场的不完全性使得其数据获取不易,数据有效性甄别较难,风险传染的稳定性差。这些为跨市场风险的研究带来了困难。

本研究立足于我国实际,通过对各市场与外界经济因素关联性的分析,可以明确各市场的外部关联性与系统开放性特征,借助市场的风险测度可以明确各市场风险差异。在此基础上,研究风险跨市场传染机理并进行实证分析,对发展中经济体的跨市场风险传染研究有着十分重要的理论意义。

2. 本研究的现实意义

跨市场风险传染的研究本身既是一项重要的理论问题,也是实践中急需解决的现实问题。对跨市场风险传染问题进行研究可以为风险管理提供理论依据,为各类市场参与者构建最优资产组合、制定风险规避策略、防范风险与实施市场调控提供决策依据。特别是对于我国市场而言,随着金融改革的不断深化,市场规模进一步扩张,金融业态不断丰富,新金融工具的开发已成为必然要求和发展趋势。投资者如何借助金融工具实现风险规避,构建和优化资产组合,防范风险跨市场?监管机构如何在出新的同时维护市场稳定,保持市场持续繁荣发展,实现市场功能?等等。这些问题已经成为实践中备受关注、多方迫切希望能够解决的现实问题。

本研究将理论和实践相结合,研究我国跨市场风险传染机理,并基于金融市场数据运用实证分析方法研究我国主要市场之间风险传染的现实情况,可供各类市场参与者参考;为相关市场参与主体、监管主体的跨市场资产风险管理实践提供决策参考,有着一定的现实意义。

1.2 相关研究综述

1.2.1 资产价格与金融风险的相关研究

资产价格是金融市场中资产供求关系的集中体现,也是金融市场重要的表征变量。在金融市场中,各类金融风险反映在资产价格波动上,同时资产价格波动也是衡量市场风险的重要基础。

1. 资产价格波动的相关研究

(1) 资产价格波动的理论发展

现代金融学理论中,通常假设资产价格波动遵从随机游走理论。最早的资产价格随机游走始于 Louis Bachelier 在 1900 年的研究。1900年,Louis Bachelier 采用统计方法对金融市场收益率的研究是最早有关资产价格波动的数量化研究,并提出了最早的金融市场随机游走理论[1]。之后,时隔 50 年,英国统计学家 Maurice Kendall(1953)在对 1928—1938 年间 19 个行业的周平均股价进行分析后,得出了价格是随机游走的结论[2]。M. F. M. Osborne(1959)发表了"*Brownian Motion in the Stock Market*"一文,提出股票价格遵循随机游走理论,并使用对数正态分布来描述股票价格收益[3]。Eugene F. Fama(1965[4],1970[5])提出了有效市场假说(EMH),在其有效市场假说中,资产价格波动(收益率)遵从随机游走规律。

随着金融学相关理论的发展,大量分析认为实际资产价格波动并非遵从随机游走理论。Benoit Mandelbrot(1963)在对金融市场的收益序列进行研究后,强调了收益序列存在"胖尾"和"高尖峰"现象,并提出了稳定帕雷托(Stable Paretian)分布用以拟合收益率的胖尾特征[6][7]。而由 Paul H. Cootner(1964)主编的经典文集 *The Random Character of Stock Market Prices* 的出版则使得"价格变化的分布形状具有肥胖的尾部"这一观点进一步推广,并为人们普遍接受[8]。Eugene F. Fama(1965)对日收益率进行研究后发现,日收益率是负偏的,其尾部比正态分布更厚,围绕均值的分布比正态分布更高,这被称为"尖峰态"(Leptokurtosis)[9]。Benoit Mandelbrot(1967)研究表明,当时间标度变化时,收益率分布的形状是保持不变的,即收益率序列存在标度不变的特征[10]。William F. Sharpe(1970)在其 *Portfolio theory and capital markets* 一书中指出:"正态分布没有给真正的极端值的出现分配多少可能性,但这些值频繁地出现。"[11] Robert J. Shiller(1981)发现,股票价格波动率远远超出能被股利贴现模型(DDM)解释的波动率,市场在大多数时候总是呈现出易变性(volatility)的[12]。Werner F. M. De Bondt 和 Richard Thaler(1985)提出了金融资产价格反映过度(overreaction)现象[13]。Mantegna Rosario N.和 Stanley H. Eugene(1995)在研究 S&P500 指数时提出,用截尾的稳定分布作为收益率分布[14]。

针对原有资产价格波动随机游走理论的不足,诸多学者从不同角度进行了研究。Edgar E. Peters(1991)在其出版的 *Chaos and Order in the Capital Markets: A New View of Cycles, Prices and Market Volatility*[①] 一

---

① 中译本为《资本市场的混沌与秩序》,由经济科学出版社于 1999 年出版。

书中提出了分形市场假说[15]。同年,Edgar E. Peters 采用G—P算法计算了美国、英国和德国股票市场的分形维数[16]。Edgar E. Peters(1994)出版了 *Fractal Market Analysis：Applying Chaos Theory to Investment and Economics*①,进一步系统阐述了分形市场理论[17]。

综上所述,现代金融学理论假设资产价格遵从随机游走的规律,而诸多学者的研究发现实际金融市场资产价格并非存在随机游走的规律。并且这一观点已被学术界与实践领域所接受。基于这一事实,一些学者也提出了不同的分布规律假设,以对资产价格波动的规律进行刻画,从而弥补现代金融学此方面的不足。也有学者借鉴物理学的理论方法,另辟蹊径提出了分形市场理论,以对金融市场资产价格进行分析与刻画。

(2) 资产价格波动模型的发展

在资产价格波动模型方面,目前主要研究集中在两个方面,一是采用计量经济学方法构建计量模型;二是借鉴自然科学方法构建资产价格波动模型。

在资产价格波动的计量模型发展方面,由 Robert F. Engle(1982)[18]提出的 ARCH(AutoRegressive Conditional Heteroskedasticity)模型,以及在此基础上经 Tim Bollerslev(1986)[19]发展的 GARCH(Generalized AutoRegressive Conditional Heteroskedasticity)模型在描述金融数据的二阶矩动态特征方面非常成功,成为常用的金融市场波动性刻画模型与工具。在此之后,ARCH 和 GARCH 模型得到了快速发展。在 ARCH 模型研究方面,Robert F. Engle、David M. Lilien 和 Russell P. Robins(1987)提

---

① 中译本为《分形市场分析——将混沌理论应用到投资与经济理论上》,由经济科学出版社于2002年出版。

出了 ARCH 均值模型（ARCH-in-Mean）[20]。Lawrence R. Glosten、Ravi Jagannathan 和 David E. Runkle(1993)[21]，Jean Michel Zakoian(1993)提出了门限 ARCH(TARCH)模型[22]。

在 GARCH 模型的研究方面，Robert F. Engle 和 Tim Bollerslev(1986)首次提出了单整 GARCH（Intergrated Generalized AutoRegressive Conditional Heteroskedasticity)模型[23]。Jean Michel Zakoian(1994)提出了门限 GARCH(Threshold GARCH，TGARCH)模型[24]。Daniel B. Nelson(1991)提出了指数 GARCH(Exponential GARCH，EGARCH)模型[25]。Lawrence R. Glsoten、Ravi Jagannathan 和 David E. Runkle(1993)提出了 GJR-GARCH 模型（又称为 GJR 模型）[21]。Richard T. Baillie、Tim Bollerslev 和 Hans Ole Mikkelsen(1996)提出了能够反映异方差与长记忆变动特性的 FIGARCH(Fractionally Integrated Generalized AutoRegressive Conditional Heteroskedasticity）模型[26]。Campbell R. Harvey 和 Akhtar Siddique(1999)提出了广义自回归条件偏度(GARCHS)模型[27]。Leon A.、Rubio G.和 Serna G.(2005)基于正态密度的 Gram-Charlier 展开给出了广义自回归条件偏度峰度(GARCHSK)模型[28]。Peter Reinhard Hansen、Zhuo Huang 和 Howard Howan Shek(2012)提出了已实现 GARCH（Realized GARCH)模型[29]。

国内相关研究成果相对较少，许启发(2005[30]，2006[31])与许启发、张世英(2007)[32]提出了一元和多元 GARCHSK 模型及其建模方法。黄苒和唐齐鸣(2014)构建了可变强度跳跃-GARCH(TSD-ARJI-GARCH)模型[33]。杨爱军、刘晓星和林金官(2015)提出了贝叶斯半参数 GARCH 模型[34]。王天一和黄卓(2015)提出了包含厚尾分布的 Realized GAS-

GARCH 模型[35]。杨继平、冯毅俊和王辉(2016)考虑到市场结构转换，提出了结构转换 PTTGARCH 模型[36]。于孝建和王秀花(2018)在 Realized GARCH 模型基础上引入混频均值方程，构建了 M-Realized GARCH 模型[37]。刘亭和赵月旭(2018)引入分位数回归，建立了 QR-t-GARCH(1,1)模型[38]。姚萍、王杰、杨爱军和刘晓星(2019)考虑到数标准差进行时变波动构建了 GAS-EGARCH-EGB2 模型[39]。胡宗义、李毅和万闯(2020)将 Expectile 引入 GARCH 模型，提出了基于贝叶斯估计的 GARCH-Expectile 模型[40]。

另一类资产波动的计量模型是随机波动(Stochastic Volatility, SV)模型，该模型最早由 Peter K. Clark(1973)[41]和 Taylor S. J.(1986)[42]应用于金融时间序列分析。之后，Andrew Harvey、Esther Ruiz 和 Neil Shephard (1994)[43]，Eric Jacquier、Nicholas G. Polson 和 Peter E. Rossi(1994)[44]等人的研究进一步完善与发展了 SV 模型。Sangjoon Kim、Neil Shephard 和 Siddhartha Chib(1998)提出了扰动部分服从 t 分布的 SV(SV-t)模型[45]。Siem Jan Koopman 和 Eugenie Hol Uspensky(2002)提出了 SV-M (Stochastic Volatility in Mean)模型[46]。F. Jay Breidt、Nuno Crato 和 Pedro J. F. de Lima(1998[47],2004[48])提出了长记忆 SV(Long-Memory Stochastic Volatility, LMSV)模型。吴鑫育、李心丹和马超群(2017)构建了门限已实现随机波动率(TRSV)模型[49]。吴鑫育、李心丹和马超群(2018)构建了双因子非对称已实现 SV(2FARSV)模型[50]。鲍家勇和赵月旭(2019)构建了带跳 GARCH-SV 模型[51]。

在借鉴自然科学方法构建资产波动模型方面，一些学者运用分形方法进行经济时间序列分析的分析。Benoit B. Mandelbrot(1970[52]，

1971[53])最早运用 R/S 分析方法分析经济时间序列。Edgar E. Peters (1991[15],1994[17])则采用 R/S 分析方法对资本市场进行了系统分析,提出"分形市场假说"。之后一些学者结合研究对象对分形方法进行改进,提出了多重分形等模型。也有学者运用小波分析、统计物理方法对金融时间序列分析的波动性进行建模。相比于 GARCH 模型族和 SV 模型族而言,借鉴自然科学方法构建资产波动模型的研究成果相对较少。

综上所述,针对资产价格波动性建模问题,诸多学者已经从多个角度提出了不同的模型与方法,使用较多的是以 GARCH 和 SV 模型为基础的模型族。不同学者根据所研究对象在基础模型上构造出了不同的模型,形成了目前的资产价格波动性模型族,为资产价格波动研究提供了模型基础。

2.金融风险测度的相关研究

Harry M. Markowitz(1952)提出了均值—方差分析模型,开辟了金融风险定量测度的新思路[54]。之后 Haim Levy(1969)[55],Paul Anthony Samuelson(1970)[56],Mark E. Rubinstein(1973)[57],Alan Kraus 和 Robert H. Litzenberger(1976)[58],Robert C. Scott 和 Philip A. Horvath(1980)[59],Kian-Guan Lim(1989)[60],Hiroshi Konno 和 Ken-ichi Suzuki(1995)[61]等学者将 Markowitz(1952)提出的均值—方差分析模型扩展到高阶矩。Tsong-Yue Lai(1991)[62],Qian Sun、Yuxing Yan (2003)[63]采用多项式目标优化技术研究了带有偏度风险的组合投资问题,分析了资产前三阶矩问题。Carol Alexander(1998)对市场风险模型及相关度量方法进行了比较全面的概述[64]。Gustavo M. de Athayde 和 Renato G. Flôres Jr.(2004)在研究带有偏度风险的组合投资问题后,给

出了最优组合投资权重的计算方法[65]。Eric Jondeau 和 Michael Rockinger(2006)则将峰度引入组合投资决策模型中[66]。Tsong-Yue Lai(2006)在研究中引入了投资者的个人偏好和目标,通过构建 M-V-S-K 模型来解决高阶矩风险条件下的组合投资决策问题[62]。Eric Jondeau 和 Michael Rockinger(2006)研究了非正态条件下资产配置问题,发现了偏度风险与峰度风险的影响[66]。

国内有关金融风险理论的研究主要集中在对已有理论的扩展上,如蒋翠侠等(2007)在已有高阶矩风险动态测度的基础上,基于效用函数的 Taylor 展开,研究了高阶矩动态组合投资选择问题[67]。许启发(2006)提出了一个包容性较强的 NA-GARCHSK-M 模型[31]。许启发和张世英(2007)讨论了高阶矩波动性建模技术和多元 GARCHSK 模型,以及多元条件下高阶矩估计问题[68]。

在金融风险测度方法的研究方面,早期是以 Markowitz(1952)提出的均值—方差分析模型和高阶矩为主。20 世纪 80 年代后,以 GARCH 模型族、随机波动率 SV 模型为代表的新计量理论与模型的快速发展为价格波动的描述和研究提供了有效支持,传统的风险测度方法也逐渐丰富起来。20 世纪 90 年代,VaR(Value-at-Risk)方法的推出为计量和评判金融风险、估计金融机构潜在损失提供了新方法。随着该方法在 1993 年得到《巴塞尔协议》的认可,它已经成为金融研究与实践领域广泛应用的风险测度方法,并形成了以分布假设下的 VaR 方法、历史数据模拟 VaR 方法、蒙特卡洛模拟方法为代表的 VaR 模型体系。

Tanya Styblo Beder(1995)构建了三个假想资产组合,采用不同方法计算 VaR 值,发现所得的 VaR 值相差很大,表明计算方法的选择对最终 VaR 值具有重要影响[69]。John C. Hull 和 Alan White(1998)提出了非正态分布假设下的 VaR 方法[70]。Dowd 和 Kevin(1999)则指出传统采用正态分布假设的 VaR 测量方法是不恰当的,难以衡量收益率尖峰厚尾的特征,也难以预测在发生大的波动时金融市场的极端价格[71]。Philippe Artzner、Freddy Delbaen、Jean-Marc Eber 和 David Heath(1999)提出了一致性风险测度中的次可加性问题,即两个风险资产得到的投资组合的 VaR 值可能大于两个风险资产的 VaR 值之和[72]。R. Tyrrell Rockafellar 和 Stanislar Uryasev(2000)提出了 CVaR 以解决 VaR 风险测度中出现的一些困难[73]。Jianqing Fan 和 Juan Gu(2003)提出了先用半参数的方法估计波动率,再采用参数与非参数的方法估计分位数的 VaR 估计方法[74]。Joshua V. Rosenberg 和 Til Schuermann(2006)采用 Copula 技术分析了有偏、厚尾分布的 VaR 计算问题[75]。Turan G. Bali、Hengyong Mo 和 Yi Tang(2008)的研究基于自回归条件偏度、峰度模型,提出了条件 VaR 的估计方法[76]。

在国内有关风险测度方法的研究方面,郑文通(1997)对 VaR 理论与计算方法进行了介绍[77]。刘宇飞(1999)比较全面地介绍了 VaR 的测度方法及其发展状况[78]。范英(2000)提出了 VaR 计算的指数加权移动平均方法,并对深、沪两市指数进行了实证分析[79]。陈学华和杨辉耀(2003)分析了计算时变风险值 VaR-APARCH 模型,并测算了上证综合指数的风险[80]。邹建军、张宗益和秦拯(2003)分析了 GARCH 类分布的 VaR 计算[81]。康宇虹和梁健(2004)提出了非对称的 VaR 计算模型,并对上海证券市场进行了实证研究[82]。刘小茂和杜红军(2006)提出了 VaR 和 CVaR 的优良点估计方法[83]。柏满迎和孙禄杰(2007)将 Copula

理论应用于 VaR 的计算方法,并将得到的三种 Copula-VaR 计算方法与传统 VaR 方法进行了比较,认为基于 Copula 的 VaR 方法能够更加有效地测量风险[84]。肖智、傅肖肖和钟波(2008)采用 EVT-POT-FIGARCH 动态 VaR 模型对我国股市波动进行了研究[85]。杨娴、陆凤彬和汪寿阳(2011)采用历史模拟法、蒙特卡洛模拟法、指数加权法、等权重法、GARCH 法和极值理论法六种参数方法和非参数方法对国际有色金属期货市场风险值 VaR 进行了建模分析[86]。吴鑫育、马宗刚、汪寿阳和马超群(2013)在引入有偏广义误差分布(SGED)的基础上,分析了基于 SV-SGED 模型的动态 VaR 测度问题[87]。黄友珀、唐振鹏和周熙雯(2015)采用偏 t 分布 Realized GARCH 模型进行了尾部风险估计[88]。吴鑫育和周海林(2018)分析了已实现 SV 模型的动态 VaR 测度问题[89]。

综上所述,金融风险主要从方差和风险价格(VaR)两个角度进行测度。其中 VaR 模型被广泛应用于金融风险测度。VaR 模型的一个重要条件是对资产价格的统计分布进行测度与刻画。随着资产价格波动模型的发展,诸多学者已经提出了多种类型的风险测度模型。CVaR 模型的提出则为测度不同资产之间的条件风险开创出新思路。

1.2.2 金融资产价格与宏观经济关联性的相关研究

1. 股票价格与宏观经济关系的相关研究

诸多经济学理论认为,股价走势与宏观经济状况具有密切的关系。在教科书中,股市经常被表述为经济运行的"晴雨表",即股市走势与宏观经济状况密切相关,股市的走势变化总是领先于经济总量的变动趋势。这样,股市走势与宏观经济运行之间的关系就被定格为带有一定规律性的逻辑关系。在理论发展与实践过程中,股市与宏观经济的关系问题被一次次地提出与检验。

在股票收益率与宏观经济变量的相关关系研究方面,Fama 等诸多学者从不同角度做出了卓著贡献。其中,Eugene F. Fama(1981)研究了股票收益率与预期、非预期通货膨胀率之间的关系,认为两者存在相关关系[90]。Gautam Kaul(1987)则采用美国、加拿大、德国等国的数据,就股票收益率、预期通胀、非预期通胀和预期通胀变化关系分别建立了模型,经过实证检验发现,股票收益率与通货膨胀之间存在相关关系[91];Raymond Atje 和 Boyan Jovanovic(1993)利用 40 国样本进行研究,结果表明,股市与宏观经济之间具有明显相关关系[92];Asli Demirguc-Kunt 和 Ross Levine (1996)研究发现,股票市场与经济发展存在非常明显的正相关关系,人均 GDP 较高的国家其股票市场发展程度也较高[93];Ross Levine 和 Sara Zervos(1998)采用 47 国 1976—1993 年的数据为样本,研究了股票市场与经济增长之间的关系,结果表明,股票市场发展与长期经济增长之间存在较强的相关关系[94]。

也有学者通过研究认为,股票市场与宏观经济之间关系较弱。如 Richard D. F. Harris(1997)选取 49 国的数据为样本,通过研究并与 Raymond Atje、Boyan Jovanovic(Stock Markets and Development, European Economic Review,1993)的研究成果进行了对比,认为股票市场发展和经济增长之间的关系较弱,在统计上不显著,特别提出在发达国家,股票市场发展与宏观经济之间的关系非常弱[95]。Philip Arestis 和 Panicos Demetriades (1997)也认为,股票市场与宏观经济之间难有密切关系[96]。这些学者大多是从股票市场规模、融资数量和传导机制的角度来进行研究,从而得出两者无关的结论。

在我国股票市场与宏观经济之间关系的研究方面,早期学者主要持有存在正相关关系、关系不显著两类观点。在认为股票市场与宏观经济之间存在正相关性的研究方面,靳云汇和于存高(1998)以 1993 年 9 月—1996 年 8 月的数据为样本,分别研究了股票市场规模、股票价格与国民经济的关系,其研究结论认为,我国股票市场规模与名义 GNP 增长趋势一致,沪、深股市股价指数能平均提前 8 个月反映经济周期的变化[97][98]。在认为股票市场对经济的反映不显著方面,谈儒勇(1999)以 1994—1998 年的季度数据为样本,对中国股票市场与宏观经济的关系进行了实证分析,结果显示,"在中国股票市场发展和经济增长之间有不显著的负相关关系"[99]。2000 年以来,越来越多的学者的研究认为,我国股票市场与宏观经济之间存在显著相关关系。顾岚和刘长标(2001)指出,"从表面上看,国民经济景气指标与沪、深股市之间没有明显的关系,但是其内在的运行即其动态运行之间的长期均衡关系是显著的"[100]。张培源(2013)的研究认为,利率、PPI、CPI 对上证综指有单向的波动溢出效应[101]。孙传志和杨一文(2016)基于时变 Copula 的研究认为,股票市场与宏观经济之间存在相关性[102]。丁乙(2018)研究认为,我国股票市场和经济增长之间存在非线性 Granger 因果关系[103]。寇明婷、杨海珍和汪寿阳(2018)研究认为,股票价格与宏观经济之间存在联动关系[104]。刘凤根、吴军传、杨希特和欧阳资生(2020)认为,宏观经济变量对股票市场的波动影响显著[105]。

2. 商品期货价格与宏观经济关系的相关研究

自 20 世纪 90 年代以来,西方学者有关商品期货价格与宏观经济运行之间关系的研究开始增多。F. Gerard Adams 和 Yasukazu Ichino (1995)选取石油、农产品等指标建立了修正预测模型,用于研究大宗商品期货价格与通货膨胀的关系,结果表明,商品期货价格走势领先于工业品价格,并受到货币供应量的影响[106]。S. Brock Blomberg 和 Ethan S. Harris(1995)在其 *The Commodity—Consumer Price Connection:Fact or Fable* 一文中揭示,20世纪80年代,美联储已经在其内部研究中使用大宗商品价格监测通货膨胀;20世纪90年代,美联储则进一步明确了对代表商品期货整体变动趋势的期货价格指数的关注[107]。Philip Halpern 和 Randy Warsager(1998)则对商品期货指数与通货膨胀之间的相关性进行了研究,并论证了商品期货指数用于宏观经济景气预测的问题[108]。Harry Bloch、A. Michael Dockery 和 David Sapsford(2004)对初级商品价格与工资的关系进行了研究,通过对1900—2001年的世界商品价格、工资率及美国国内成品价格之间的建模分析,指出大宗商品的期货价格与美元汇率的加权指数存在长期均衡关系[109]。随着学术研究的推进,西方国家的货币当局也开始注意商品期货价格在宏观经济监测中的作用,如美联储等已经将商品期货指数纳入货币政策制定与调整的重要先行指标中。

国内有关商品期货价格与宏观经济运行之间关系的研究起步较晚。王志强和王雪标(2001)使用 Granger 因果方法对商品期货价格指数对经济景气的引导作用进行了研究,结果显示,商品期货价格指数先行于经济景气3个月[110]。张扬(2003)采用实证方法对工业原料的期货价格指数与中国企业经济景气指数之间的关系进行了分析,其研究认为,存在从上海期货交易所工业原料期货价格指数到生产资料价格指数的单向 Granger

因果关系,得到了期货价格先行于生产资料价格指数3个月的结论[111]。张树忠、李天忠和丁涛(2006)在对国内农产品期货价格与 CPI 指数之间的关系进行实证研究后,得出了我国农产品期货价格能提前反映 CPI 基本走势的结论[112]。蔡慧和华仁海(2007)的研究表明,中国商品期货价格与 GDP 指数之间存在长期均衡关系[113]。冯科和李昕昕(2014)提出,我国商品期货价格指数对宏观经济指标有明显的引导作用和直接影响[114]。王楠和汪琛德(2015)认为,郑商所农产品期货可以提前3~6个月预测 CPI 的走势[115]。

综上所述,诸多研究成果表明,金融资产价格与宏观经济之间存在关联关系。有关中国金融资产价格与宏观经济关系的研究虽然起步较晚,并且早期的研究成果确实存在不同的观点,但近年来的相关研究成果表明,我国金融资产价格与宏观经济变量之间存在显著的关联性。

1.2.3 金融危机传染的相关研究

1. 金融危机传染的理论研究

在理论研究方面,Charles Kindleberger(1996)出版的 *Manias, Panics and Crashes. A History Financial Crisis* 一书首次提出了金融危机风险传染的问题[116]。Paul Krugman(1979)提出了第一代金融危机模型,认为政府的宏观经济政策与汇率政策之间的不协调,以及由此对固定汇率制度产生的影响是金融危机产生的根本原因[117]。Reinhhart C.和 Calvo S.(1996)研究认为,美国利率变动是引发资金流入拉美地区并引起多个国家的金融市场波动的主要原因[118]。Goldfajn J.和 Valdes R.(1997)将为国外短期投资者提供流动性资产的金融中介机构纳入研究范畴,分析了基于中介机构行为的金融危机传染问题[119]。Rijckeghem C. V.和Weder B.(1999)的研究认为,如果一个市场相对较弱,那么投机者对其他市场的攻击将会引起该市场投资者的羊群效应心理,最终引起"风险传染"[120]。Abul M. M. Masih和Rumi Masih(1999)从股市协同运动中的领导者角度进行研究,发现效率越高的市场所反映的信息越多;规模越大的市场所拥有的有效信息集越大;相对于其他股票市场,美国股市是全球股市协同运动中的领导者,投资者对美国股市信息的过度反应,更容易传染到其他股市[121]。

Dornbusch、Rudiger、Yung Chul Park和Stijn Claessens(2000)将传染划分为两类,一类是由国家之间正常往来中实体经济、虚拟经济的关联性导致的基本面溢出;另一类不能归结于基本面传染,而是由投资者的投资、投机行为造成的风险跨境传染[122]。Gökçe Soydemir(2000)通过对1988—1994年的发达国家和新兴市场国家股票市场风险传导的研究,发现基本面因素是市场之间协同变化、形成风险传导的决定性力量[123]。Corsetti G.、Pericoli M.和Sbracia M.(2001)研究认为,基于金融市场的经济链环和溢出效应,金融危机是通过爆发危机的国家与其他国家的金融市场发生互动、相互影响实现传染的,表现为跨市场的价格与数量协动的趋势显著上升[124]。Laura E. Kodres和Matthew Prisker(2002)研究认为,当国际投资者在一国遭遇金融危机时,其出于投资组合调整的需要,通过在第三国出售资产来对冲风险,从而使得第三国资本市场受到强大的卖压而引发市场动荡,最终将金融危机等外部冲击从发源国传染至其他国家[125]。Kristin J. Forbes和Robert Rigobon(2002)研究认为,在市场出现危机时,市场波动性增加可能引起市场之间相关性的增加,从而对风险传染的判断不准确[126]。

国内有关金融危机传染的理论研究相对较少。石俊志(2001)对推动金融危机风险传染的主要因素进行了分析,归纳出恐慌心理、市场关联、经济结构、经济联系和国际金融协调等五个主要因素[127]。李小牧等(2001)对金融危机的国际传染理论进行了梳理,认为金融危机风险传染有广义和狭义两种,其中广义的范畴是指金融危机在国家之间的传播与扩散;狭义的则是指在金融危机爆发过程中的跨国作用过程[128]。此外,张志波和齐中英(2005)[129],朱波和范方志(2005)[130],张志英(2008)[131]等人对金融危机风险传染的相关理论和模型进行了综述与整理。郑庆寰和林莉(2006)在对次贷危机下金融风险产生原因的分析中,提出了金融风险的跨市场传递路径,即抵押贷款市场—资本市场—货币市场—其他金融市场[132]。刘冬凌(2009)通过总结分析将金融危机传导归纳为季风效应、溢出效应、净传染效应和羊群效应四种传导途径[133]。曾志坚和吴汪洋(2018)提出,金融危机在贸易渠道上具有传染迅速、持续时间长的特点[134]。刘方和安娜斯卡西亚·斯拉瓦(2018)基于行为经济学的视角分析了国际金融危机的传染机制,提出国内从众型交易者对金融危机传染具有影响[135]。

2. 金融危机传染的相关实证研究

在金融危机传染相关理论研究的基础上,国内外就现实市场的金融风险传染问题进行了大量的实证研究。Bala Arshanapalli 和 John Doukas(1993)通过实证研究认为,国际金融市场间存在显著的关联效应,部分市场的风险信息对其他市场有很强的传染效应[136]。而 Gary Koop(1994)的实证研究却得出了大部分市场之间风险溢出和信息传导效应不显著、不稳定的结论[137]。Cashin P.、Kumar M.和 McDermott J.(1995)通过对7个工业化国家和6个新兴市场国家的证券市场指数的研究,发现某国的突发性特殊冲击能传染到其他国家,传染过程通常需要几周的时间[138]。Hyuk Choe、Bong-Chan Kho和René M Stulz(1999)在对韩国和中国台湾地区的证券市场研究中发现了显著的羊群行为,并指出一国金融危机的爆发可以伴随国际投资者撤离的羊群效应,恐慌迅速蔓延,最终导致金融危机迅速传染给其他国家[139]。Taimur Baig和Ilan Goldfajn(1999)在对1997年东亚金融风暴的研究中发现,在金融风暴期间,东亚各国的股票市场和外汇市场的相关性突然增强,具有风险传染现象[140]。Asim Ghosh、Reza Saidi和Keith H. Johnson(1999)的实证研究发现,美国证券市场对亚太其他市场有显著的"驱动"作用[141]。

José De Gregorio和Rodrigo O. Valdés(2001)对1982年拉美债务危机、1994年墨西哥比索危机和1997年东南亚金融危机的溢出效应进行了检验,发现墨西哥危机的传染性最弱,而拉美危机和东南亚危机的传染强度差不多[142]。Andrew Ang和Greert Bekaert(2002)研究发现,熊市时的股票市场收益率相关性大于牛市时,表明风险传染现象主要发生在股市下跌周期内[143]。Carlo A. Favero和Francesco Giavazzi(2002)研究发现,国家之间货币贬值的传染性中存在非线性[144]。Kee-Hong Bae、G. Andrew Karolyi和René M. Stulz(2003)以20世纪90年代新兴市场为样本对危机传染问题进行了实证分析,结果表明,拉美危机的传染现象比亚洲危机的传染现象更明显[145]。Brian H. Boyer、Tomomi Kumagai和Kathy Yuan(2006)以主要发达国家和新兴市场国家金融危机时期的股票指数为样本,研究了证券市场间的危机传染机制,提出危机传染主要由于国际投资者调整投资组合所引起的风险传染[146]。Rim和Setaputra(2007,2008)通过GARCH类模型,对亚洲金融危机前后东南亚和东亚地区各国的股市数据进行了拟合分析,得出亚洲金融危机发生时该地区主要通过金融市场进行风险传染的结论[147][148]。Dirk G. Baur和Brian M. Lucey(2009)研究发现,1997年亚洲金融危机和1998年俄罗斯国债危机期间,美国及欧洲主要国家的股票和国债市场之间存在显著的投资转移现象;在"9·11"事件后,美国及欧洲主要国家的股票与国债市场之间更明显地表现出风险传染现象[149]。

在国内金融危机传染的实证研究方面,张志波和齐中英(2005)分析了对金融危机风险传染进行检验的方法,并对亚洲金融危机进行了实证研究[129]。蒋序怀、吴富佳和金桩(2006)研究发现,我国股票市场、债券市场等狭义资本市场与银行系统之间具有风险的相互传染效应[150]。孙晶晶(2007)采用协整分析、格兰杰检验及脉冲响应方法,对亚洲金融危机传染进行了检验[151]。王宝和肖庆宪(2008)采用DCC-MVGARCH方法,对我国股票市场、债券市场和银行间的风险传染特征进行了研究[152]。龚朴和黄荣兵(2009)研究了次贷危机对我国内地股票市场的影响程度[153]。叶五一和缪柏其(2009)基于Copula变点检测了美国次贷危机对亚洲市场的传染[154]。杜晓蓉(2014)认为,贸易传染渠道和金融传染渠道是美国金融危机对中国溢出的传染渠道[155]。孙红梅、朱伟琪和崔百胜(2018)研究认为,欧洲金融危机发生时,欧洲市场对中国市场具有较强的直接传递效应[156]。陈赤平和陈海波(2018)分析了次贷危机、欧洲主权债务危机期间发达市场对新兴市场的金融风险传染[157]。丁剑平、吴洋和鞠卓(2019)研究了货币危机、银行业危机和主权债务危机传染的叠加效应[158]。

综上所述,金融危机具有较强的传染性,跨国之间存在多个风险传染渠道。随着我国金融改革与对外经济联系的增强,我国也受到外部金融危机的影响,其中金融传染渠道是外部金融危机向我国传染的重要渠道之一。要想防范外部风险传入,就要进一步分析金融风险传染的渠道,并研究风险防范措施。

1.2.4 跨市场风险传染的相关研究

1. 市场关联性的相关研究

跨市场风险传染的重要基础是市场之间的关联性。在市场关联性研究方面,国内外均有大量文献成果,主要涉及同类资产不同市场之间的关联性及不同类型资产市场的关联性等多个角度。

由于市场建立时间等多方面的原因,因此,国内跨市场关联性的研究起步相对较晚,而国外学者早期已进行了诸多研究。在不同股票市场关联性研究方面,Mervyn A. King 和 Sushil Wadhwani(1990)在对1987年美国"黑色星期一"事件进行研究后发现,全球主要股票市场的相关性突然增强了[159]。Yasushi Hamao、Ronald W. Masulis 和 Victor Ng(1990)采用 ARCH 模型研究了美国、英国、日本股市波动之间的相关性,发现方差风险主要从美国股市"溢出"到日本股市,并且不存在反向的风险溢出[160]。Kenneth Kasa(1992)的研究成果表明,美国、日本、英国、德国和加拿大股市之间存在共同趋势[161]。Wen-Ling Lin、Robert F. Engle 和 Takatoshi Ito(1994)通过实证研究发现,美国与日本股市之间存在双方向的波动溢出效应[162]。François Longin 和 Bruno Solnik

(2001)通过研究发现,美国资本市场波动率大的时期,与其他国家资本市场的相关性显著增强[163]。Charlotte Christiansen(2007)对美国和欧洲的债券市场间波动溢出效应进行研究后发现,债券市场间存在显著的波动溢出效应[164]。John Y. Campbell 和 John Ammer(1993)研究认为,股票与长期债券收益率之间存在弱相关关系[165]。

在不同类型市场关联性的研究方面,Sanybae Kim、Francis Haeuck In 和 Chris W. Viney(2001)采用 EGARCH 模型对澳大利亚股票、债券和货币市场波动之间的关系进行了研究,结果发现,三个市场波动之间具有较强的联系,且存在着不对称性[166]。Tarun Chordia、Asani Sarkar 和 Avanidhar Subrahmanyam A.(2005)通过研究发现,美国股票与债券市场、不同的债券市场之间也是相互影响的[167]。

在期货与现货市场关联性的研究方面,国外学者起步较早,已进行了大量的研究工作。如 David Bigman、David Goldfarb 和 Edna Schechtman(1983)运用线性回归方法,检验了芝加哥期货交易所小麦、玉米和大豆的期货价格与现货价格之间长期关系的问题,并提出了期货市场的检验模型[168]。David A. Bessler 和 Ted Covey(1991)首先将协整理论应用于期货市场分析,研究了美国期货市场的协整关系[169]。Chris Brooks、Alistair G. Rew 和 Stuart Ritson(2001)采用 VAR 等方法研究了 FTSE 100 指数的期货与现货价格之间的关系,得出期货价格变化有助于预测现货价格变化的结论[170]。Hany A. Shawky、Achla Marathe 和 Christopher L. Barrett(2003)利用美国纽约商品交易所日交易数据,通过 E-GARCH 模型研究了期货价格与现货价格之间的动态关系,通过 VAR 模型研究了期货与现货市场收益的关系[171]。

我国金融市场关联性研究虽起步相对较晚,但发展较快,已有不少学者进行了多方面的研究。在股票市场关联性研究方面,朱宏泉、卢祖帝和汪寿阳(2001)从收益率与波动性两个方面对上海、深圳及香港三个股市之间的关联性进行了检验[172]。Raymond W. So 和 Yiuman Tse(2004)采用 M-GARCH 等方法研究了香港恒生指数、恒生指数期货和基金市场之间的动态关系,结果表明,三个市场之间存在协整关系[173]。吴世农和潘越(2005)对香港红筹股、H 股与内地股市的协整关系和引导关系进行了研究[174]。姚燕云和杨国孝(2006)从整体相关性和尾部相关性两个角度对沪、深两市的收益进行了研究[175]。张屹山(2007)在系统分析宏观金融风险形成的微观机理的基础上,运用 VAR 模型对我国金融市场间的相互关系进行了实证分析[176]。谷耀和陆丽娜(2006)[177]、鲁旭和赵迎迎(2012)[178]对沪、深、港股市的动态相关性进行了检验。史道济和关静(2003)[179]、魏平和刘海生(2010)[180]、王璐和黄登仕(2014)[181]、吴玉宝和汪金菊(2016)[182]在对沪、深两市相关性的研究中均认为,两市之间存在相关性。

有关中国商品期货价格与现货价格收益关系的研究起步较晚。吴冲锋等(1994[183]、1997[184])在梳理已有研究成果的基础上,对上海金属交易所铜期货价格行情与现货价格之间的关系进行了研究,并提出了一种改进模型用于分析期货市场与现货市场间的变化关系。严太华和刘昱洋(1999)运用协整理论与误差修正模型对中国铜和绿豆期货产品进行了研究,得出的结论认为,不同商品期货对现货的价格领先程度不同[185]。夏天和程细玉(2006)对美国芝加哥商品交易所的大豆期货价格与国产大豆现货价格三者间的关系进行了实证研究,研究结果表明,三者间存在长期均衡关系[186]。刘庆富和王海民（2006）对我国大豆和小麦的期货与现货市场之间的价格发现进行了实证研究，结果显示，期货与现货市场之间均存在双向波动溢出关系，且现货市场来自期货市场的波动溢出效应均强于期货市场来自现货市场的波动溢出效应[187]。刘向丽、成思危和汪寿阳和洪永淼（2008）对铜期货与现货价格关系的实证研究结果表明，期货市场与现货市场间存在双向的信息溢出效应[188]。胡振华、钟代立和王欢芳（2018）在对中国铁矿石期货的研究中发现，铁矿石期货与现货之间具有高度关联性[189]。

在我国股票与债券市场关联性的研究方面，王茵田和文志瑛（2010）探讨了股票市场和债券市场间的流动性溢出效应[190]。胡秋灵和马丽（2011）认为，我国股票市场和债券市场之间存在波动溢出效应[191]。龚玉婷、陈强和郑旭（2016）研究认为，我国股票和债券市场之间存在负相关性，并且受到宏观基本面和市场不确定性的影响[192]。周颖刚、林珊珊和洪永淼（2020）研究认为，我国股市和债市之间存在避险对冲效应[193]。

2. 跨市场资产价格关系的相关研究

（1）期货价格与现货价格收益的关系

价格发现与风险规避是期货市场的重要功能。价格发现的过程是通过期货买卖对现货远期价格形成的引导过程。这一过程不仅有利于指导现货市场的定价，而且有利于相关生产者或投资者借助期货市场来实现风险规避。商品期货、现货收益率波动的长期相关性一直是研究者讨论的重点问题，也是政府和期货交易机构所必须面对的现实问题。目前，已有许多学者对期货市场与现货市场之间的关系进行了研究。David Bigman、David Goldfarb 和 Edna Schechtman（1983）运用线性回归方法分析了期货价格与现货价格的长期关系问题,并提出了期货市场的检验模型[168]。Kenneth D. Garbade 和 William L. Silber(1983)则建立了期货价格与现货价格的动态模型,并对多种期货品种进行了检验[194]。David A. Bessler 和 Ted Covey(1991)首先将协整理论应用于期货市场分析,研究了美国幼牛期货市场的协整关系[169]。Kon S. Lai 和 Michael Lai(1991)[195],Asim Ghosh(1993)[196],T. Randall Fortenbery 和 Hector O. Zapata(1993)[197],Michael S. Haigh(2000)[198]等分别对不同市场的多种期货与现货价格之间的关系进行了分析与检验,结果显示,大多数期货品种的期货与现货价格之间存在协整关系。Chris Brooks、Alistair G. Rew 和 Stuart Ritson(2001)采用 VAR 和 Error Correction 模型研究了 FTSE 100 指数的期货与现货价格之间的关系,得出期货价格变化有助于预测现货价格变化的结论[170]。Hany A. Shawky、Achla Marathe 和 Christopher L. Barrett(2003)利用美国纽约商品交易所日交易数据,通过 Exponential GARCH 模型研究了期货价格与现货价格之间的动态关系,通过 VAR 模型研究了期货与现货市场收益的关系[171]。

虽然以中国商品期货市场为对象的研究起步较晚,但是发展迅速。王洪伟、蒋馥和吴家春(2001)使用误差修正模型对上海金属交易所铜期货与现货价格之间的关系进行了研究,得出了现货价格对期货价格存在滞后引导关系,而期货价格对现货价格的滞后引导关系则不显著的结论[199]。华仁海和仲伟俊(2002)利用协整检验、Granger 因果检验、GS 模型以及误差修正模型,对上海期货交易所金属铜、铝的价格发现功能进行了实证分析,得出了在价格发现功能中,现货价格的引导作用更强的结论[200]。张屹山和方毅等(2006)对金属和农产品期货主要品种的期货市场和现货市场价格关系进行了分析[201]。武琳和丁浩(2012)对铜期货与现货价格的关系进行了分析[202]。谢赤、龙瑞和曾志坚(2016)[203],孙洁和郑凌云(2017)[204]对我国股指期货与现货价格的关系进行了分析。徐长生和饶珊珊(2018)对我国铁矿石期货市场价格的发现效率及其动态变化进行了分析[205]。

(2) 现货价格与股票价格收益的关系

通常而言,从事产品生产的企业,其产品价格上升使得企业销售收入增长和利润上升,每股收益增加,引起股价上涨。仅从企业财务的角度来看,企业产品的现货市场价格会引起企业股票价格变动。Peter Tufano(1998)的研究证实了现货价格变动会对企业股票价格产生影响,其在对北美黄金开采企业股价与黄金价格变化关系的研究中发现,金价每变动一个百分点,黄金开采企业股价变化两个百分点[206]。Victor Fang、Chien-Ting Lin 和 Warren Poon(2007)在对 1995—2000 年间澳大利亚黄金矿业股公司数据进行分析后发现,黄金的 Beta 值始终大于 1,并得出结论认为,黄金矿业公司股票收益对金价变化非常敏感[207]。肖倬和郭彦峰(2009)在研究我国黄金现货价格变化对黄金矿业股价格的影响时发现,在滞后一期的情况下,黄金现货对黄金矿业股有着显著的解释能力[208]。

(3) 期货价格与股票价格收益的关系

期货市场的价格发现功能使得期货价格对现货价格形成引导,从而未来现货价格可以借助期货价格进行预测。此时,产品生产企业可以借助期货价格来进行未来商品价格预测,或进行风险规避。作为投资者则可以借助期货价格对未来现货价格变动带来的企业股票收益进行间接预测。基于这一过程,企业股票价格变化间接受到期货价格变动的影响。Robert J. Greer(2000)在对1970—1999年间商品期货数据进行研究后,得到商品期货收益与股票收益负相关的结论[209]。黄飞雪、寇玲和侯铁珊(2009)在研究郑州白糖期货价格对南宁糖业股价的动态影响机制后,认为郑州白糖期货市场对白糖类股票市场具备价格发现功能[210]。寇明婷、卢新生和陈凯华(2011)构建农产品期货综合价格指数与相关上市公司股票综合价格指数,对2005—2010年间两类市场的互动关系进行了实证研究,其研究发现,农产品期货市场与相关股票市场之间的关联度高[211]。

上述分析与研究成果表明,在正常市场情况下,期货价格会对现货远期价格形成引导作用,期货价格与现货价格会对股票价格产生影响。尽管国内学者在中国期货市场价格发现功能方面做出了卓有成效的研究,如章晟和余攀(2008)[212],武琳和丁浩(2012)[213]较早对铜期货与现货及股票价格的关系进行了研究,但关于中国商品期货市场、现货市场和股票市场价格互动关系方面的研究成果尚不充分。

3. 股票市场间跨市场风险传染的相关研究

Jian Yang、James W. Kolari和Peter Wibawa Sutanto(2004)采用脉冲响应方法,对欧洲货币联盟创立前后欧洲主要市场与美国证券市场间信息传导的变化进行了研究,结果表明,各个市场间的信息传导效应在统一货币单位后更加显著[214]。Lorenzo Cappiello、Robert F. Engle和Kevin Sheppard(2006)采用非对称动态条件相关模型进行了跨市场关联研究,结果表明,国际证券市场对正信息和负信息冲击的反应是不对称的,存在着非对称的动态条件波动性效应[215]。

陈守东、陈雷和刘艳武(2003)在对中国沪、深两市波动性之间相关关系的研究中,发现沪市与深市之间存在非对称的波动溢出效应,其中深市对沪市的波动溢出效应显著,而沪市对深市的波动溢出效应不显著[216]。方毅和张屹山(2007)对国内外金属期货市场的风险传染进行了比较,发现国内外市场存在特有的期铜向期铝的单向波动溢出[217]。刘程和陈思钟(2008)研究发现,自2006年以来,中国与国际主要证券市场的风险和信息传导效应显著[218]。林宇(2008)采用EVT对极值尾部进行建模,并将该模型用于对中国股市与国际上主要股市之间的极值风险传导效应的研究,结果表明,自2007年起,中国沪市通过香港市场与其他国际股市发生极值风险传导[219]。王宜峰、范时昊和张晓磊(2019)分析了内地股市与香港股市已实现高阶矩的风险传染效应[220]。李合龙、林楚汉和张卫国(2020)分析了"深港通"背景下深港投资者情绪的传染性[221]。

4. 跨市场风险传染载体的相关研究

在风险跨市场问题的界定方面,王素珍(2004)[222]、谢斌(2005)、董丽(2005)、郑庆寰和林莉(2006)等列举了风险跨市场的不同方面。其中,王素珍(2004)在分析后认为,我国现阶段跨市场金融风险的主要表现形式有金融衍生产品风险、单一机构参与多个市场活动的风险、多种机构参与同一市场的风险、金融机构跨行业经营的风险等。董丽(2005)认为,我国跨市场金融风险的表现形式包括市场风险、操作风险、金融控股公司风险等[223]。

在风险跨市场传染载体与成因研究方面,Robert B. Barsky(1989)认为,实体经济生产率是股票市场和债券市场之间协同变化的主要原因[224]。Jeff Fleming、Chris Kirby 和 Barbara Ostdiek(1998)认为,是共同信息(common information)影响了股票市场和债券市场预期及投资者的跨市场对冲行为,并将两个市场联系起来[225]。人民银行张家口市中心支行课题组(2005)认为,跨市场、跨行业金融风险的主要表现形式为交叉性金融工具、金融衍生产品、金融控股公司和全能银行[226]。丁浩和许长新(2008)对我国现阶段交叉性金融产品进行了梳理,将现有交叉性金融产品归为六类[227]。谢斌(2005)归纳了跨市场风险的特征及五个成因[228]。武琳(2012)对金融风险传染的载体进行了归纳[229]。黄玮强、庄新田和姚爽(2018)提出了金融关联网络是风险传染的载体[230]。

在跨市场风险传染机制的研究方面,张强和张瑞怀(2006)对我国证券风险向银行风险转化或转嫁路径进行了研究[231]。陈军和钱皓(2005)认为,我国资本市场和货币市场已经建立了明显的联动关系,资金价格信息主要从资本市场向货币市场传递,但反向传递能力差[232]。张志英(2009)对货币市场与证券市场间的金融风险传导机理进行了研究,并就我国货币市场与证券市场之间的风险传导机制做了实证分析[233]。王擎和韩鑫韬(2009)基于BEKK模型和GARCH均值方程模型分析了房地产价格、货币供应量与经济增长的波动相关性[234]。何晓行(2010)研究认为,资产证券化增加了金融市场的系统风险[235]。李红权、洪永淼和汪寿阳(2011)分析了我国A股市场与港股及美股互动关系的信息溢出机制[236]。李红权、何敏园和严定容(2017)提出了产品竞争力、收入效应和信贷紧缩是危机传染的主要渠道[237]。周开国、邢子煜和彭诗渊(2020)认为,股息率和利率在中国股市行业风险与宏观经济之间起到中介作用[238]。

1.2.5 现有研究成果评述

国内外学者围绕跨市场金融风险传染这一主题展开了大量的相关研究,并从历次金融危机传染和事件冲击中对相关成果进行了检验与总结。通过前述相关研究成果的梳理发现,学术界已经就跨市场金融风险传染的测度模型方法等基本问题形成了较为统一的看法。在研究方法上,形成了以均值—方差和 VaR 为代表的风险测度方法;以 ARCH、分形等方法为代表的资产价格波动研究方法;以 VAR、GARCH 模型族和 CVaR 模型为代表的跨市场关联研究方法。这些理论与方法为相关的实证分析提供了重要的理论基础。

目前,跨市场金融风险传染研究更是集中在跨国(地区)间国际金融危机传染,货币市场与资本市场间、股指期货与股票市场间的风险传染方面。对股票、债券、期货多市场间跨市场金融风险传染以及市场内部板块间的风险传染关注较少,缺乏不同类型的市场之间风险传导的理论分析与成系统的实证研究。在金融市场与宏观经济间风险传染的研究方面,已有文献关注到了股票市场与宏观经济变量之间的关系,而对期货市场与宏观经济之间的关系关注不足。在金融风险传染机制的研究方面,侧重于宏观的贸易渠道、货币政策渠道的作用机制。在微观渠道的研究方面,近年来,有文献开始关注投资者情绪和行为的影响机制。但是现有研究对跨市场风险传染机制的梳理尚显不足,一方面,往往是侧重于某一个作用机制,缺乏全面性;另一方面,对跨市场风险传染机制的分析更侧重于宏观机制,对微观机制的分析尚且不足。大量的实证研究成果表明,金融市场之间存在不同程度的风险关联性,诸多市场间存在风险传导效应。

综上所述,跨市场金融风险传染涉及股票、债券、期货和大宗商品等多个细分市场,风险传染机制涉及资本流动、预期与投资者行为等多个维度,应该更为全面地分析跨市场金融风险传染问题。因此,从金融市场资产价格波动关联性出发,结合不同金融市场风险相关性,对跨市场金融风险传染的特征、传染的机制等问题进行理论分析,并结合我国金融市场发展的现状进行跨市场金融风险传染实证研究。

1.3 研究对象及基本概念的界定

1.3.1 资产价格与资产价格波动风险

资产是在交易中具有价值的所有权[239]。金融资产具有两个主要的经济功能,一是将多余资金从持有者手中转移到资金需求者手中,促进资本形成;二是将有形资产所产生的风险在资金供求双方之间进行再分配[240][241]。资产价格是该资产转化为货币资金的比例,即交易各方在市场中交易该资产时所支付或收取的价格。理论上,资产价格应反映该资产的内在价值。以金融资产为例,理论上,金融资产价格应当等于其未来现金流的现值。当未来现金流能够完全预知,现值有关因素(如贴现率等)一定时,金融资产的价格应该是一个相对固定的数值。事实上,由于预期现金流的不确定性,因此造成金融资产的价值存在不确定性。此外,由于金融资产的价格是市场交易时所支付的价格,从市场经济学的基本原理来看,市场供求关系的变化直接影响商品价格。因此,实际市场中资产的价格是变动的。资产价格的连续性变动被称为资产价格波动。资产价格波动就会使得价格偏离其原有均衡状态,对原有均衡价格的偏离有可能会在短时间内恢复到原均衡数值,也有可能不恢复到原均衡状态而形成新水平上的波动均衡状态。

资产价格是金融市场中资产供求关系的集中体现,也是金融市场重要的表征变量。在金融市场中,各类金融风险反映在资产价格波动上,同时资产价格波动也是衡量市场风险的重要基础。在资产价格波动过程中,对均衡状态的偏离构成了资产价格波动风险。

1.3.2 金融市场与跨市场金融风险传染

金融市场是金融资产的交易市场。在提供交易机制的同时,金融市场也提供了金融资产价格发现功能。金融市场可以从多个角度进行划分,如可以按照金融资产交割期限划分为即期市场(如股票、债券市场等当期交易并交割的市场)和跨期市场(如期货等衍生工具市场),也可以按照有无固定交易场所划分为场内市场和场外市场,还可以按照交易标的资产划分为各种类型的市场。本研究中所指的金融市场主要包括股票、债券、衍生品等市场。

跨市场是指超越单一市场,通过要素联系起两个及两个以上市场。本书所研究的跨市场问题包括跨越不同金融产品市场、同一金融市场内不同板块以及金融产品与实物资产之间的风险传染问题。相应地将跨市场风险传染问题界定为三个方面,即跨越不同金融产品市场之间的风险传染问题、跨越金融市场内不同板块界限的风险传染问题及跨越金融市场与实体经济之间界限的风险传染问题。

1.4 主要研究内容

本研究以我国股票、债券、期货和现货市场为核心,从资产价格波动风险入手,分析我国金融市场资产价格波动与资产价格波动风险,对跨市场金融风险传染机制进行系统研究。基于金融市场间、金融市场内部板块间、金融市场与实体经济间多维度样本数据,运用时变模型与方法对我国跨市场金融风险传染进行实证研究。本书由8章构成。各章的主要内容如下:

第一章为绪论。阐述了研究的背景,对国内外相关研究成果进行了梳理和总结,提出了研究思路和基本研究内容。

第二章为金融市场资产价格的波动性与关联性。分析了我国金融市场资产价格波动的统计特征。对金融市场间资产价格波动、不同子市场间资产价格波动、金融市场指数波动与宏观经济变动之间的相关性进行了实证分析,为后续跨市场风险传染研究提供资产价格波动的关联性基础。

第三章为金融市场风险测度与波动相关性。界定了资产价格波动风险的内涵,梳理了风险的研究方法,对我国金融市场资产价格波动风险进行了测度,并分析了我国金融市场风险的相关性,为后续跨市场风险传染提供基础。

第四章为跨市场金融风险传染机制研究。分析了资产价格波动风险跨市场传染的特征,并从理论角度分析了我国资产价格波动风险跨市场传染的主要途径。

第五章为金融市场间的金融风险传染实证研究。此部分基于跨市场金融风险传染机制的理论分析，运用 TVP-VAR 和 DCCGJR-GARCH-ΔCoVaR 模型，对我国股票、债券和商品期货市场间，股指与股指期货市场间，以及国债与国债期货市场间的跨市场风险传染进行了实证研究。

第六章为金融市场内部板块间的金融风险传染实证研究。此部分对期货市场不同板块之间的风险传染，以及国债市场不同期限板块之间、不同品种板块之间、期货市场产品关联品种之间的风险传染进行了实证研究。

第七章为金融市场与实体经济间的金融风险传染实证研究。此部分采用 SVaR、TVP-VAR 和 DCC-GJR-GARCH-ΔCoVaR 模型对期货、现货及股票市场之间，期货市场与宏观经济变量之间，股票市场与宏观经济变量之间的风险传染进行了实证研究。

第八章为结论与展望。对本研究的相关结论进行整理，归纳了本研究中存在的不足，并对下一步的研究进行了展望。

第二章

金融市场资产价格的波动性与关联性

在金融领域,一个重要的测度是与资产有关的风险测度,而资产波动率可能是最常用的风险衡量方法[242]。一般可以从金融资产的现金价波动和价格收益率波动两个角度对资产价格波动风险进行度量。在金融市场中,资产的现金价波动是指交易中以货币计量的价格波动。资产价格收益率波动是指金融资产价格收益率的波动,可以反映收益率报价的波动情况。在相关研究中,由于统计等方面的原因,一般不直接使用价格,而是使用收益率[243][244]。本章将从收益率的角度来分析金融市场资产价格的波动性与波动关联性。

2.1 金融市场资产价格波动的分析方法

2.1.1 时间序列平稳性检验和正态性检验

现代金融经济学理论存在一个基本假设——随机游走理论。该理论最早于 1900 年由 Louis Bachelier 提出,认为金融市场的收益率是独立的、同分布的(IID)随机变量[1]。而 Benoit Mandelbrot(1963)[245],M.

F. M. Osborne(1964)[3],Eugene F. Fama(1965)[9]等人在系统分析金融市场收益率序列后强调了金融收益率序列的"胖尾""高尖峰"和"偏锋"现象,认为现实市场的数据并不符合随机游走理论。为此,在分析我国主要金融市场资产收益波动性时,应首先对各指标收益序列的统计分布进行描述。

各描述性统计量分别为最大值(maximum)、最小值(minimum)、均值(mean)、偏度(skewness)、峰度(kurtosis)。偏度用于衡量序列围绕均值的非对称性,如果概率密度是堆成的,则描述性统计量偏度(skewness)的数值为0;大于0(正的)意味着序列分布有长的右拖尾(右偏);小于0(负的)则意味着序列分布有长的左拖尾(左偏)。峰度用于度量凸起或平坦的程度,如果峰度大于3,则意味着序列分布的凸度大于标准正态分布。Jarque-Bera统计量可以用来检测样本是否来自正态总体。而Kolmogorov-Smirnov统计量可以用于检验样本是否来源于已知分布。这两个统计量均可用于检测样本是否服从正态分布。

2.1.2 波动聚集性检验和异方差性检验

ARCH(AutoRegressive Conditional Heteroskedasticity)模型最早由Robert F.Engle于1982年提出。在Robert F.Engle看来,ARCH(p)过程是一个具有非常数条件方差与常数无条件方差的随机过程,并用如下公式进行定义[246]:

$$\sigma_t^2 = \alpha_0 + \alpha_1 x_{t-1}^2 + \cdots + \alpha_p x_{t-p}^2 \qquad 式(2-1)$$

其中,α_0、α_1、$\cdots$、α_p为正变量;x_t为具有均值为0的随机变量。

ARCH 模型可以用来刻画时间序列条件方差的时变性特征。ARCH 过程是实证驱动的离散时间随机模型,在 ARCH 模型中,t 时刻的方差条件依赖于随机过程自身的一些滞后值的平方[247]。

在实践中,使用线性 ARCH(p)模型往往需要的 p 值都很大,这时确定 $p+1$ 个参数 α_0、α_1、$\cdots$、α_p 的合理取值存在困难[248]。如果 ARCH 模型的滞后阶数 p 较大,无限制约束的估计常常会违背 α_0、α_1、$\cdots$、α_p 为正变量的非负限定条件,而事实上,恰恰需要非负限定来保证条件方差 σ_t^2 永远为正数[249]。为了解决上述问题,Tim Bollerslev(1986)提出了用一个或两个 σ_t^2 滞后值代替多个 μ_t^2 滞后值的广义(generalized)自回归条件异方差模型,即 GARCH 模型[19]。

简单 GARCH(1,1)模型可以采用如下表达式来表述:

$$y_t = x'_t \eta + \mu_t, \mu_t \sim N(0, \sigma_t^2) \quad 式(2-2)$$

$$\sigma_t^2 = \omega + \beta \mu_{t-1}^2 + \gamma \sigma_{t-1}^2 \quad 式(2-3)$$

在上述 GARCH 模型表达式中,式(2-2)为均值方程,式(2-3)为条件方差方程。

GARCH 模型可以推广到 GARCH(p,q)模型,但是对于捕捉金融数据中的波动聚集性来说,GARCH(1,1)模型已经足够了,在相关文献中较少估计高阶的 GARCH 模型。因此,本章使用 GARCH(1,1)模型来分析金融市场资产价格收益的波动聚集性。

2.1.3 资产价格收益率的杠杆效应检验

许多研究表明,金融资产价格收益呈现非对称的有偏分布特征。Fischer Black(1976)[250]和 Andrew A. Christie(1982)[251]给出了股价下降与波动率之间关系的杠杆效应解释。如何度量资产价格收益的杠杆效应则是金融研究关注的焦点之一。为了解决杠杆效应建模问题,相关学者提出了不同的数据模型。其中,最常用的是门限 GARCH 模型(TGARCH)和指数 GARCH 模型(EGARCH)。

Jean Michel Zakoian(1994)提出了利用虚拟变量设置一个门限用以区分正负冲击对条件波动影响的思路与方法,即门限 GARCH (Threshold GARCH)模型[24]。Lawrence R. Glosten、Ravi Jagannathan 和 David E. Runkle(1993)在研究月度收益数据条件期望和条件方差关系时,也提出了门限 GARCH 模型(又称为 GJR 模型)的概念,并进行了应用[21]。简单 TGARCH(m,s)模型可采用如下表达式来表述[252]:

$$\sigma_t^2 = \alpha_0 + \sum_{i=1}^{m}(\alpha_i + \gamma_i N_{t-i})\alpha_{t-i}^2 + \sum_{j=1}^{s}\beta_j \sigma_{t-j}^2 \qquad 式(2-4)$$

$$N_{t-i} = \begin{cases} 1 & \alpha_{t-i} < 0 \\ 0 & \alpha_{t-i} \geqslant 0 \end{cases} \qquad 式(2-5)$$

其中,N_{t-i} 为反映 α_{t-i} 是否为负的指示变量;α_i、γ_i 和 β_j 为非负参数;正、负的 α_{t-i} 对 σ_t^2 的贡献存在明显差异。

Daniel B. Nelson(1991)提出了指数 GARCH(Exponential GARCH,EGARCH)模型,并应用于资产收益的研究[25]。EGARCH(m,s)模型可以表述为[253]:

$$\ln(\sigma_t^2) = \alpha_0 + \sum_{i=1}^{m}\alpha_i \frac{|\alpha_{t-i}| + \gamma_i \alpha_{t-i}}{\sigma_{t-i}} + \sum_{j=1}^{s}\beta_j \ln(\sigma_{t-j}^2) \qquad 式(2-6)$$

其中,参数 γ_i 表示 α_{t-i} 的杠杆效应。正的 α_{t-i} 对对数波动率的贡献为 $\alpha_i(1+\gamma_i)|\varepsilon_{t-i}|$,负的 α_{t-i} 对对数波动率的贡献为 $\alpha_i(1-\gamma_i)|\varepsilon_{t-i}|$。

在实际应用中,EGARCH(1,1)模型较为常见。其模型可以表述为如下形式:

$$\ln(\sigma_t^2) = \alpha_0 + \alpha_1 \frac{|\alpha_{t-1}| + \gamma \alpha_{t-1}}{\sigma_{t-1}} + \beta \ln(\sigma_{t-1}^2) \qquad 式(2-7)$$

其中,$\gamma \neq 0$ 表明存在杠杆效应。

2.1.4 资产价格收益率的长记忆性检验

1951年,英国水文学家赫斯特(H. E. Hurst)对水文长时间序列数据进行了研究,发现尼罗河的水文序列在一段时间 t 内的累积流量的域正比于 t^H,而指数 $1/2<H<1$,不同于布朗运动的 $t^{1/2}$ 定律,呈现长期记忆效应(或称为长期持久性),该现象被称为赫斯特效应[254]。之后,以赫斯特命名的赫斯特指数被广泛用于长时间序列长期记忆效应的研究。

作为传统统计学的推论,若一个给定的时间序列是随机游动的,其 t^H 的指数 H 应该等于0.5。当 H 不等于0.5时,观测就不是独立的,每一个观测都带着在它之前发生的所有事件的"记忆",即时间序列呈现长期持久性。可以依据赫斯特指数的不同取值来判断时间序列的类型:① H=0.5,标志着所研究的序列是一个随机序列;② 0.5<H<1.0,标志着所研究的序列是一个持久性序列或趋势增强的序列,序列有长程相关性;③ 0<H<0.5,标志着所研究的序列是一个反持久性序列或遍历性的时间序列,即过去的增量与未来的增量负相关,序列有突变跳跃逆转性。当时间序列的赫斯特指数 H≠0.5 时,H 的倒数就是序列的分形维度,即对应时间序列的分形维度为 ∂,则有 $\partial = 1/H$,且 H 越小意味着系

统越复杂。

以时间序列赫斯特指数为基础，分析序列长期持久性、记忆效应及序列分形维度有多种方法，常用的有 R/S 分析法和 DFA 分析法。R/S 分析法最早由赫斯特于 1951 年在研究水文时提出，也称为重标极差分析法（rescaled range analysis）。Benoit B. Mandelbrot 和 James R. Wallis 于 1969 年对 R/S 分析方法进行了系统研究，并给出了该方法的严格数学描述[255][256][257][258]。之后又有诸多学者提出了不同的 R/S 分析修正方法。R/S 分析方法除了被应用于自然学科诸多现象的研究外，也被广泛应用于经济领域的研究。R/S 分析方法在经济领域的应用应归功于 Benoit B. Mandelbrot(1970[52]，1971[53])的突出贡献。Edgar E. Peters(埃德加·E.彼得斯)(1991[15]，1994[17]，1999[259]，2002[260])则在其专著中采用 R/S 分析方法对资本市场进行了系统分析，证实了许多市场的 H 指数也大于 0.5，并首次提出了"分形市场假说"。R/S 分析方法已在金融、经济等领域广为应用。

DFA(detrended fluctuation analysis)分析法也称为去趋势分析法，最早于 1994 年由 Peng C-K、S. V. Buldyrev、Havlin、M. Simons、H. E. Stanley 和 A. L. Goldberger 在研究脱氧核糖核酸(DNA)内部分子链的相关性时提出，已经成为时间序列相关性的标准方法[261]。该方法为一种标度分析方法，可以用于定量研究非平稳时间序列的长期相关性(也称为长期幂律相关性)。并且该方法不需要考察时间序列是否存在短期相关、异质性等问题，对时间序列的要求低于 R/S 分析方法，已被广泛应用于金融、经济数据的波动分析等领域。本章采用 DFA 分析方法进行资产价格收益序列分形的相关研究。

2.2 金融市场资产价格收益的波动性分析

2.2.1 资产价格收益的变量选择与样本数据

在资产价格收益的统计特征分析中，以股票市场、债券市场和期货市场为主要研究对象。因此，在变量选择上，结合我国上述三类市场的发展情况优选具有代表性的变量指标。

1. 金融市场资产价格收益的初始变量选择

(1) 股票市场的初始变量选择

截止到 2020 年，我国内地股票交易所由上海证券交易所和深圳证券交易所构成，分别发布的上证指数和深证综合指数为两市主要表征指标。2005 年，上海证券交易所和深圳证券交易所联合发布了由中证指数有限公司编制的沪深 300 指数。该指数是从上海和深圳证券市场中选取 300 只 A 股作为样本编制而成的成分股指数，也是反映中国 A 股市场整体走势的指数。为充分反映金融市场股票价格收益变动的统计规律，选取上证指数、深证综合指数和沪深 300 指数为表征股票市场价格变动的指标变量。

(2) 债券市场的初始变量选择

我国内地债券市场由上海证券交易所和深圳证券交易所两个场内市场，以及银行间债券市场和柜台交易等场外市场构成。发布的债券指数包括综合反映中国内地债券市场的中证全债指数和中债综合指数等指数，以及反映细分市场的中债国债总指数、中债企业债总指数、中债银行间债券总指数、上证国债指数、上证企业债指数和上证公司债指数等指数。中债综合指数隶属于中债总指数族，由中央国债登记结算有限责任公司编制与发布，该指数成分券包含除资产支持证券、美元债券、可转债以外剩余的所有公开发行的可流通债券，是一个反映境内人民币债券市场价格走势情况的宽基指数，是中债指数应用最广泛的指数之一[①]。因此，选取中债总指数作为表征我国债券市场变动的主要指标变量。同时，选取中债国债总指数（总值）净价指数为我国利率债市场变动的主要变量；选取中债企业债总指数（总值）净价指数为我国信用债市场变动的主要变量。

（3）期货市场的初始变量选择

近年来，中国期货市场呈现出快速发展的状态。我国内地期货交易所经过多年发展，现有郑州商品期货交易所、大连商品交易所、上海期货交易所和中国金融期货交易所共四个交易所。截止到2020年年底，我国内地期货交易所交易合约品种主要由商品期货和金融期货两大类68个品种构成。由于每个期货合约都将在一定时间到期，因此，原始期货合约价格不具备长期的连续性特点。只要市场上同时存在不同品种、不同期限的期货合约进行交易，人为编制期货连续价格就存在多种方法。与期货市场发展相比，我国期货指数起步较晚。为较好地反映衍生品市场价格变动情况，应选择具有较好影响力的综合指数作为商品期货市场的表征变量。在指标选择上，选用对商品期货品种覆盖较为全面的南华商品期货综合指数作为期货市场价格表征变量。同时，采用南华能化指

---

① 中央国债登记结算有限责任公司，中债价格指标系编制方法汇编（2019版）。https://www.chinabond.com.cn/cb/cn/zzsj/cywj/bzffhb/20191025/152985866.shtml。

数、南华金属指数、南华农产品指数作为表征不同板块期货市场价格变动的指标变量。

2. 样本数据与整理

由于不同市场表征变量的初始发布时间不一致,为尽量获得相同时间区间的变量时间序列,并考虑股权分置改革的影响,因此,金融市场资产价格初始变量数据样本采集区间为自 2007 年 1 月 1 日起至 2020 年 12 月 31 日止,所有指数均为日收盘价格。数据来源为上海证券交易所、深圳证券交易所、中证指数有限公司、中央国债登记结算有限责任公司,以及同花顺 iFinD 金融终端数据库和 Wind 金融终端数据库。所有样本数据经整理后,以如下公式得到相应资产价格对数收益率:

$$R_t = \ln P_t - \ln P_{t-1} \quad \text{式}(2-8)$$

经整理后,得到如表 2-1 所示的变量。

表 2-1 金融市场资产价格收益变量一览表

金融市场的类别	初始指标的名称	变量指标	代 码
股票市场	上证指数	上证指数收益率	SHI
	深证综合指数	深证综合指数收益率	SZI
	沪深 300 指数	沪深 300 指数收益率	HS300
债券市场	中债总指数	中债总指数(净价)收益率	CBAT
	中债国债总指数	中债国债总指数(净价)收益率	CBAB
	中债企业债总指数	中债企业债总指数(净价)收益率	CBAC
衍生品市场	南华能化指数	南华能化指数收益率	NHECI
	南华金属指数	南华金属指数收益率	NHMI
	南华农产品指数	南华农产品指数收益率	NHAI

2.2.2 金融市场资产价格收益率时间序列的正态性和平稳性检验

1. 金融市场资产价格收益率的时间序列正态性检验

对经整理获得的金融市场资产价格收益率数据进行正态分布检验，结果如表 2-2 所示。统计量偏度(skewness)数值大于 0，意味着序列分布有长的右拖尾(右偏)；小于 0 则意味着序列分布有长的左拖尾(左偏)。如果峰度(kurtosis)大于 3，意味着序列分布的凸度大于标准正态分布。Jarque-Bera 统计量用来检验样本是否来自正态总体。若 Jarque-Bera 统计量的概率过小，则不能认为样本来自正态总体。Kolmogorov-Smirnov 统计量可以用于检验样本是否来源于已知分布，本文用于对样本的正态性检验。

表 2-2 金融市场资产价格收益率正态分布检验

正态分布检验	股票市场		
	SHI	SZI	HS300
skewness	−0.559 4	−0.485 5	−0.504 0
kurtosis	7.536 5	6.060 9	6.864 5
J-B	3 316***	1 566***	2 422***
K-S	0.099 0***	0.077 7***	0.089 6***

正态分布检验	债券市场		
	CBAT	CBAB	CBAC
skewness	0.926 7	1.001 8	1.229 7
kurtosis	19.858 1	19.465 8	42.198 1
J-B	40 807***	39 035***	218 848***
K-S	0.114 2***	0.113 61***	0.152 2***

续表

正态分布检验	衍生品市场		
	NHECI	NHMI	NHAI
skewness	−0.352 4	−0.081 4	−0.344 2
kurtosis	5.872 4	6.025 2	8.765 0
J-B	1 241***	1 302***	4 783***
K-S	0.067 3***	0.066 9***	0.073 1***

注：*** 表示在1%的显著性水平下显著；J-B 表示 Jarque-Bera 统计量；K-S 表示 Kolmogorov-Smirnov 统计量，Kolmogorov-Smirnov 统计量的显著性为双侧渐近显著性。

如表 2-2 所示的检验结果，所有样本序列的偏度（skewness）均不为 0，均为"偏锋"分布。其中，股票市场和期货市场样本收益率序列均为负偏，而债券市场样本收益率序列均为正偏。所有样本序列的峰度（kurtosis）均大于 3，呈现"尖峰"状态。Jarque-Bera 统计量和 Kolmogorov-Smirnov 统计量检验结果显示，所有均在 1%的显著性水平下显著，各资产价格收益率序列均拒绝服从正态分布的假定。这表明，金融市场资产价格的收益率序列均具有明显的"尖峰"和"偏锋"特征，所有样本序列均不服从正态分布。

2. 资产价格收益率时间序列的平稳性检验

为避免建模分析中出现伪回归问题，通常要求时间序列为平稳序列。而在部分模型中，则要求时间序列满足同阶平稳。因此，金融资产价格收益率时间序列的平稳性是进行建模分析的重要前提。在金融时间序列研究中，常用 ADF 检验和 PP 检验等方法进行时间序列平稳性的检验。运用 ADF 检验和 PP 检验方法对金融市场资产价格收益率序列平稳性检验的结果如表 2-3 所示。

表 2-3　金融市场资产价格收益率时间序列平稳性检验

平稳性检验统计量	股票市场		
	SHI	SZI	HS300
ADF	−61.543 2***	−61.395 1***	−44.758 4***
PP	−61.506 5***	−61.319 6***	−61.724 3***

平稳性检验统计量	债券市场		
	CBAT	CBAB	CBAC
ADF	−38.738 9***	−40.626 5***	−14.460 5***
PP	−38.673 4***	−40.724 8***	−41.794 3***

平稳性检验统计量	衍生品市场		
	NHECI	NHMI	NHAI
ADF	−60.443 2***	−60.037 5***	−61.782 6***
PP	−60.902 3***	−60.041 0***	−61.860 3***

注：*** 表示在1%的显著性水平下显著；ADF 表示 Augmented Dickey-Fuller 检验统计量；PP 表示 Phillips-Perron 检验统计量。

表 2-3 中的检验结果表明，所选择的股票市场、债券市场和期货市场资产价格收益率序列的 ADF 检验和 PP 检验均在 1% 的显著性水平下拒绝"序列存在单位根"的原假设。检验结果说明，所选取的各样本时间序列均为平稳序列。

2.2.3　金融市场资产价格收益率的波动集簇性与 ARCH 效应

1. 金融市场资产价格收益率的波动集簇性

波动集簇性又称为波动聚集性，指的是从时间序列数据的波动性来看，大的波动之后紧接着会有大的波动，而小的波动之后紧接着会有小的波动。如图 2-1—图 2-3 所示，从金融资产价格收益率序列的时间动态变化情况来看，在一段时期内，较大的收益率变化伴随着较大的价格收益率变化,较小的收益率变化伴随着较小的价格收益率变化,具有明显的波动集簇性。时间序列存在波动集簇性特征意味着时间序列数据具有异方差性,这与传统线性模型的残差项服从同方差的假设不相符。

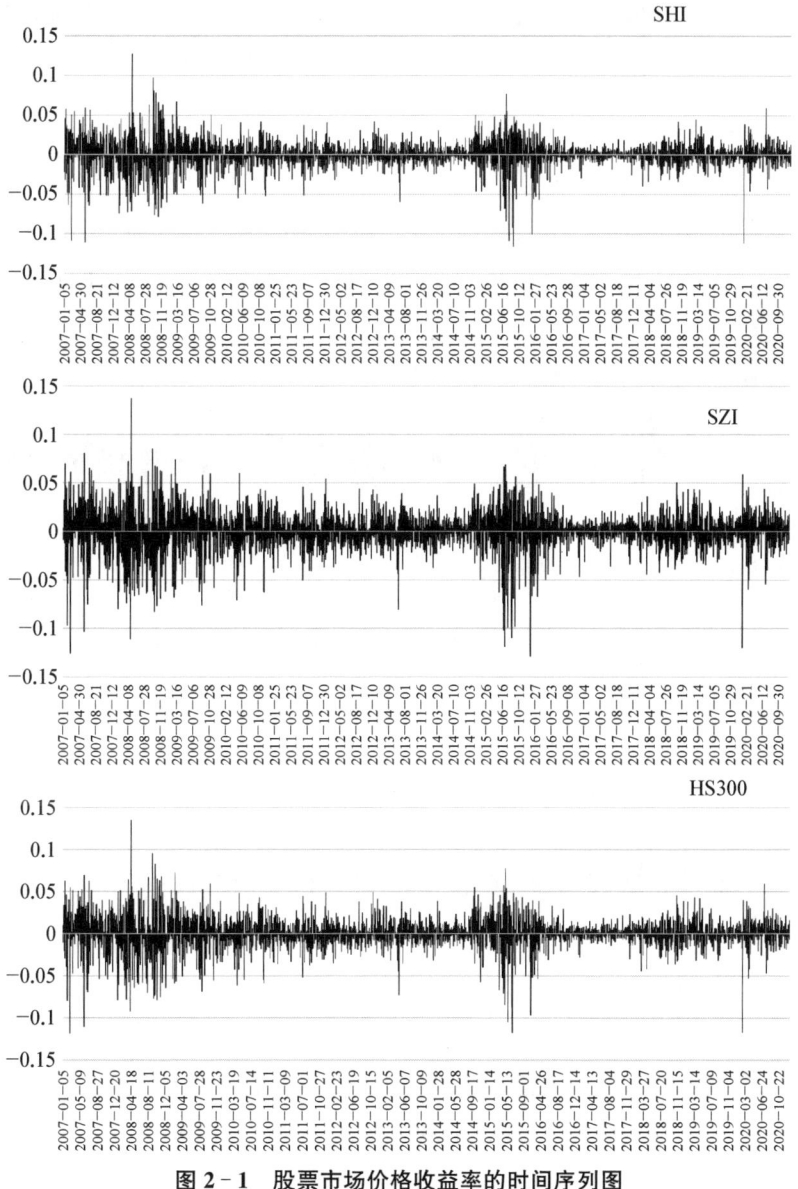

图 2-1　股票市场价格收益率的时间序列图

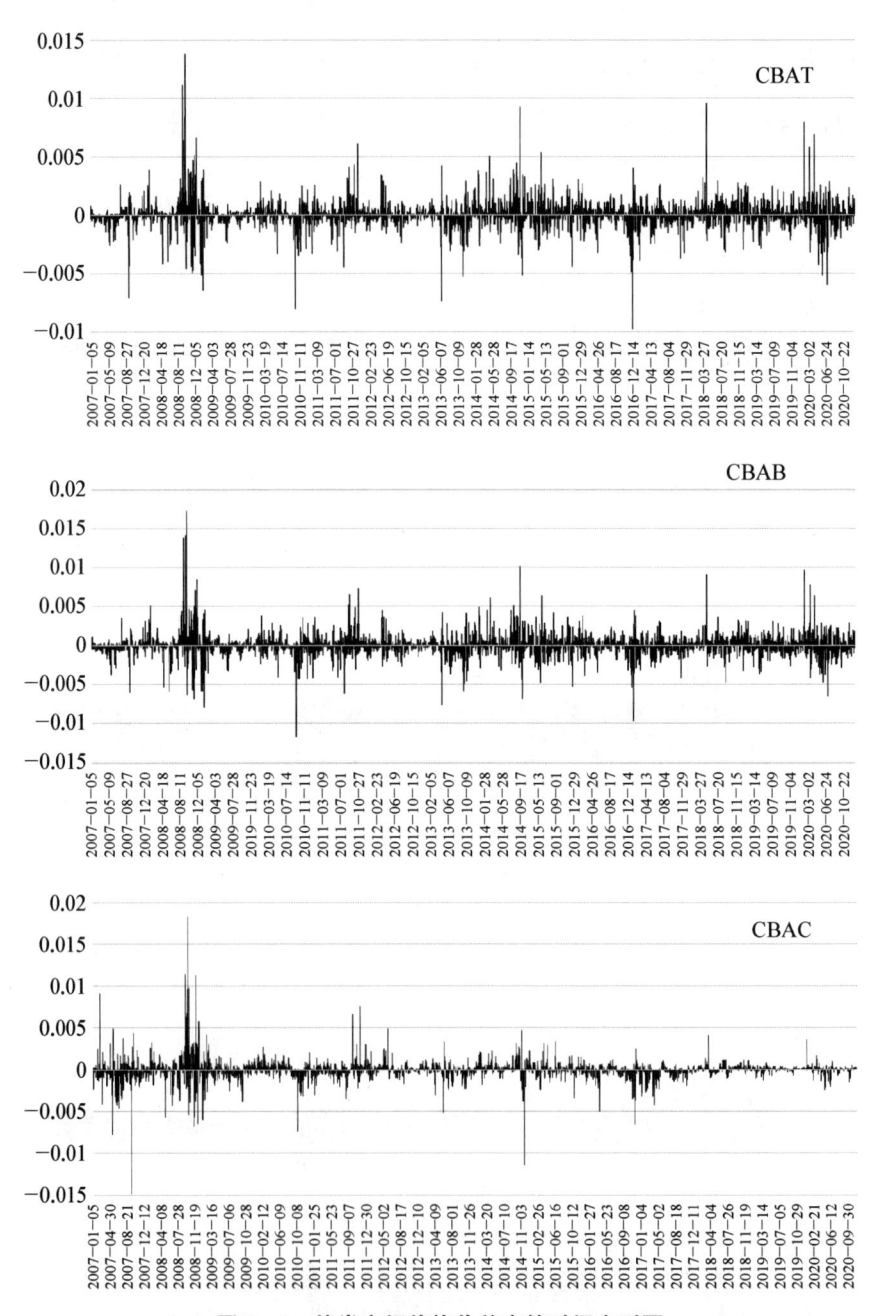

图 2-2 债券市场价格收益率的时间序列图

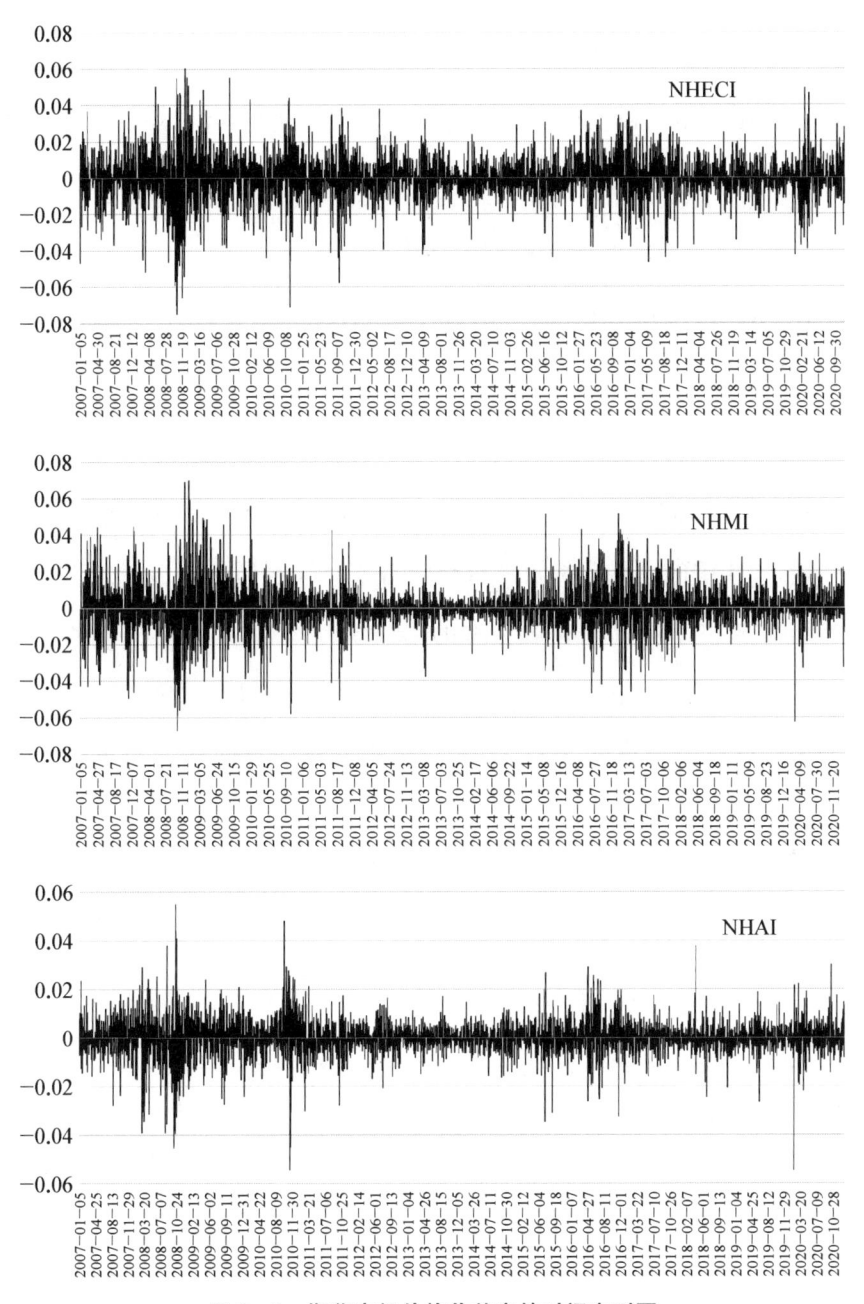

图 2-3 期货市场价格收益率的时间序列图

综合前述,金融市场资产价格收益率波动的统计分布与数据平稳性检验结果表明,所选取的指标变量数据同为零阶单整序列;在概率分布上具有明显的非正态性和"尖峰""厚尾"特征,且序列波动性具有集簇性特点。因此,运用GARCH模型族对各变量进行分析。

2. 金融市场资产价格收益率的ARCH效应

在ARCH效应分析上,参考魏宇、卢方元和黄登仕(2010)的方法,各收益率采用如下基本回归方程处理[262]:

$$r_t = c + \varepsilon_t \qquad 式(2-9)$$

式中,c为常数;ε_t为误差项。经计算,获得各变量回归方程的残差。

表2-4中的金融市场资产价格收益率时间序列ARCH效应的LM检验结果显示,各资产价格收益率的LM统计量均在1%的显著性水平下通过显著性检验,表明各时间序列存在ARCH效应,适宜采用ARCH模型进行分析。考虑到ARCH模型无法分析资产价格收益的杠杆效应,在后续分析中采用GARCH模型族进行分析。

表2-4 金融市场资产价格收益率ARCH效应检验结果

ARCH效应检验	股票市场		
	SHI	SZI	HS300
LM统计量	20.447 3***	28.678 8***	24.774 1***
ARCH效应检验	债券市场		
	CBAT	CBAB	CBAC
LM统计量	4.008 0***	3.576 0***	7.402 2***
ARCH效应检验	衍生品市场		
	NHECI	NHMI	NHAI
LM统计量	38.693 8***	38.655 1***	23.083 2***

注:*** 表示在1%的显著性水平下显著。

2.2.4 金融市场资产价格收益率的杠杆效应检验

在金融市场资产价格收益率的杠杆效应检验中,采用前述TGARCH(1,1)模型和EGARCH(1,1)模型进行模型估计与分析,得到如表2-5所示的估计结果。

表2-5 金融市场资产价格收益率的TGARCH(1,1)模型估计结果

参数	股票市场							
	SHI			SZI			HS300		
	参数估计值	标准差	Z统计量	参数估计值	标准差	Z统计量	参数估计值	标准差	Z统计量
α_0	0.0000	0.0000	15.1474	0.0000	0.0000	11.4882	0.0000	0.0000	13.1679
α_1	0.0742	0.0073	10.0973	0.0577	0.0071	8.0787	0.0715	0.0077	9.3117
γ	0.0323	0.0089	3.6244	0.0274	0.0087	3.1527	0.0319	0.0091	3.4921
β	0.8995	0.0061	148.4893	0.9173	0.0054	170.6073	0.9041	0.0063	143.7006

参数	债券市场							
	CBAT			CBAB			CBAC		
	参数估计值	标准差	Z统计量	参数估计值	标准差	Z统计量	参数估计值	标准差	Z统计量
α_0	0.0000	0.0000	14.6662	0.0000	0.0000	13.5453	0.0000	0.0000	40.4956
α_1	0.1677	0.0068	24.6837	0.1477	0.0070	20.9944	0.1835	0.0076	24.0902
γ	0.0451	0.0091	4.9724	0.0264	0.0075	3.5455	0.0531	0.0105	5.0729
β	0.8207	0.0050	164.7466	0.8320	0.0059	140.3262	0.8229	0.0029	279.8981

参数	期货市场							
	NHECI			NHMI			NHAI		
	参数估计值	标准差	Z统计量	参数估计值	标准差	Z统计量	参数估计值	标准差	Z统计量
α	0.0000	0.0000	5.5918	0.0000	0.0000	5.6659	0.0000	0.0000	10.3142
α_1	0.0691	0.0089	7.7578	0.0826	0.0081	10.1525	0.1079	0.0098	11.0190
γ	0.0151	0.0095	1.5798	0.0211	0.0087	2.4287	−0.0172	0.0110	−1.5541
β	0.9046	0.0090	100.0028	0.9033	0.0058	156.3326	0.8721	0.0095	91.6341

表 2-5 中变量 TGARCH(1,1)的估计结果显示,各模型的 $\gamma \neq 0$,说明各序列存在波动的非对称效应,即各指数收益率存在杠杆效应。其中,南华农产品指数(NHAI) $\gamma < 0$,说明上述指数的"利好信息"能比"利空信息"产生更大的波动。其他指数的 $\gamma > 0$,说明这些指数的"利空信息"能比"利好信息"产生更大的波动。从杠杆效应的大小来看,南华能化指数(NHECI)的杠杆效应最小,中债企业债总指数(CBAC)的杠杆效应最大。

表 2-6 中变量 EGARCH(1,1)的估计结果显示,各模型的非对称项 $\gamma \neq 0$,可以得到和表 2-5 中变量 TGARCH(1,1)模型相同的"各序列存在波动的非对称效应,即各指数收益率存在杠杆效应"的结论。

表 2-6 金融市场资产价格收益率的 EGARCH(1,1)模型估计结果

参数	股票市场							
	SHI			SZI			HS300		
	参数估计值	标准差	Z 统计量	参数估计值	标准差	Z 统计量	参数估计值	标准差	Z 统计量
α_0	−0.293 5	0.019 8	−14.826 0	−0.241 5	0.018 3	−13.193 4	−0.272 1	0.019 9	−13.666 2
α_1	0.182 7	0.011 7	15.548 4	0.156 1	0.011 2	13.987 2	0.171 4	0.012 0	14.279 2
γ	−0.026 1	0.005 8	−4.502 7	−0.023 9	0.005 8	−4.134 1	−0.024 4	0.006 0	−4.077 4
β	0.981 2	0.001 6	605.837 1	0.984 5	0.001 7	594.790 8	0.982 4	0.001 6	613.400 4

参数	债券市场							
	CBAT			CBAB			CBAC		
	参数估计值	标准差	Z 统计量	参数估计值	标准差	Z 统计量	参数估计值	标准差	Z 统计量
α_0	−0.988 9	0.040 3	−24.509 0	−1.065 7	0.053 2	−20.021 0	−0.820 7	0.025 8	−31.832 6
α_1	0.352 0	0.008 9	39.739 2	0.351 7	0.010 2	34.340 1	0.323 4	0.006 2	52.041 8
γ	−0.029 4	0.004 4	−6.675 0	−0.020 6	0.004 9	−4.234 8	−0.014 6	0.005 1	−2.877 4
β	0.945 7	0.002 8	343.820 4	0.938 4	0.003 7	252.857 8	0.957 2	0.001 7	548.227 4

续表

参数	期货市场							
	NHECI			NHMI			NHAI		
	参数估计值	标准差	Z 统计量	参数估计值	标准差	Z 统计量	参数估计值	标准差	Z 统计量
α_0	−0.333 5	0.040 0	−8.330 8	−0.292 2	0.023 6	−12.363 0	−0.488 2	0.043 8	−11.138 5
α_1	0.169 0	0.013 7	12.367 4	0.207 1	0.010 1	20.459 2	0.202 9	0.013 7	14.862 1
γ	−0.018 4	0.006 1	−3.001 7	−0.022 4	0.006 0	−3.720 6	−0.001 9	0.007 2	−0.270 1
β	0.976 7	0.003 9	252.226 0	0.984 8	0.002 4	417.578 5	0.966 0	0.003 6	265.098 1

综上分析，选取的各指标收益率序列的正态性检验、集簇性检验、ARCH效应检验和杠杆效应检验的结果表明，所选择的金融市场样本具有明显的非正态性、非对称性及集簇性。这一结果与现代金融经济学理论基本假设——随机游走理论不相符。

2.2.5 金融市场资产价格收益率时间序列的长期记忆效应与分形维度

1. 时间序列长期记忆性与分形的分析方法

最早由 Peng、Buldyrev、Havlin、Simons、Stanley 和 Goldberger 于 1994 年提出的一种标度分析方法 DFA 分析法（Detrended Fluctuation Analysis），可用于定量研究非平稳时间序列的长期相关性，且具有不需要考察时间序列是否存在短期相关、异质性的优势[261]，已在金融数据分析被广泛应用。设定分析的时间序列为 $\{x(i);i=1,2,\cdots,N\}$，DFA 分析法的分析过程可以表述如下：

第一步，构造新时间序列。

$$y(i) = \sum_{k=1}^{i}[x(i)-\langle x \rangle], i=1,2,\cdots,N \qquad 式(2-10)$$

其中,$\langle x \rangle$为样本均值。

第二步,将时间序列 y_i 分为 N_τ 个不重叠的子序列,每一个子序列具有相同长度 τ,且 $N_\tau = \text{int}(N/\tau)$。若无法等分,则从序列两端重复划分,以消除边界效应。

第三步,通过最小二乘法拟合每个子序列,得到拟合曲线 $g(i)$。

第四步,分别计算每个子序列降趋势后得到剩余序列的方差。

$$[F_k(\tau)]^2 = \frac{1}{\tau}\sum_{i=(k-1)\tau+1}^{k\tau}[y_k(i)-g(i)]^2 \qquad 式(2-11)$$

第五步,计算样本的总体降趋势脉动的均方根。

$$F^2(\tau) = \frac{1}{n}\sum_{k=1}^{N}[F_k(t)]^2 = \frac{1}{N}\sum_{i=1}^{N}[y(i)-g(i)]^2 \quad 式(2-12)$$

第六步,计算不同 τ 所对应的脉动 $F(\tau)$。脉动 $F(\tau)$ 与时间间隔 τ 之间存在如下标度关系:

$$F(\tau) \sim \tau^\alpha \qquad 式(2-13)$$

S. V. Buldyrev、A. L. Goldberger、S. Havlin、R. N. Mantegna、M. E. Matasa、C.-K. Peng、M. Simons、H. E. Stanley(1995)的研究表明,DFA 方法的标度指数 α 即 Hurst 指数 H,标度指数 α 与相关函数指数 γ 及功率谱密度指数 η 之间存在直接联系[263],即:

$$\gamma = 2 - 2\alpha \qquad 式(2-14)$$

$$\eta = 2\alpha - 1 \qquad 式(2-15)$$

相应的时间序列的分形维度 $\partial = 1/\alpha$。

2. 金融市场资产价格收益率的长期记忆效应与分形分析

在上述样本数据的基础上,基于DFA方法对金融市场资产价格收益率的长期记忆效应与分形进行分析。计算过程通过编写计算程序来实现。通过计算得到的结果如表2-7所示。

表2-7 各资产价格收益率序列分形与长期记忆效应的实证结果

金融市场	时间序列	赫斯特指数 H	分形维度 ∂	相关函数指数 γ	功率谱密度指数 η
股票市场	SHI	0.5896	1.6960	0.8207	0.1793
	SZI	0.5812	1.7207	0.8377	0.1623
	HS300	0.5961	1.6775	0.8078	0.1922
债券市场	CBAT	0.6798	1.4710	0.6403	0.3597
	CBAB	0.6605	1.5141	0.6790	0.3210
	CBAC	0.7748	1.2907	0.4505	0.5495
期货市场	NHECI	0.5825	1.7167	0.8349	0.1651
	NHMI	0.5813	1.7204	0.8377	0.1625
	NHAI	0.5369	1.8626	0.9262	0.0738

表2-7中所示的金融市场资产价格收益率的长期记忆效应与分形分析结果表明,所选资产价格收益率序列样本的DFA指数(即赫斯特指数H)均大于0.5,这表明各资产收益率序列存在较强的长期幂律相关性(长期相关性)。中债企业债总指数收益率序列(CBAC)的长期记忆效应最强。所选择的股票市场、债券市场和期货市场样本价格收益时间序列均存在明显的分形维度特征,说明上述资产价格收益率波动存在分形特征,收益率波动应遵从分数布朗运动,这一分布特征明显与现代金融理论所述的"随机游走"观点不相符合。不同尺度下风险可能面临"厚尾"或"偏锋"带来的风险剧增问题。作为投资者或者监管机构都希望避免

风险剧增情况的发生。特别是投资者更希望能够有效对风险进行分析和度量,结合不同市场风险与收益情况,构建最优投资组合。

2.3 金融市场资产价格收益率波动的关联性

2.3.1 金融市场间资产价格收益率波动的协整检验

选取上证指数(SZI)代表股票市场、中债综合指数(CBAT)代表债券市场和南华能化指数(NHECI)代表期货市场,检验三个市场之间的资产价格收益率波动的关联性。2.2节中的检验结果表明三变量为同阶平稳,因此,采用适用于多变量的Johansen协整检验来分析三个市场之间的资产价格波动的关联性。股票、债券和期货市场资产价格收益率波动的Johansen协整检验结果如表2-8所示。

表2-8 股票、债券和期货市场资产价格收益率波动的Johansen协整检验结果

原假设	Eigenvalue	Max-Eigen统计量	临界值(1%)	Prob.**
无协整变量*	0.254 5	998.978 4	21.131 6	0.000 1
最多一个协整变量*	0.248 3	971.005 6	14.264 6	0.000 1
最多两个协整变量*	0.180 8	678.318 7	3.841 5	0.000 0

注:* 表示在1%的显著性水平下拒绝原假设;** 表示MacKinnon-Haug-Michelis(1999) p-值。

由表2-8中的检验结果可知,在1%的显著性水平下,三个变量间存在协整关系。也就是在99%的置信区间内,有理由相信以上证指数为代表的股票市场、以中债综合指数为代表的债券市场和以南华能化指数为代表的期货市场价格收益率波动之间存在长期均衡关系。即股票市

场、债券市场和期货市场资产价格的收益率变动间存在长期相关性。

2.3.2 不同子市场间资产价格收益率波动的关联性检验

为了考察股票市场、债券市场和期货市场的主要子市场之间的资产价格收益率波动是否存在长期的稳定关系，采用 Engle-Granger 两步法进行协整检验。股票市场选取上证指数(SHI)和深证综合指数(SZI)，债券市场选取中债国债总指数(CBAB)和中债企业债总指数(CBAC)，期货市场选取南华能化指数(NHECI)和南华农产品指数(NHAI)为指标变量。采用协整检验考察它们之间的长期均衡关系。其具体检验过程为，分别对各子市场指数之间进行 OLS 估计，对回归残差序列进行单位根检验，以判定原指标间是否存在协整关系。其具体分析结果如下：

1. 沪、深两市资产价格收益率的协整关系

$$SHI_t = 0.806\ 8 \times SZI_t + \mu_t \qquad 式(2-16)$$

(168.455 7)

(0.000 0)

上述方程中括号内的值为 t 检验值及其对应的概率。设 $\hat{e}_t$ 为回归方程的残差，即 $\hat{e}_t = 0.806\ 8 \times SZI_t - SHI_t$，对 $\hat{e}_t$ 进行 ADF 检验，结果如表 2-9 所示。

表 2-9 沪、深两市指数价格收益率回归方程残差的 ADF 检验

变量	ADF 的 T 统计量	临界值 1%	临界值 5%	临界值 10%	Prob.*	平稳性
$\hat{e}_t$	−55.079 7	−3.432 1	−2.862 2	−2.567 2	0.000 1	平稳

注：* 表示 MacKinnon(1996)单侧 p-值。

由于检验统计量值－55.079 7 小于显著性水平为 1%时的临界值－3.432 1,因此可以认为残差序列 $\hat{e}_t$ 在 1%的显著性水平下是平稳序列。这表明上证指数与深证指数价格收益率之间存在协整关系,具有正向的长期均衡关系。

2. 国债市场与企业债市场资产价格收益率的协整关系

$$CBAB_t = 0.743\ 4 \times CBAC_t + \mu_t \qquad 式(2-17)$$

$$(44.911\ 4)$$

$$(0.000\ 0)$$

上述方程中括号内的值为 t 检验值及其对应的概率。设 $\hat{e}_t$ 为回归方程的残差,即 $\hat{e}_t = 0.743\ 4 \times CBAC_t - CBAB_t$,对 $\hat{e}_t$ 进行 ADF 检验,结果如表 2-10 所示。

表 2-10 国债市场与企业债市场资产价格收益率回归方程残差的 ADF 检验

变量	ADF 的 T 统计量	临界值 1%	临界值 5%	临界值 10%	Prob.*	平稳性
$\hat{e}_t$	－48.056 0	－3.432 0	－2.862 1	－2.567 1	0.000 1	平稳

注:* 表示 MacKinnon(1996)单侧 p-值。

由于检验统计量值－48.056 0 小于显著性水平为 1%时的临界值－3.432 0,因此可以认为残差序列 $\hat{e}_t$ 在 1%的显著性水平下是平稳序列。这表明国债市场与企业债市场资产价格收益率之间存在协整关系,具有正向的长期均衡关系。

3. 能化期货与农产品期货市场资产价格收益率的协整关系

$$NHECI_t = 0.968\ 7 \times NHAI_t + \mu_t \qquad 式(2-18)$$

$$(41.120\ 4)$$

$$(0.000\ 0)$$

上述方程中括号内的值为 t 检验值及其对应的概率。设 $\hat{e}_t$ 为回归方程的残差,即 $\hat{e}_t = 0.968\,7 \times \text{NHAI}_t - \text{NHECI}_t$,对 $\hat{e}_t$ 进行 ADF 检验,结果如表 2-11 所示。

表 2-11 能化期货与农产品期货市场资产价格收益率回归方程残差的 ADF 检验

变量	ADF 的 T 统计量	临界值 1%	临界值 5%	临界值 10%	Prob.*	平稳性
$\hat{e}_t$	-59.792 9	-3.432 0	-2.862 1	-2.567 1	0.000 1	平稳

由于检验统计量值 -59.792 9 小于显著性水平为 1% 时的临界值 -3.432 0,因此可以认为残差序列 $\hat{e}_t$ 在 1% 的显著性水平下是平稳序列。这表明能化期货与农产品期货市场资产价格收益率之间存在协整关系,具有正向的长期均衡关系。

2.3.3 金融市场指数波动与宏观经济运行的关联性检验

1. 股票市场指数波动与宏观经济运行的关联性检验

(1) 变量选择与样本数据

上海证券交易所总市值较高,且沪、深两市指数间的长期趋势相关程度高,因此,选择上证指数代表股票市场。在宏观经济运行表征指标方面,选取 CPI 指数、有效汇率、利率为主要研究变量。

数据采集方面,在充分考虑数据适用性和获取可能性的基础上,对各个变量数据进行筛选分析。对资产价格波动性的研究往往希望能够获得时间间隔较小且序列较长的数据,而宏观经济变量数据存在客观条件的限制,无法获得类似于证券市场的转高频率数据。因此,在采集数据时以月度为时间间隔标准,各数据在获取相关统计数据后进行整理。

在选择数据样本时,将区间设定为自 2007 年 1 月起至 2020 年 12 月止。CPI 数据选取全国环比数据;汇率采用人民币广义实际有效汇率指数;利率指标选择银行间同业拆借利率的 30 天加权平均利率;上证指数采用上海证券交易所公布的数据,并进行除权处理。所有数据均采集自同花顺 iFinD 金融终端数据库。在采集原始数据的基础上,将上证指数、CPI 指数、汇率、利率变量取对数收益率所得到的价格收益率序列分别记为 SHI_t、CPI_t、E_t、IR_t。

(2) 数据平稳性检验

采用 ADF 检验方法对各时间序列的平稳性进行检验,并检验时间序列是否同阶平稳。其检验结果如表 2-12 所示。

表 2-12 股票市场指数与宏观经济变量收益率序列的平稳性检验

变量	ADF t-统计量	临界值(1%)	P-值*	平稳性
SHI_t	−11.888 9	−3.469 7	0.000 0	平稳***
CPI_t	−10.208 3	−3.469 7	0.000 0	平稳***
E_t	−8.985 2	−3.469 7	0.000 0	平稳***
IR_t	−14.236 1	−3.469 7	0.000 0	平稳***

注:* 表示 MacKinnon (1996) 单侧 p-值;*** 表示在 1% 的显著性水平下稳定。

从表 2-12 中可以看到,在 1% 的显著性水平下,拒绝序列存在单位根的原假设,即各序列在 99% 的置信水平下是平稳的。因此,变量 SHI_t、CPI_t、E_t、IR_t 均是 $I(0)$ 序列。

(3) 股票市场指数与宏观经济指标波动的协整检验

经检验所选取的股票市场指数与宏观经济指标收益率 SHI_t、CPI_t、E_t、IR_t 为同阶平稳,因此采用适用于多变量的 Johansen 协整检验来分析证券市场与宏观经济运行之间的关联性。其检验结果如表2-13所示。

表2-13 股票市场指数与宏观经济变量的Johansen协整检验结果

原假设	Eigenvalue	Max-Eigen 统计量	临界值（1%）	Prob.**
无协整变量*	0.3204	152.6497	47.8561	0.0000
最多一个协整变量*	0.2184	89.6871	29.7971	0.0000
最多两个协整变量*	0.1521	49.5294	15.4947	0.0000
最多三个协整变量*	0.1297	22.6353	3.8415	0.0000

注：*表示在1%的显著性水平下拒绝原假设；**表示MacKinnon-Haug-Michelis(1999) p-值。

由表2-13中的检验结果可知，在1%的显著性水平下，四个变量间存在协整关系。也就是在99%的置信区间内，有理由相信以上证指数为代表的股票市场与以CPI指数、实际有效汇率指数和同业拆借利率为代表的宏观经济之间存在长期均衡关系。即股票市场指数波动与宏观经济运行之间存在长期相关性。

2. 债券市场指数波动与宏观经济运行的关联性检验

（1）变量选择与样本数据

选取中债总指数（净价）代表债券市场。在宏观经济运行表征指标方面，选取CPI指数、有效汇率、利率为主要研究变量。在选择数据样本时，将区间设定为自2007年1月起至2020年12月止。中债总指数（净价）直接取自中央国债登记结算有限责任公司发布的数据。所有数据均采集自同花顺iFinD金融终端数据库。在采集原始数据的基础上，将中债总指数、CPI指数、汇率、利率变量取对数所得到的价格收益率序列分别记为$CBAT_t$、CPI_t、E_t、IR_t。

（2）数据平稳性检验

采用ADF检验方法对各时间序列的平稳性进行检验，并检验时间序列是否同阶平稳。其检验结果如表 2-14 所示。

表 2-14 债券市场指数与宏观经济变量收益率序列的平稳性检验

变 量	ADF 的 t-统计量	临界值(1%)	P-值*	平稳性
$CBAT_t$	−8.849 0	−3.469 7	0.000 0	平稳***
CPI_t	−10.208 3	−3.469 7	0.000 0	平稳***
E_t	−8.985 2	−3.469 7	0.000 0	平稳***
IR_t	−14.236 1	−3.469 7	0.000 0	平稳***

注:* 表示 MacKinnon(1996)单侧 p-值;*** 表示在1%的显著性水平下稳定。

从表 2-14 中可以看到,在 1% 的显著性水平下,拒绝序列存在单位根的原假设,即各序列在 99% 的置信水平下是平稳的。因此,变量 $CBAT_t$、CPI_t、E_t、IR_t 均是 $I(0)$ 序列。

(3) 债券市场指数与宏观经济指标波动的协整检验

经检验所选取的债券市场指数与宏观经济指标收益率 $CBAT_t$、CPI_t、E_t、IR_t 为同阶平稳,因此采用适用于多变量的 Johansen 协整检验来分析债券市场与宏观经济运行之间的关联性。其检验结果如表 2-15 所示。

表 2-15 债券市场指数与宏观经济变量的 Johansen 协整检验结果

原假设	Eigenvalue	Max-Eigen 统计量	临界值(1%)	Prob.**
无协整变量*	0.344 5	205.648 1	47.856 1	0.000 0
最多一个协整变量*	0.291 5	135.947 4	29.797 1	0.000 1
最多两个协整变量*	0.241 9	79.076 1	15.494 7	0.000 0
最多三个协整变量*	0.183 2	33.390 7	3.841 5	0.000 0

注:* 表示在1%的显著性水平下拒绝原假设;** 表示 MacKinnon-Haug-Michelis(1999) p-值。

由表 2-15 中的检验结果可知,在 1% 的显著性水平下,四个变量之间存在协整关系。也就是在 99% 的置信区间内,有理由相信以中债总指数(净价)为代表的债券市场与以 CPI 指数、实际有效汇率指数和同业拆借利率为代表的宏观经济之间存在长期均衡关系。即债券市场指数波动与宏观经济运行之间存在长期相关性。

3. 商品期货市场指数波动与宏观经济运行的关联性检验

(1) 变量选择与样本数据

选用南华商品指数作为商品期货市场价格表征变量。在宏观经济运行表征指标方面,选取 CPI 指数、有效汇率、利率为主要研究变量。采集自 2007 年 1 月起至 2020 年 12 月止的逐月月度数据为样本数据。所有数据均采集自同花顺 iFinD 金融终端数据库。在采集原始数据的基础上,将南华商品指数、CPI、汇率、利率变量取对数收益率所得到的价格收益率序列分别记为 $NHCI_t$、CPI_t、E_t、IR_t。

(2) 数据平稳性检验

首先对各时间序列的平稳性进行检验,并检验时间序列是否同阶平稳。为此,采用 ADF 检验方法对 $NHCI_t$、CPI_t、E_t、IR_t 序列进行单位根检验。其检验结果如表 2-16 所示。

表 2-16 商品期货市场指数与宏观经济变量收益率序列的平稳性检验

变 量	ADF 的 t-统计量	临界值(1%)	P-值*	平稳性
$NHCI_t$	−10.661 8	−3.469 7	0.000 0	平稳***
CPI_t	−10.208 3	−3.469 7	0.000 0	平稳***
E_t	−8.985 2	−3.469 7	0.000 0	平稳***
IR_t	−14.236 1	−3.469 7	0.000 0	平稳***

注:* 表示 MacKinnon(1996) 单侧 p-值;*** 表示在 1% 的显著性水平下稳定。

从表 2-16 中的检验结果可以看出,各水平变量统计量的绝对值在 1% 的显著性水平下小于所对应的临界值,也就是说,序列 $NHCI_t$、CPI_t、E_t、IR_t 为 $I(0)$ 平稳序列。

(3) 商品期货市场指数与宏观经济指标波动的协整检验

经检验所选取的商品期货市场指数与宏观经济指标 $NHCI_t$、CPI_t、E_t、IR_t 为同阶平稳,因此采用适用于多变量的 Johansen 协整检验来分析商品期货市场与宏观经济运行之间的关联性。其检验结果如表 2-17 所示。

表 2-17 商品期货市场指数与宏观经济变量的 Johansen 协整检验结果

原假设	Eigenvalue	Trace 统计量	临界值 0.01	Prob.**
无协整变量*	0.316 3	210.434 1	47.856 1	0.000 0
最多一个协整变量*	0.303 9	147.692 9	29.797 1	0.000 1
最多两个协整变量*	0.283 7	87.915 8	15.494 7	0.000 0
最多三个协整变量*	0.180 5	32.852 9	3.841 5	0.000 0

注:* 表示在 1% 的显著性水平下拒绝原假设;** 表示 MacKinnon-Haug-Michelis (1999) 单侧 p-值。

由表 2-17 中的检验结果可知,在 1% 的显著性水平下,四个变量之间存在协整关系。也就是在 99% 的置信区间内,有理由相信以南华商品指数为代表的商品期货市场与以 CPI 指数、实际有效汇率指数和同业拆借利率为代表的宏观经济之间存在长期均衡关系。即商品期货市场与宏观经济运行之间存在长期相关性。

第三章

金融市场风险测度与波动相关性

3.1 金融市场风险的内涵界定与分析方法梳理

3.1.1 金融市场风险的内涵界定

1. 风险的界定

社会经济活动中充满着风险,人们在从事经济活动时会面对各类风险,可以说风险无处不在。但是经济学界有关风险的定义一直没有统一,各执一词。国内外有关风险的定义可以归纳为如下几种:

① 风险是金融变量变动引起的未来预期结果的分布,正的和负的偏差都可以是风险的来源[264]。

② 风险是指未来收益的不确定性,可以用概率分布来测度这种不确定性[265]。

③ 风险是投入一个项目或一项投资的资产遭受损失的可能性。它同收益率一样是判断项目和投资价值的两个主要标准之一。当资本用于生产性用途时,风险更是不可避免的[266]。

④ 风险是不确定性和由不确定性引起的不利后果[267]。

⑤ 风险是指未来收益的不确定性,不确定性的程度越高,风险就越大[268]。

⑥ 风险是指由于经济前景的不确定性,经济行为人在从事正常经济活动时,可能蒙受经济损失的概率及损失程度[269]。

目前有关风险的主要定义可以分为两类,一类风险强调在客观条件下,确定性带来的不利后果,即在一定的条件和时间内所发生的各种结果的变动导致主体遭受损失或损害的可能性。此类风险定义可以被称为"风险客观说",其强调导致风险的客观存在;另一类风险则强调未来的不确定性,即在一定条件和时间内,未来所发生的各种结果的变动程度,结果的变动程度与风险成正比。未来变动程度越大,则风险越大。美国经济学家、芝加哥学派创始人奈特(Knight)在其1921年出版的名著《风险、不确定性及利润》中,对风险与不确定性的关系进行了分析。奈特(2006)[270]、刘海龙和王慧(2009)[271]认为,不确定性是指经济行为人面临的直接或间接影响经济活动的无法充分准确地分析、预见的各类因素,而风险不仅仅取决于不确定性因素的不确定性大小,而且取决于收益函数的性质。奈特还认为,风险是从事前角度来看的由于不确定性因素造成的损失[272][273]。埃德加·E.彼得斯(Edgar E. Peters)(1999)认为,在统计学中,风险与不确定性是同义词,但是实际中风险与不确定性并不相同,风险与潜在损失密不可分,而不确定的定义没有提及任何损失的可能,也没有提到风险[274]。

2. 资产价格波动风险的内涵

在理论研究和实践中,人们往往更关心由于存在风险可能带来的损失。因此,资产价格波动风险常被定义为投资人在购入相应资产后,由于未来资产价格变动偏离了均衡状态所造成的投资人的损失。约翰·马歇尔和维普尔·班赛尔(1998)提出,价格风险是未来价格偏离其期望值的可能性,波动性是价格风险的来源[275]。事实上,资产价格波动对其期望价格的偏离并不一定变得不利。如果资产价格预期是无偏离的,则未来发生有利偏离的可能性与有害偏离的可能性是相等的。此时,如果从资产持有者的角度来看,资产价格风险则是未来资产实际价格低于资产价格预期,造成其持有资产的损失。

本研究从资产持有者角度将资产价格波动风险的内涵界定为:未来资产价格低于资产持有人价格预期所造成的持有人资产损失。在具体核算上,由于持有人对资产价格预期无法进行准确衡量,则采用资产购入价格加上持有期内平均资产收益的方式来表述。相应地,资产价格风险的内涵可以界定为,未来资产价格低于资产购买价格及其持有期内平均资产收益,而造成资产持有人的损失。本研究基于两点考虑选取从资产价格收益率波动的角度来研究我国跨市场风险传染问题,一方面是考虑资产价格收益率波动的市场反映功能;另一方面是考虑金融资产价格收益率波动带来的风险重新配置功能。

3. 资产价格波动规律对风险的影响

长期以来,无论是 Fama 的有效市场假说还是资本资产定价模型,都是以金融市场收益率服从正态分布为基本假设的,可以说,现代金融学是建立在金融市场收益率服从正态分布的随机游走理论之上的。按照金融市场收益率服从正态分布的随机游走理论,未来资产收益率的波动情况与历史波动无关,向上波动与向下波动的概率完全相等。即未来发生有利偏离的可能性与有害偏离的可能性完全相等,历史数据也无助于对未来偏离可能性的预测。

实际中,多数的资产价格收益率波动并非服从正态分布(如第2章中资产价格收益率波动统计特征的分析结果那样)。即未来发生有利偏离的可能性与有害偏离的可能性不一定相等,实践中,多数情况下是不相等的。大量实证研究结果表明,多数的资产价格收益率分布呈现分形特征,说明历史数据对未来资产价格收益率波动存在一定影响。理论上,历史数据对未来资产价格收益率的确定或预测具有帮助。

从资产价格风险的角度来看,由于资产价格收益率波动统计分布具有明显的"胖尾""高尖峰"和"偏锋"现象,遵从类似于 Mandelbrot(1963)提出的稳定帕雷托(Stable Paretian)分布,因此,风险测度的关键是找出未来资产价格收益率发生有害偏离的可能性及有害偏离的程度。资产价格收益率波动风险明显具有非对称性和概率性的特征。在进行资产价格收益率波动风险预测时,更多的是要测度未来收益率有害偏离发生的程度及其相对应的可能性,即下边风险的发生概率与下行幅度。

3.1.2 金融市场风险的分析方法

波动性风险分析有两个关键内容,一是确定市场风险大小的度量指标;二是建立有效估计度量指标的数据模型。Harry M. Markowitz(1952)在其发表的 *Portfolio Selection* 一文中,将统计学中的期望与方差概念引入资产组合问题的研究,提出了采用资产收益率的期望来度量资产预期收益、采用资产收益率的标准差来度量风险的思想[54]。Markowitz 的均值—方差方法使得风险可以定量化测度,开辟了金融风险定量测度的新思路。由 Markowitz 提出的资产组合理论,其基本思想是风险分散,在手段方法上是采用方差度量风险,因此,方差方法的优劣决定着资产组合模型的优劣。

Roy A. D.(1952)在其"*Safety-First and the Holding of Assets*"一文中提出,投资者更倾向于"安全第一"法则[276]。按照 Roy 的观点,投资者会倾向于使得投资收益率低于"灾难性水平"的可能性最小。Markowitz(1959)对其提出的均值—方差方法的局限性进行了阐述,并提出了半方差方法。虽然方差度量风险方法由 Markowitz 提出后,经多人逐步完善取得了诸多成果,并得到广泛应用,但其收益率服从正态分布的前提假设并不符合市场实际。Mandelbrot(1963)、Osborne(1964)、Fama(1965)等诸多学者的研究成果表明,现实金融市场资产价格收益率并非服从正态分布。

20 世纪 80 年代后,随着波动性分析方法的发展,以 GARCH 模型族、随机波动率 SV 模型为代表的新计量理论与模型为价格波动的描述和研究提供了有效支持。传统的风险测度方法逐渐丰富并贴近现实市场,新的风险测度思想与方法也逐渐发展起来。

20 世纪 90 年代,美林投资银行、J. P. Morgan 集团等金融机构率先采用风险价值 Value-at-Risk 模型来计量与评判金融风险,并给出了估计金融机构潜在损失的基本方法。作为一种金融风险测度和分析工具,Value-at-Risk(VaR)模型在 1993 年得到《巴塞尔协议》的承认,并被作为国际银行业的标准风险分析方法。J. P. Morgan 集团于 1994 年部分公布了其内部使用的全面风险估计方法与模型(Risk-Metrics)。1996 年 1 月,十国集团签署的《巴塞尔协议》补充协议中,将 VaR 方法确定为风险资本充足率的基准性方法,从而奠定了 VaR 方法在金融行业的使用地位。目前,VaR 方法已经成为金融研究与实践领域广泛应用,且发展迅速的风险测度方法。

1. VaR 的定义

风险价值(Value-at-Risk,VaR)是指在给定置信水平下,某一金融资产或者资产组合,在未来一段时间内可能遭受的最大损失。在使用 VaR 来测度风险时,其意义在于分析人员有 α 的把握,在 T 时段内,头寸损失不会大于 V。VaR 可以由资产组合的收益率概率分布得出,也可以由资产组合损失的概率分布得出,前者损失为收益的负值;后者收益为损失的负值[277]。本文采用资产收益率概率分布来测度 VaR 数值,相应的 VaR 等于收益率分布在第 $1-\alpha$(α 为置信区间)收益率分位数的负值。

假设金融资产或资产组合的收益率分布函数为 $F(x)$,$F(x)$ 为连续函数。设定概率水平为 α(置信水平为 $1-\alpha$),仅考虑收益率下边风险,则 VaR 定义如下:

$$P(X-\text{VaR}_\alpha)=\alpha, \text{VaR}_\alpha(X)=-F^{-1}(\alpha) \qquad 式(3-1)$$

此时,VaR_α 为收益率分布的 α 左侧分位点。

VaR 测度有三个关键参数,即资产组合的持有期限、置信水平和观测区间。资产组合的持有期限是资产收益率的基本时间衡量单位,即资产组合收益率计算的时间跨度,通常采用日收益率、周收益率等。置信水平的选择与资产组合持有人对风险所持的态度有关,如果持有人对极端时期风险厌恶程度较高则置信水平设定较高。所谓的观测区间,事实上是为了获取资产组合收益率分布所选择的样本数据时间跨度,VaR 测度时首先通过对历史数据的分析来判断资产组合收益率分布情况。在先行设定收益率分布参数的情况下,观测区间为非必选参数。

2. VaR 的估计方法

Simone Manganellih 与 Robert F. Engle(2001)在其"*Value at Risk Models in Finance*"一文中指出,VaR 计算的关键技术在于对资产组合收益率的概率分布函数或密度函数的估计[278]。Manganellih 和 Engle 将 VaR 计算过程概括为三个步骤:① 创建用于分析的资产组合;② 估计资产组合的收益率分布;③ 计算资产组合的 VaR,各种 VaR 计算方法的区别主要在于对第二步资产组合收益率分布的估计方法存在差异[278]。由于对资产组合收益率的概率分布函数或密度函数的估计方法不同,VaR 计算方法可以分为分析方法、历史模拟法和蒙特卡洛模拟法三类[279]。

(1) 分析方法

分析方法也称为参数方法(Parametric Models),是 VaR 计算中最为常见的方法。该方法以资产组合的价值函数与市场因子间的近似关系为基础,借助市场因子的特征分布(即方差—协方差矩阵)来简化计算。分析方法在简化 VaR 计算的同时,提出了较为严格的分布特征假定,即要求市场因子必须服从正态分布。目前,常见采用分析方法计算 VaR 的主要有 RiskMetrics、GARCH 方法等。以投资组合价值函数的不同为标准,分析方法可以分为两种,一种是 Delta 类方法;另一种是 Gamma 类方法[280][281]。Delta 类方法的共同点是将资产组合价值函数取一阶近似,各具体方法的区别在于对市场因子的分布假设的不同。Gamma 类方法的共同点是投资组合价值函数的精度都取二阶近似,各具体方法的区别也是对市场因子的分布假设的不同。

分析方法的优点在于其相对简单、易于执行。其缺陷在于假设资产组合收益率服从正态分布与实际金融市场资产收益率呈"尖峰""厚尾"分布的特征不相符。基于正态分布假设的模型会低估极端值的比例,从而低估真实的 VaR 值,同时该方法不适用于非线性金融工具的风险度量[282]。

(2) 历史模拟法

历史模拟法(Historical Simulation)是最常见的非参数 VaR 计算方法,其对资产组合的收益率分布没有特别的假设。历史模拟法是通过对过去一段时间内的资产组合收益率的频率分布进行统计分析,找到该段时间内的平均收益率,利用分位数给出一定置信水平下的 VaR 估计。历史模拟法无须对资产组合或市场因子的收益率分布情况进行假定。该方法与参数方法相比较更加直观、简单、易于操作。历史模拟法中隐含了一个先决条件,即历史变化可以在未来重现。

与分析方法相比,以历史模拟法为代表的非参数方法更加直观、操作更加容易。由于历史模拟法无须进行任何分布的假设,因此计算更为稳定,特别是历史模拟法适用于"厚尾"情形。历史模拟法也存在一些缺陷。首先,该方法隐含了历史变化可以在未来重现的先决条件。如果选择时间窗口时遗漏了一些重要事件,统计得来的结果就不能很好地描述频率分布的尾部。其次,部分历史重要事件可能由于各种条件的变化未来难以重现。最后,为了能够提供更加精确的频率分布分位数,样本数据的采集时间要求较长。

(3) 蒙特卡洛模拟法

蒙特卡洛模拟法(Monte Carlo Simulation)是一种参数化的方法。与历史模拟法类似,蒙特卡洛模拟法也需要借助历史数据进行分析,不同的是,蒙特卡洛模拟法并不是直接利用每种资产的历史数据来估计风险值,而是要得到它的可能分布,并估计分布的参数。换而言之,蒙特卡洛模拟法不是使用历史数据变化来预测未来损益,而是通过一个给定的被认为能恰当刻画或近似刻画市场因子可能变化的变量的统计分布来分析未来损益[283]。

蒙特卡洛模拟法计算 VaR 的基本步骤分为两步,第一步,对待分析资产组合收益变量设定一个参数化的随机过程,其中,风险和相关系数等参数可以从历史数据统计结果中获得;第二步,基于设定的随机过程,随机生成大量符合历史分布的虚拟数据,以生成的虚拟数据为基础形成新的收益率分布,通过该分布计算出 VaR。

在蒙特卡洛模拟法中,设定的参数化的随机过程时常用的模型是几何布朗运动(Geometric Brownian Motion)模型。在几何布朗运动模型中,数据不存在历史记忆效应,即随着时间的推移,各时间序列数据的变化之间没有任何关系。几何布朗运动模型下,价格的微小变动可以由下式来描述[284]:

$$dS_t = \mu_t S_t dt + \sigma_t S_t dz \qquad 式(3-2)$$

其中,dz 表示均值为 0,方差为 dt 的正态随机变量。参数 μ_t 和 σ_t 分别表示 t 时刻价格的暂时变化及波动率,它们都随时间的变化而变化。由于 μ_t 和 σ_t 可能是原变量的函数,可以采用 GARCH 等模型方法比较容易地模拟方差随时间的变化。相应地可以利用分位数方法直接得到 VaR 数值。

3. 改进 VaR 计算方法

在 VaR 理论与方法发展的过程中,除了前述方法外,诸多学者借助各类理论方法对原有 VaR 计算方法进行改进,形成了一系列的改进 VaR 计算方法。常见的有基于极值理论方法、分位数回归方法、Copula-VaR、混合密度神经网络、Cornish-fisher 方法、改进蒙特卡洛模拟法、Li 半参数方法等。在诸多改进的 VaR 计算方法中,本文将选择 Cornish-fisher 方法、改进蒙特卡洛模拟法、Li 半参数方法用于实证研究。

(1) 基于 Cornish-fisher 方法的 VaR 估计

Zangari Peter(1996)将 Cornish-fisher 扩展方法引入 VaR 计算[286]。Jorge Mina 和 Andrew Ulmer(1999)对蒙特卡洛模拟、Delta-Gamma、Johnson 和 Cornish-Fisher 方法共四种非正态分布情况下的 VaR 计算方法进行了对比,认为 Johnson 和 Cornish-Fisher 方法计算简洁、迅速,但精度略低,并且稳定性较差[287]。Stefan Pichler 和 Karl Selitsch(1999)指出,在偏度为负时,VaR 的 Cornish-Fisher 方法效果良好,在出现偏度为正时计算结果略差[288]。

Cornish-Fisher 扩展方法的一个基本原理是任意分布都可被看作其他分布的函数,可以用其他分布的参数表示。Zangari Peter(1996)的 Cornish-Fisher 方法 VaR 计算中,通过在 Delta-Gamma 正态模型中引入 ΔV 的前四阶矩近似得到分位数 CF_α^{-1}。Cornish-Fisher 方法 VaR 计算中,收益率序列的 α 置信水平的分位数为:

$$CF_\alpha^{-1} = Z_\alpha^{-1} + \frac{\gamma_1}{6}[(Z_\alpha^{-1})^2 - 1] + \frac{\gamma_2}{24}[(Z_\alpha^{-1})^3 - 3Z_\alpha^{-1}] - \frac{\gamma_1^2}{36}[2(Z_\alpha^{-1})^3 - 5Z_\alpha^{-1}]$$

式(3-3)

$$\gamma_1 = \frac{E(X-\mu)^3}{\sigma^3}$$

$$\gamma_2 = \frac{E(X-\mu)^4}{\sigma^4} - 3$$

式(3-4)

其中，γ_1 和 γ_2 分别为收益率分布的偏度和峰度；Z_α^{-1} 为正态分布的 α 分位数。

(2) 基于 Li 半参数方法的 VaR 估计

David X. Li(1999)提出了不需要任何分布假设,仅使用收益率序列的统计量计算 VaR 半参数方法[285]。假设收益率序列为 X_t,则收益率序列的一至四阶矩分别为：

$$\mu = E(X)$$

$$\sigma^2 = \text{Var}(X)$$

$$\gamma_1 = \frac{E(X-\mu)^3}{\sigma^3}$$

$$\gamma_2 = \frac{E(X-\mu)^4}{\sigma^4} - 3$$

式(3-5)

上式中,各阶矩分别代表收益率序列分布的均值、方差、偏度和峰度。Li(1999)给出了在 $\gamma_1 \neq 0$ 的情况下,基于上述统计量的 VaR 计算方公式如下：

$$\text{VaR}_U = \mu + \frac{\frac{\gamma_2+2}{\gamma_1} + \sqrt{\left(\frac{\gamma_2+2}{\gamma_1}\right)^2 + 4\left[\frac{C_\alpha\sqrt{(\gamma_2+2)(\gamma_2+2-\gamma_1^2)}}{|\gamma_1|} + 1\right]}}{2} \sigma$$

式(3-6)

$$\text{VaR}_L = \mu + \frac{\frac{\gamma_2+2}{\gamma_1} - \sqrt{\left(\frac{\gamma_2+2}{\gamma_1}\right)^2 + 4\left[\frac{C_\alpha\sqrt{(\gamma_2+2)(\gamma_2+2-\gamma_1^2)}}{|\gamma_1|}+1\right]}}{2}\sigma$$

式(3-7)

其中，VaR_U 和 VaR_L 分别为 VaR 的上限和下限；C_α 为对应的正态分布的 α 分位数。若 $\gamma_1=\gamma_2=0$，则说明收益率序列服从正态分布，上述计算公式不适用。

3.2 我国金融市场价格收益率波动风险测度

3.2.1 金融市场指数收益率 VaR 测度的参数设定

金融市场指数收益率 VaR 测度中，主要采用历史数据模拟法、改进蒙特卡洛模拟法、正态分布法、Cornish-fisher 展开方法、Li 半参数方法等。各方法测度的设定如下：

1. 历史数据模拟法 VaR 测度

历史模拟 VaR 测度方法为非参数方法，采用历史数据模拟法进行 VaR 测度时无须设定过多参数标准，仅需要设定待测 VaR 的置信区间。本文将在设定 VaR 置信区间后，直接采用历史数据进行测度，对各指标序列的长度也不再进行调整。

2. 改进蒙特卡洛模拟法 VaR 测度

在采用改进蒙特卡洛模拟法进行 VaR 测度时，本文将以各指标数据的统计指标为基础，模拟生成与原数据同长度的序列。在设定 VaR

置信区间后,以蒙特卡洛模拟结果进行 VaR 测度。

3. 正态分布法 VaR 测度

在采用正态分布法进行 VaR 测度时,首先通过对各指标数据的统计指标进行计算,得到均值和标准差,并以此构建正态分布函数。测度过程除设定 VaR 置信区间外,不对数据与参数进行任何调整和设定。

4. Cornish-fisher 展开方法 VaR 测度

在采用 Cornish-fisher 展开方法进行 VaR 测度时,峰度、偏度来自对指标数据统计量的计算结果,分位数采用正态分布的分位数值。在具体测度中,仅设定 VaR 测度的置信区间。

5. Li 半参数方法 VaR 测度

采用 Li 半参数方法计算 VaR 时,仅计算各指标变量的下限 VaR,计算过程中仅设定置信区间,采用下式进行测度:

$$VaR_L = \mu + \frac{\frac{\gamma_2+2}{\gamma_1} - \sqrt{\left(\frac{\gamma_2+2}{\gamma_1}\right)^2 + 4\left[\frac{C_\alpha\sqrt{(\gamma_2+2)(\gamma_2+2-\gamma_1^2)}}{|\gamma_1|}+1\right]}}{2}\sigma$$

式(3-8)

其中,C_α 为对应的正态分布的 α 分位数。

3.2.2 我国股票市场价格收益率波动风险测度

1. 股票市场变量选择与样本数据

在股票市场收益率的 VaR 测度实证中,筛选中国与国际上影响较大的证券市场指数为待研究变量。考虑证券指数的影响力和数据获取的难易程度,选择分别由上海证券交易所和深圳证券交易所发布的上证指数(代码:000001)、深证成分指数(代码:399001)为中国内地股票市场表征指标;选取恒生指数服务有限公司编制的恒生指数为中国香港股票市场表征指标;选取标准普尔500指数和道琼斯工业指数为美国股票市场表征指标;选取由德意志交易所集团发布的德国DAX指数为德国股票市场表征指标;选取富时100指数为英国股票市场表征指标。

上证指数、深证成分指数、恒生指数、标准普尔500指数和德国DAX30指数的数据样本区间为自2000年1月1日起至2020年12月31日止,数据来源为上海证券交易所、深圳证券交易所、同花顺iFinD金融终端数据库的日收盘数据。由于各国市场交易制度与交易日期设置的不同,得到的有效数据序列长度略有差异,剔除不匹配的数据,对少量缺失数据进行插值补齐。为避免不同市场价格指数的衡量货币差异和时间序列经济数据中的异方差影响,所有变量均取实际值的自然对数收益率形式,得到的价格收益率序列用如下符号表示:上证指数(SH_t)、深证成分指数(SZ_t)、恒生指数(HSI_t)、道琼斯工业指数(DJI_t)、标准普尔500指数(SPX_t)、DAX指数(DAX_t)、富时100指数($FTSE_t$)。

在分析主要股票市场收益率VaR时,首先对各指标收益率序列的统计分布进行描述。表3-1中,各描述性统计量分别为最大值(maximum)、最小值(minimum)、均值(mean)、偏度(skewness)、峰度(kurtosis)。偏度用于衡量序列围绕均值的非对称性,如果描述统计量偏度的数值为大于0(正的),意味着序列分布有长的右拖尾(右偏);如果小于0(负的),则意味着序列分布有长的左拖尾(左偏)。峰度用于度量凸起或平坦程度,如果峰度大于3,则意味着序列分布的凸度大于标准正态分布。

表 3-1　股票市场指数收益率序列描述性统计量

市　场	均　值	标准差	偏　度	峰　度	J-B统计量	P值
SH_t	0.017 9	1.548 4	−0.371 0	8.009 5	5 437.999 0	0.000 0
SZ_t	0.028 4	1.756 6	−0.359 9	6.583 1	2 832.090 0	0.000 0
HSI_t	0.008 7	1.456 7	−0.118 5	10.802 0	13 144.900 0	0.000 0
DJI_t	0.018 7	1.208 2	−0.377 8	16.019 1	37 415.140 0	0.000 0
SPX_t	0.017 9	1.254 9	−0.393 7	13.951 8	26 553.670 0	0.000 0
DAX_t	0.013 3	1.490 4	−0.165 8	8.747 2	7 359.924 0	0.000 0
$FTSE_t$	−0.000 6	1.197 0	−0.308 6	10.813 1	13 577.610 0	0.000 0

表 3-1 中所示的股票市场指数收益率序列描述性统计结果显示，选取的上证指数、深证成分指数、恒生指数、道琼斯工业指数、标准普尔 500 指数、德国 DAX30 指数和富时 100 指数的对数收益率序列不服从正态分布。

2. 股票市场指数收益率的 VaR 测度结果与分析

基于上述股票市场指数收益率的 VaR 测度计算设定，分别计算各指标在 95% 和 99% 置信水平下的下侧 VaR 数值，得到如表 3-2 和表 3-3 所示的结果。

表 3-2　股票市场指数收益率序列 95% 置信区间的 VaR 测度结果

市　场	历史模拟	蒙特卡洛	正态分布	Cornish-fisher	Li 半参数
SH_t	−4.946 8	−3.764 8	−3.584 3	−5.739 9	−4.025 7
SZ_t	−5.506 4	−4.022 8	−4.058 1	−5.908 8	−4.727 0
HSI_t	−4.209 0	−3.376 9	−3.380 1	−6.156 4	−3.459 9
DJI_t	−3.553 1	−2.802 8	−2.792 1	−6.740 2	−2.929 2
SPX_t	−3.533 3	−2.917 6	−2.901 4	−6.404 6	−3.077 9
DAX_t	−4.473 4	−3.373 2	−3.454 0	−5.622 8	−3.603 8
$FTSE_t$	−3.477 8	−2.750 9	−2.785 3	−5.200 5	−2.965 0

表 3-3　股票市场指数收益率序列 99％置信区间的 VaR 测度结果

市　　场	历史模拟	蒙特卡洛	正态分布	Cornish-fisher	Li 半参数
SH_t	−2.434 5	−2.526 4	−2.529 0	−2.531 8	−2.668 6
SZ_t	−2.737 5	−2.808 1	−2.861 0	−2.909 4	−3.065 2
HSI_t	−2.311 4	−2.413 4	−2.387 4	−2.206 7	−2.416 9
DJI_t	−1.842 1	−2.010 5	−1.968 7	−1.777 7	−2.014 9
SPX_t	−1.915 4	−2.058 4	−2.046 2	−1.905 6	−2.104 8
DAX_t	−2.396 1	−2.399 7	−2.438 2	−2.334 8	−2.492 1
$FTSE_t$	−1.887 3	−1.972 7	−1.969 5	−1.883 6	−2.030 6

采用五种方法建立了指标变量风险测量的 VaR 模型。在 95％置信区间,测得 VaR 数值 Cornish-fisher 方法＜历史模拟法＜蒙特卡洛模拟法、正态分布法＜Li 半参数方法。在 99％置信区间,测得 VaR 数值 Li 半参数方法＜蒙特卡洛模拟法、正态分布法＜Cornish-fisher 方法＜历史模拟法。在 95％和 99％的置信区间,风险大小排序存在差异,说明不同市场收益率分布的"厚尾"现象存在差异。从各股票市场收益率风险测度的结果可以得出以下结论:

① 总体上,中国股票市场风险要高于国外股票市场。这说明同发达国家市场相比,发展中国家市场蕴含更大的资产价格收益率波动风险。

② 从中国沪、深两市风险上来看,上海证券交易所风险略低于深圳证券交易所。结合上海证券市场和深圳证券市场资产构成、交易规模和市值变化等因素的对比,市场规模、市值和资产构成种类数量方面数值较大的市场风险相对较小。特别是对比主要指数背后交易量变化,如果一种资产交易量较大,其出现风险积聚的可能性相比于其他交易量小的资产要明显降低。

③ 从横向市场风险对比来看,道琼斯工业指数＜富时 100 指数＜标准普尔 500 指数＜恒生指数＜德国 DAX30 指数＜上证指数＜深证成分指数。结合各个市场的规模、开放程度以及经济影响力因素的对比可以发现,上述市场风险对比结果与各市场的规模、开放程度排序基本相同。这表明市场规模、开放程度与市场资产价格收益率波动风险之间存在一定关联性。

3.2.3 我国债券市场价格收益率波动风险测度

1. 债券市场变量选择与样本数据

在债券市场收益率的 VaR 测度中,考虑指数的影响力和数据获取的难易程度,选取由中央国债登记结算有限责任公司编制与发布的中债综合指数作为债券市场表征指标。其中,以中债综合指数(ChinaBond Composite Index)表征整体债券市场;以中债中短期债券指数(ChinaBond Cornish-Middle Term Index)和中债长期债券指数(ChinaBond Long Term Index)表征不同期限债券市场;以中债金融债券总指数(ChinaBond Finance Bond Aggregate Index)和中债公司债总指数(China Bond Enterprise Bond Aggregate Index)表征不同信用债发行主体债券市场。样本区间为自 2007 年 1 月 1 日起至 2020 年 12 月 31 日止,数据来源为中国债券信息网、同花顺 iFinD 金融终端数据库。为避免时间序列中的异方差影响,所有变量均取实际值的自然对数收益率形式,得到的价格收益率序列用如下符号表示:中债综合指数(CI_t)、中债中短期债券指数(STI_t)、中债长期债券指数(LTI_t)、中债国债总指数(TBI_t)、中债金融债券总指数(FBI_t)和中债公司债总指数(EBI_t)。

表 3-4 中所示为债券市场指数收益率序列描述性统计量,结果表明,本节选取的中债综合指数、中债中短期债券指数、中债长期债券指数、中债国债总指数、中债金融债券总指数和中债公司债总指数的对数收益率序列不服从正态分布。

表 3-4 债券市场指数收益率序列描述性统计量

类 别	均 值	标准差	偏度	峰 度	J-B统计量	P 值
CI_t	0.000 01	0.083 96	0.853 19	21.441 45	50 020.65	0.000 00
STI_t	0.000 82	0.146 84	1.005 87	20.043 25	42 950.77	0.000 00
LTI_t	0.000 43	0.095 22	0.372 16	16.672 07	27 340.74	0.000 00
FBI_t	0.000 14	0.103 23	0.251 14	18.805 13	36 466.27	0.000 00
EBI_t	−0.006 39	0.120 49	1.246 61	43.430 47	239 289.10	0.00 000

2. 债券市场指数收益率的 VaR 测度结果与分析

基于上述债券市场指数收益率的 VaR 测度计算设定,分别计算各指标在 95% 和 99% 置信水平下的下侧 VaR 数值,得到如表 3-5 和表 3-6 所示的结果。

表 3-5 债券市场指数收益率序列 95% 置信区间的 VaR 测度结果

类 别	历史模拟	蒙特卡洛	正态分布	Cornish-fisher
CI_t	−0.123 4	−0.141 3	−0.138 1	−0.085 3
STI_t	−0.213 2	−0.224 7	−0.240 7	−0.145 4
LTI_t	−0.139 5	−0.161 8	−0.156 2	−0.119 6
FBI_t	−0.146 1	−0.172 6	−0.169 7	−0.129 2
EBI_t	−0.171 4	−0.195 3	−0.204 6	−0.060 1

表 3-6　债券市场指数收益率序列 99% 置信区间的 VaR 测度结果

类　别	历史模拟	蒙特卡洛	正态分布	Cornish-fisher
CI_t	−0.243 8	−0.193 7	−0.195 3	−0.481 6
STI_t	−0.416 1	−0.342 6	−0.340 8	−0.761 4
LTI_t	−0.272 3	−0.220 8	−0.221 1	−0.494 4
FBI_t	−0.320 6	−0.227 9	−0.240 0	−0.599 9
EBI_t	−0.353 6	−0.263 6	−0.286 7	−1.244 6

基于债券市场指数收益率的 VaR 测度结果和股票市场指数的 VaR 测度结果可知,我国债券市场日收益率的波动风险小于股票市场;中短期债券市场收益率的波动风险大于长期债券市场;公司债市场收益率的风险大于金融债市场。

3.2.4　我国商品期货市场价格收益率波动风险测度

1. 商品期货市场变量选择与样本数据

由于商品期货市场各交易品种合约多样,期货交易规则也存在一定差异,在商品期货价格收益率的 VaR 测度实证中不适合采用期货市场指数进行分析对比。故在商品期货价格收益率的 VaR 测度实证中,筛选交易较为活跃的商品期货品种为待研究对象。考虑数据获取的难易程度和商品期货品种的影响力,选择分别在国内上海期货交易所和郑州商品交易所上市交易的金属铜、螺纹钢、菜粕、白糖期货为研究对象,以各期货合约价格为期货资产变动的表征变量。考虑到各品种合约上市时间的差异,本节采用的数据样本区间为自 2013 年 1 月 1 日起至 2020 年 12 月 31 日止。为获得期货连续价格,采用主力合约构建连续价格序列,所有数据来自上海期货交易所、郑州商品交易所和同花顺 iFinD 金融终端数据库。针对获得的期货价格指数数量级等存在差异,并考虑实际分析资产价格变动更多的是考虑价格收益率的变化而不是价格本身的因素,同时为了避免时间序列经济数据中的异方差影响,所有变量均取实际值的自然对数收益率形式,得到价格收益率序列,即铜(CU_t)、螺纹钢(RM_t)、菜粕(RB_t)、白糖(SR_t)。

表 3-7 中的描述性统计结果表明,本节选取的铜、螺纹钢、菜粕、白糖期货价格对数收益率序列均不服从正态分布。

表 3-7 期货市场指数收益率序列描述性统计量

类 别	均 值	标准差	偏 度	峰 度	JB 统计量	P 值
CU_t	−0.000 5	1.094 2	−0.178 6	7.930 1	1 978.13	0.000 0
RM_t	0.003 9	1.570 1	−0.282 4	7.345 4	1 554.52	0.000 0
RB_t	0.008 8	1.407 6	−0.768 1	11.381 1	5 877.77	0.000 0
SR_t	−0.004 6	0.954 9	0.462 2	8.808 3	2 800.45	0.000 0

2. 商品期货市场指数收益率的 VaR 测度结果与分析

采用同上的参数设定,分别计算各指标在 95% 和 99% 置信水平下的下侧 VaR 数值,得到如表 3-8 和表 3-9 所示的结果。

表 3-8 期货市场指数收益率序列 95% 置信区间的 VaR 测度结果

类 别	历史模拟	蒙特卡洛	正态分布	Cornish-fisher	Li 半参数
CU_t	−1.685 1	−1.784 1	−1.800 3	−1.746 3	−1.848 3
RM_t	−2.354 6	−2.550 9	−2.578 6	−2.564 6	−2.699 6
RB_t	−2.258 2	−2.307 1	−2.306 5	−2.360 1	−2.454 5
SR_t	−1.403 5	−1.581 4	−1.575 3	−1.334 0	−1.644 9

表 3-9 期货市场指数收益率序列 99% 置信区间的 VaR 测度结果

类别	历史模拟	蒙特卡洛	正态分布	Cornish-fisher	Li 半参数
CU_t	-3.265 3	-2.654 9	-2.546 0	-3.937 7	-2.681 1
RM_t	-4.617 7	-3.636 1	-3.648 6	-5.522 6	-4.013 1
RB_t	-3.905 6	-3.014 5	-3.265 7	-6.506 2	-3.849 7
SR_t	-2.419 7	-2.188 6	-2.226 0	-3.121 4	-2.326 3

从上述各商品期货市场价格收益率波动风险测度的结果可以看出，所选择的商品期货品种中，风险从大到小为螺纹钢（RM_t）>菜粕（RB_t）>铜（CU_t）>白糖（SR_t），即国内白糖期货价格指数风险要低于铜期货、螺纹钢与大豆期货价格指数；在 95% 和 99% 的置信区间，风险大小排序存在差异，说明不同品种的收益率，其分布的"厚尾"现象存在差异。结合我国商品期货交易情况，我国白糖期货交易规模较大，虽然日内波动剧烈，但跨交易日的价格波动极端现象较少，市场交易平稳，同时由于采用国储制度，国际市场冲击不容易直接对国内白糖期货与现货市场产生严重影响。因此，和一些投资者对国内"妖糖"的直观感知不同，实际白糖期货合约的长期风险恰恰较小。同时也说明在分析中，选取不同时间跨度对资产价格收益率波动风险的测度结果可能产生较大影响。

3.3 我国金融市场风险的相关性

3.3.1 金融市场风险相关性分析的 Copula 方法

风险相关性分析领域存在多种分析方法，Copula 方法作为非参数方法被广泛应用于金融市场风险分析领域。Sklar（1959）提出了可以将多元随机变量的联合分布分解为 k 个边缘分布和一个连接函数(Copula 函数)。Copula 函数则反映多元随机变量之间的相关性。

根据 Sklar 定理，N 元随机变量 $X_1,\cdots,X_N$ 的联合分布函数 $F(x_1,x_2,\cdots,x_N)$ 可以分解为[289]：

$$F(x_1,\cdots,x_N)=C(F_1(x_1),F_2(x_2),\cdots,F_N(x_N))$$

其中，$F_1(x_1),\cdots,F_N(x_N)$ 为一元边缘分布；C 为 Copula 函数。

目前常见的 Copula 函数模型有椭圆 Copula 族、Archimedean Copula 族等[289]。也有学者根据 Copula 函数的参量个数对 Copula 函数进行划分。二元 Copula 族是金融市场研究中广泛使用的模型。二元正态 Copula 函数结构简单，能够较好地拟合金融数据，被广泛使用。但是二元正态 Copula 模型为对称结构，无法有效刻画尾部关系。二元 t-Copula 函数虽然也为对称结构，但是其尾部更厚，且对变量间的尾部相关结构更为敏感，能够更准确地分析金融市场尾部相关性。

3.3.2 金融市场风险相关性检验

考虑到不同市场指数编制时间的差异，选取 2004 年 7 月 1 日至 2020 年 12 月 31 日的上证指数、中债综合指数和南华商品指数的收盘价格作为股票市场、债券市场和商品期货市场的表征变量。对各变量取对数收益率形式用于金融市场风险相关性检验。在 Copula 模型选择上，选用二元正态 Copula 函数和二元 t-Copula 函数来分析不同市场之间的风险相关性。为了考察不同市场之间风险相关性的结构，以 2007 年股灾为分界点，将样本划分为全时段样本、股灾前和股灾后三个样本。

表 3-10 中显示的是我国不同金融市场间全时段样本的风险相关

系数。其中,股票市场与债券市场、债券市场与商品期货市场之间呈现负相关性,说明两者之间存在反向变化关系;股票市场与商品期货市场之间呈现正相关性,且数值较大,说明整体上股票市场与商品期货市场之间存在同向变化关系。

表 3-10 基于 Copula 的金融市场全时段样本风险相关系数

类 别	股票—债券	股票—商品期货	债券—商品期货
正态 Copula	−0.051 6	0.335 8	−0.083 1
t-Copula	−0.054 9	0.342 2	−0.078 3

表 3-11 中显示的是 2007 年股灾前后中国金融市场风险相关性的变化情况。各市场间的风险相关系数大小在股灾前后有显著变化。其中,债券市场与商品期货市场之间的相关性提升巨大,股票市场与债券市场之间的相关性提升最小。股灾前后各市场间风险相关性的方向没有变化。从整体数据变化情况来看,股灾之后中国股票市场、债券市场与商品期货市场之间的风险相关性显著提升。这也增加了跨市场风险传染发生的概率。

表 3-11 股灾前后金融市场的风险相关系数

类 别		股票—债券	股票—商品期货	债券—商品期货
股灾前	正态 copula	−0.052 5	0.152 9	−0.015 3
	t-Copula	−0.055 2	0.156 7	−0.014 5
股灾后	正态 Copula	−0.054 4	0.379 6	−0.106 6
	t-Copula	−0.056 2	0.387 4	−0.099 1

第四章

跨市场金融风险传染机制研究

4.1 跨市场金融风险传染的特征

4.1.1 风险的累积性与临界性特征

1. 风险的累积性

金融风险从产生到传染,再到另一市场出现响应,其间需要经历多个累积的过程,并且风险的爆发也是逐渐累积后突破临界状态后的集中释放。跨市场风险传染的全过程具有较为明显的风险累积性特征,但是风险累积过程并不是单向增加的过程,会伴随着市场作用和监管调控手段的运作而出现消长相间的特征。特别是当一种风险处于潜藏增长阶段时,如果整体市场或者该风险所依存资产的状况明显改善,则风险可能会被迅速消化,甚至消亡。如果市场或某一资产的状况由于外界不可预见的原因突然恶化,则可能造成风险突现,甚至直接爆发,并通过各种渠道传染至其他市场。此时,风险累积过程在短时间内迅速完成。

在金融风险的累积过程中,可能会出现多种风险之间叠加或者抵消的情况。无论是哪一种累积方式,当风险积累程度达到临界状态时就可能出现突变,进而呈现定向传染或者集中响应的情况。

风险输入市场并不是随着外来风险的输入直接引发内部风险,而是与风险传染发生一样存在一个消除和积累的过程。只有积累的风险突破临界状态才能引发输入市场对风险的剧烈反应,甚至诱发危机。

2. 风险输出与响应的临界性特征

金融风险并不是一经产生就从风险源向其他市场进行传染扩散的,而是要在起源市场中进行累积。当然作为正常运转、机制健全的市场会对各类风险因素进行适当的调节,同时市场监管机构也会对各类风险因素的产生和发展进行监控与调节。此时,部分风险会在市场机制和监管调控手段的作用下消除与降低。而未被消除的风险将会在市场中潜藏下来,逐步累积。当风险积累到一定程度时,只有突破了临界状态才能引起风险跨市场传染。

作为跨市场金融风险传染的直接结果将是金融风险从一个市场扩散至其他市场。跨市场金融风险传染与响应并不存在一一对应关系,风险输入市场也不是对各类输入风险逐一做出明显反应。金融风险的跨市场传染效应存在明显的临界性和突变性。从风险传染输入市场的角度来看,外来风险引发市场显性反应的条件是输入风险和自身内部风险累积超出市场可以调节或接受的范围,并突破风险临界点的限制。此时风险呈现突变式的集中释放,会造成市场大幅波动,甚至会出现市场恶化的情况。从市场风险传染响应的角度来看,金融风险的跨市场传染效应受到风险输入市场的风险容纳临界限制,风险反应程度则受到突变结构的影响。

市场风险容纳的临界范围通常与市场规模容量、市场功能完备性和市场运作机制有关。通常市场规模越大,其能够容纳的交易规模和资本量越大,少量资本冲击和低程度的羊群效应并不会引发市场明显的过度响应。市场功能完备性和市场运作机制情况,将直接影响市场对风险的化解和消散能力。功能越完善、市场机制运作越良好,则市场风险不易快速积累,市场风险容纳能力就越强。

市场的风险累积突变结构与市场内在运行机制有关,也与风险类型有关。对风险突破临界状态后的市场突变结构建模存在一定的困难,特别是通过数量化的方法对其突变机制进行分析尚缺乏简便易行的有力模型与方法支撑。

4.1.2 风险传染过程的路径依赖性

不同市场间的跨市场金融风险传染是依赖于某种路径实现的,具有较为明显的路径依赖性特征。跨市场金融风险传染除了依赖于特定路径外,还与风险传染载体有关,二者缺一不可。跨市场金融风险传染载体主要可分为物质性和信息性两类,相应地,风险以载体为依托的传染路径、过程也可分为物质性和信息性两类。

以信息、预期为载体构建的跨市场金融风险传染路径为信息性的风险传染路径。以跨市场资本流动、跨市场资产组合等载体构建的跨市场金融风险传染路径则为物质性的风险传染路径。除此之外,以金融控股公司等为代表的跨市场金融风险传染载体构建的传染路径则是包含物质性和信息性的风险传染路径,是混合型的风险传染路径。无论是哪一种风险传染的过程,必须通过特定的路径,并以风险传染载体为依托进行跨市场传播。对跨市场金融风险传染的防范与控制则要通过对风险传染载体运作和传染路径的监督控制来实现。

4.1.3 风险传染载体的物化与非物化特征

"载体"一词在《现代汉语词典》中释义为："科学技术上指某些能够传递能量或运载其他物质的物质；或泛指能够承载其他事物的事物。"[290] 跨市场金融风险传染的载体则是指能够将各类金融风险因素从一个市场传染至其他市场的中介事物。现有跨市场金融风险传染载体研究主要集中在货币市场与证券市场、银行与证券、银行与保险之间的风险传染载体方面。例如，费伦苏和邓明然（2007）对商业银行操作风险的信息、人员、技术与业务传染载体及其传染的外向路径与内部路径的分析[291]。谢斌（2005）[228]、丁浩和许长新（2008）[227] 对我国现阶段跨市场金融风险的传递载体的研究。本章将跨市场问题的研究范围划定为包含证券市场、商品期货市场和商品现货市场的三个市场，则跨市场金融风险传染的载体研究也就限定在上述市场间的风险传染载体方面。

1. 风险传染载体的物化构成

(1) 金融衍生产品

金融衍生产品是指价格取决于（或来源于）其他市场基本变量的产品[292]。金融衍生产品本质上是一种金融合约，主要包括远期、期货、互换和期权四类基本工具，以及在基本工具基础上创造出来的其他结构化金融工具。金融衍生产品创新为各经济主体降低交易成本，实施资产风险管理提供了便利。经济主体可以通过对金融衍生产品的操作来实现资产风险分割与转移，增强其资产组合管理的抗风险能力。但金融衍生产品在给各类经济主体资产风险管理提供便利的同时，由于其特殊的内在结构也会引发市场、信用、流动性和操作等风险。

目前我国市场中交易所金融衍生产品主要由商品期货、金融期货及少量期权产品构成。我国商品期货品种可分为农产品期货、能化期货、金属期货等三类，在郑州商品交易所、大连商品交易所和上海期货交易所上市交易，部分期货品种合约交易量已居世界主要市场交易量的前列。我国曾于20世纪90年代试水金融期货交易，上海证券交易所于1993年10月25日推出了国债期货，并于1995年暂停了国债期货交易。现有金融期货交易所始于2006年9月8日，经国务院同意，中国证监会批准，由上海期货交易所、郑州商品交易所、大连商品交易所、上海证券交易所和深圳证券交易所共同发起设立了中国金融期货交易所。截止到2020年年底，中国金融期货交易所上市交易共6个品种的国债期货和股指期货。

金融衍生产品均是基于一定基础金融工具开发出来的，是具有典型虚拟性的金融工具。此类金融工具的交易行为脱离原来的基础金融工具，而其价格的形成则往往与基础金融工具的价格变动有关，对市场价格变动敏感性强。其交易中普遍采用的杠杆交易方式则会将原有基础金融工具价格变动风险进一步放大。衍生金融产品市场敏感性强，对基础金融产品未来价格的形成具有引导作用。当金融衍生产品市场中的风险累积到一定程度，各类交易的过度投机因素无法被充分消化时，金融衍生产品的价格就会与基础资产价格变动发生背离，成为基础资产价格与实际市场真实价格发生背离的诱因。若基础金融工具价格与实际市场真实价格偏离过大，则会形成基础资产风险。更为严重的是，通过金融衍生产品往往可以将多个市场连接起来,一旦金融衍生产品市场出现风险,则可能会迅速在多个市场间传播开来,对整个金融体系的安全和稳定产生巨大影响。

(2) 交叉性金融产品

交叉性金融产品实际上是各类金融机构业务创新的产物,也是不同类型金融市场间融合的产物。交叉性金融产品推出的目的旨在增加金融机构的服务类型和业务规模,减少交易环节,降低金融机构的交易成本,提高金融资产配置效率。同时通过交叉性金融产品的创新能够实现金融市场的融合,为金融市场和金融交易带来规模经济、协同效应等优势。

交叉性金融产品以资金为纽带,能够紧密联系投资者与银行、证券、保险及期货等机构,将银行、证券、保险、期货等市场金融进行融合。各类风险则可以交叉性金融产品为载体在多个市场间进行传染与扩散。丁浩和许长新(2008)对我国交叉性金融产品进行了梳理,归结为银行—证券、银行—保险、银行—期货、证券—保险、证券—期货及保险—期货市场共六类跨市场交叉性金融产品[227]。在本研究范畴内,我国现有交叉性金融产品主要是证券—期货市场的介绍经纪商(Introducing Broker,IB)制度。我国IB制度是指由证券公司担任期货公司的介绍经纪人或期货交易辅助人,辅助期货公司开展包括招揽客户、代理期货商接受客户开户、接受客户的委托单并交付期货商执行等期货辅助业务。即证券公司介绍客户给期货公司,由期货公司向证券公司支付一定佣金的模式。

证券公司IB制度以证期业务合作为纽带,将证券公司与期货公司的业务联系起来，实现了证券—期货跨市场业务关联。这样一种交叉性金融产品增强了证券与期货业务的复杂性，使得证券与期货市场间的风险关联结点增多。就目前来看，IB 制度的业务风险主要包括证期合作模式产生的风险、期货机构风险、证券公司风险、证券咨询机构风险及来自投资者的风险等。这些原本相对独立的风险借助交叉性金融产品这一载体，可以实现跨市场风险关联与跨市场风险传染、扩散。

(3) 金融控股公司

根据巴塞尔银行监管委员会、国际证监会组织和国际保险监管协会 1999 年 2 月联合发布的《对金融控股公司的监管原则》的规定，金融控股公司是指在同一控制权下，所属的受监管实体至少明显从事银行、证券和保险等业务中两种以上的业务，且每种业务的资本要求不同。即金融控股公司在同一资产所有权下，不同所属实体跨监管行业进行经营。金融控股公司事实上是一种特殊的企业集团，所属实体企业分别从事不同类型金融服务，且具有独立民事行为能力。母公司通过股权或委托管理权的形式对集团公司所属机构进行控制和管理。各具有独立法人资格的所属企业并不突破分业经营的限制，而作为集团公司，金融控股公司事实上实现了业务的跨行业经营。金融控股公司也被视为一种在金融分业经营、分业监管下突破行业限制的组织创新方式。

我国金融业监管经历过分业和混业的变换。自 1992 年国务院设立证券委以来，逐步发展并形成了中国证券监督管理委员会、中国银行保险监督管理委员会(2018 年成立)分别对证券业、保险业以及银行业进行金融监管的现状。我国对金融业仍实行分业经营、分业监管的原则。2003 年 9 月 18 日，由中国银行业监督管理委员会、中国证券监督管理委员会、中国保险监督管理委员会联合公布的《中国银行业监督管理委员会、中国证券监督委员会、中国保险监督管理委员会在金融监管方面分工合作的备忘录》对我国金融业监管进行了进一步界定。其中第八条提出:"对金融控股公司的监管应坚持分业经营、分业监管的原则,对金融控股公司的集团公司依据其主要业务性质,归属相应的监管机构,对金融控股公司内相关机构、业务的监管,按照业务性质实施分业监管。"

金融控股公司的多市场经营将直接为风险跨市场传染提供载体与通道。首先,金融控股公司所属监管实体参与两个或两个以上的不同类型金融服务,虽然各实体具有独立民事行为能力,但单一市场风险都可能影响金融控股公司整体资产流动性和收益,并通过金融控股公司所属实体的资产关联性,将风险因素向其他市场传染。其次,金融控股公司关联交易形成的风险传染。金融控股公司通过股权或管理权委托所形成的复杂内部管理体系,往往难以使得所属实体在经营上完全分离,形成有效的"防火墙"。此时,关联交易和内部资金联系则为风险通过金融控股公司这一载体实现跨市场传染提供了可能性和传染渠道。

(4) 跨市场投资组合与资本流动

1952年,Harry M. Markowitz 发表的 *Portfolio Selection* 一文,成为现代证券组合管理理论开端的标志。Markowitz 在《证券组合选择》一文中,对风险和收益进行了量化,并提出了确定最佳资产组合的基本模型。后来经 William Sharp(1964)、John Lintner(1965)等人卓有成效的工作,现代资产组合管理理论得到了快速发展,并广泛应用于实际投资与资产管理领域。根据资产组合管理理论,最优的资产组合是投资者通过不同资产配置达到其偏好下的最佳风险与收益的组合。在单一市场中选择资产组合无法降低组合中包含的市场风险,若从多个市场中选择资产构建资产组合,则更有利于风险与收益的配置。目前金融投资领域的资产组合管理,不仅仅局限于单一国家不同市场间的跨市场资产组合管理,国际间跨国的资产组合投资行为已经成为金融投资的一种常态。

跨市场投资组合在给投资者带来更多风险收益选择的同时,也隐藏着跨市场金融风险传染的诱因。作为跨市场投资组合往往要投资于多个市场的多种资产,当某一市场资产风险和收益发生变化时,资产组合的持有人会尽快调整其资产组合的构成,降低风险和减少损失。这一调整过程经常伴随资产出售和购入,相应的资本则通过投资者在不同市场资产买卖行为,从一个市场流动到另一个市场。单一市场的风险则通过跨市场投资组合的调整,从一个市场传染至其他市场。

2. 风险传染载体的非物化构成

(1) 跨市场资产交割行为

我国现有商品期货和国债期货合约均采用实物交割制度,股指期货采用现金交割制度。实物交割制度一方面使得期货价格与现货价格在到期日临近时出现价格回归效应,期货与现货价格明显趋同;另一方面也使得期货与现货价格在到期日临近时紧密关联起来,如果有一方价格出现预期外的波动,则会迅速在另一个市场中得到反映。

期货市场的实物交割行为一般是发生在期货价格与现货价格存在较大偏离时。价格偏离可能是由于现货市场价格效率较低,无法反映真实的市场供给与需求变化;也可能是由于期货或现货市场的价格操纵和对赌行为造成的价格偏离。若价格偏离是由于市场效率低而造成的,随着实物交割的发生,则相应价格会较快得到调整,市场一般不会出现极端风险,但是市场风险仍旧会通过跨市场资产交割行为从一个市场传染至另一个市场。若价格偏离是由于价格操纵和对赌行为引起的,则实物交割行为极有可能将原来的单一市场风险向另一个市场进行扩散,形成风险传染从而造成更大范围的风险。

(2) 信息与心理预期

现代金融学的理论假设基础仍旧是基于理性人假设,人们的决策行为是建立在理性预期(rational expectation)、风险回避(risk aversion)、效用最大化以及相机抉择等假设基础之上的,相应地,人们对自己的行为与预期均有准确判断。事实上,大量的心理学研究表明,人们的实际投资决策并非如现代金融学的理论假设那样。随着行为金融学的诞生与发展,人们越来越关注心理预期与群体行为对金融市场的影响。在行为金融学看来,投资者是有限理性的,投资者是会犯错误的;在绝大多数时候,市场中理性和有限理性的投资者都是起作用的。

在实际投资中,人们对信息的判断及其自身的心理预期都将影响其决策行为。在实际市场中出现的"过度反应"和"反应不足"情况都可以通过信息进行传递。在市场中,经常出现单个投资者根据其他同类投资者的行动而行动,在他人买入时买入,在他人卖出时卖出,呈现羊群效应。羊群效应会将风险进一步放大,并且将风险迅速从一个市场传染到另一个市场。羊群效应产生的原因是多样的,从行为金融学的角度来看,跟随者的心理预期和认为同一群体中的其他人更具有信息优势是引起羊群效应的主要因素。

4.1.4 跨市场金融风险传染的动力特征

跨市场金融风险传染是以市场要素间的相互作用机制为基础的。风险的传染始于个别金融资产的波动风险或者更基础变量的剧变,从而引发市场参与者针对这外露的特征而做出的市场反应。从各类市场反应的驱动力与动机的角度来分析,资本逐利与投机行为是资产价格收益率波动风险传染的动力源泉。当市场中资产价格收益率波动显露出某种迹象时,投资者因谋求资本增值而针对这一迹象进行头寸调整或转换投资策略,继而影响其他金融资产,从而形成了风险在不同资产之间的传染。投资者跨市场的避险和趋利行为则将风险从一个市场传染至其他市场。

在金融市场中,市场参与者并不是完全理性的,当市场出现特殊迹象时,由于部分人的领先行为会导致大量跟随者的羊群效应;部分完全未发现准确迹象的参与者由于从众心理的驱使而盲目追入,这会造成风险短时间内的累积与放大,从而会进一步推动跨市场风险的传染。因此,市场中投资者的从众心理与羊群效应的行为构成了风险传染的推动力。

跨市场金融风险传染的前提条件是市场关联性的增强。当市场之间或各交易产品之间存在明显的进出壁垒时,投资者不容易在多个市场或多种资产之间进行头寸调整,资本逐利也就无法驱使跨市场的金融风险传染。同时,由于交易壁垒的存在使得投资者难以对先行者进行跟踪,也就不容易形成羊群效应和风险放大效应。因此,各市场(交易)的进出壁垒构成了风险传染的主要阻力。

4.2 基于资本流动与资产替代路径的跨市场金融风险传染

4.2.1 资本流动的风险累积与临界点

资本逐利,在本质上要谋求自身增值。如果不同投资领域存在收益率的差异,资本基于本质上增值的需要可能在不同投资领域间进行转换,而转换的过程即资本流动的过程。当多个市场之间或不同市场个别投资品可能存在收益率的差异时,资本为了满足自身增值的需要,从一个市场转换至另一个市场的过程就形成了跨市场资本流动。正常的跨市场资本流动能够逐渐减小不同市场中相关资产收益率的差异。一般情况下,正常的跨市场资本流动不会短时间内积聚足以对其他市场产生严重危害的风险。事实上,并不是所有新生风险都将借助各类风险传染载体,以跨市场资本流动渠道快速传染至其他市场,并对其他市场产生危害。只有当新生风险未能及时化解、转移,在特定的环境内进行累积,累积的风险突破临界状态时才会通过各种渠道进行传染。

跨市场资本流动的风险累积过程事实上就是资本呈现方向性持续转移的过程。资本呈方向性持续转移意味着资本流出市场的未来收益实现存在困难或者不确定性增强,使得投资者放弃这一市场或者资产,转而投向其他收益率更高或者不确定性较低的市场。如果这一过程是缓慢发生的过程,可能在资本累积大量流出后,原来市场仅仅是市场低迷、交易萎缩。若流出资本在突破临界点后,速度突然上涨形成突变,则资本流出的市场可能面临急转而下的行情变化,甚至出现市场崩盘的情况。此时,资本流出市场出现极端风险,甚至出现危机。

作为资本流入市场,随着资本的持续注入会逐渐推进该市场的繁荣,提高该市场交易量,推高资产价格。如果资本呈现持续流入,且累积数量巨大时,则在给流入市场带来繁荣的同时也会带来隐患,即积累风险。若积累隐患与风险突破临界点将形成流入市场泡沫。当泡沫被冲破时,隐藏的风险将会集中释放,对资本流入市场产生冲击与危害性影响。若资本流入的过程是快速增加的过程,意味着资本流入市场吸引力相对过强,可能存在某种市场偏差。此时,资本的快速流入可能会消除这一市场偏差,更可能由于资本流动的惯性的存在,造成矫枉过正出现反向偏差,短期内风险因素急剧累积,形成市场危害。

需要说明的是,风险因素的累积过程和临界点的确定是存在量化困难的。实际研究中,可以通过市场动态平衡被打破来较为粗略地分析风险因素的累积。但是难以精准确定何时是风险传染的临界点,何时会出现突变使得风险传染与累积过程加剧,造成市场恶化。

4.2.2 基于资本流动路径的跨市场金融风险传染过程

不同市场或同一市场内的不同部分对外部经济出现非均衡情况的反应存在差异,从而引起不均衡导致偏差。如果某一市场内部偏差加剧就会形成潜在风险显性化和风险累积,成为风险源。风险源的不同累积与演变过程,会导致出现源头市场的修正与均衡恢复、跨市场资本流动带来风险的传染两种结果。基于资本流动路径的跨市场金融风险传染过程可近似地由图 4-1 来表示。当 A 市场出现偏差或扭曲,抑或是对外部经济变化的反应与其他市场存在差异时,造成的收益率或风险的跨市场偏差是资本撤离和外溢的原因。随着由 A 市场向外具有方向性的资本流动,风险出现汇集与积累。

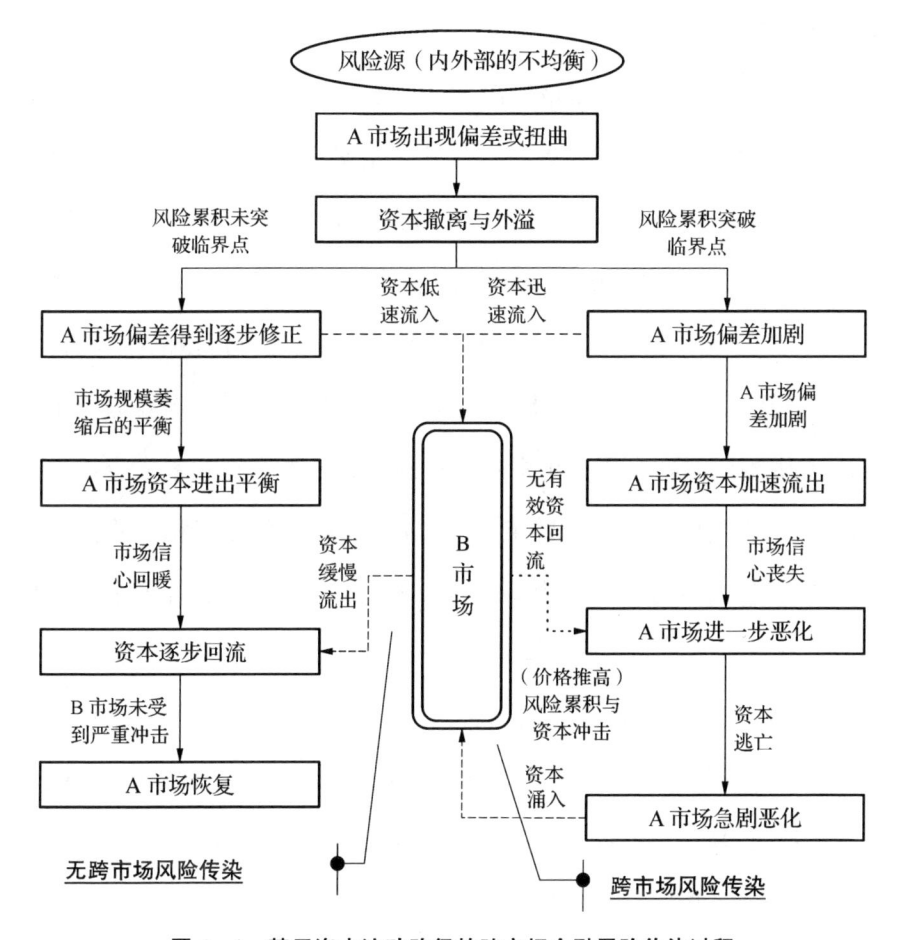

```
                    风险源（内外部的不均衡）
                              │
                    ┌─────────▼─────────┐
                    │  A 市场出现偏差或扭曲  │
                    └─────────┬─────────┘
        风险累积未突                              风险累积突破
        破临界点     ┌─────────▼─────────┐      临界点
          ┌─────────│   资本撤离与外溢    │─────────┐
          │         └───────────────────┘         │
          │          资本低    资本迅               │
          │          速流入    速流入               │
          ▼                                       ▼
    ┌──────────────┐                      ┌──────────────┐
    │A市场偏差得到   │                      │ A 市场偏差加剧 │
    │逐步修正       │                      └──────┬───────┘
    └──────┬───────┘                             │
      市场规模                                A 市场偏
      萎缩后的平衡                             差加剧
           ▼                                     ▼
    ┌──────────────┐                      ┌──────────────┐
    │A市场资本进出平衡│                     │A市场资本加速流出│
    └──────┬───────┘        ┌──────┐      └──────┬───────┘
      市场信                 │      │  无有       市场信
      心回暖      资本        │  B   │  效资       心丧失
           │    缓慢    ─ ─ ─│  市  │  本回
           │    流出         │  场  │  流
           ▼                 │      │             ▼
    ┌──────────────┐        │      │      ┌──────────────┐
    │  资本逐步回流  │        │      │      │ A 市场进一步恶化│
    └──────┬───────┘        └──────┘      └──────┬───────┘
      B市场未受                （价格推高）        资本
      到严重冲击                风险累积与         逃亡
           │                   资本冲击            │
           ▼                        资本           ▼
    ┌──────────────┐              涌入       ┌──────────────┐
    │  A 市场恢复   │                         │ A 市场急剧恶化 │
    └──────────────┘                         └──────────────┘

     无跨市场风险传染                            跨市场风险传染
```

图 4-1 基于资本流动路径的跨市场金融风险传染过程

若随着资本的流出,市场风险累积未突破临界点,则 A 市场不会出现偏差剧烈扩张的问题。此时,随着资本的流出,A 市场的偏差将会在市场机制作用下逐步修正,出现市场规模萎缩后的平衡。之后,由于市场信心回升,部分资本开始缓慢回流,市场开始转暖,A 市场逐步恢复。而 B 市场作为 A 市场资本流出的接受者,虽然在前期面临资本流入问题,但规模较小、速度较缓,未对 B 市场形成严重冲击,也不会出现累积风险突破临界点的情况。此资本流动过程并不会带来严重的跨市场金融风险传染危机和市场冲击。

若随着资本的流出,市场风险累积并突破了临界点,则 A 市场会出现偏差剧烈扩张。此时,随着资本的快速撤离,A 市场的偏差未能在市场机制作用下逐步修正,从而出现市场交易量剧变和价格下跌、风险累积的情况。A 市场调节机制或者监管手段未能恢复市场信心,风险将继续累积,市场进一步恶化。而 B 市场作为 A 市场资本流出的接受者,资本的快速入场则急速增加了市场资本存量,新增资本存量需要通过市场交易行为形成投资,通过新增资本存量对有限资本品追逐带来资本品价格抬升,一方面推动了市场繁荣,另一方面加速了风险累积过程。当 A 市场的风险突破临界点后,会有大量资本急速外逃,从而有更多资本快速进入 B 市场并进一步推高其资产价格。此时,B 市场资产价格的快速攀升在给投资者带来高收益的同时也隐藏着巨额风险。当 B 市场风险累积过高,突破临界点后,部分投资者因趋利避害,资本开始撤离。随着资本的抽离,缺乏足够资本存量的支持,B 市场资产高价位崩溃,风险集中爆发,引发危机。

在整个基于资本流动路径的跨市场金融风险传染过程中,资本流出市场的风险主要通过资产价格急剧下跌来体现,市场风险的形成与显现过程也源于投资者持有资产的实际损失。作为资本流入市场,早期的风险累积主要是随着资本的流入,资产的价格急剧上涨后超出了其实际价值而产生的资产泡沫,当资产泡沫发展到一定程度时就可能破裂,从而造成风险的集中显现与释放。

4.3 基于信息流路径的跨市场金融风险传染

4.3.1 跨市场信息流转的非对称性

市场信息是投资者决策和实施投资行为的重要依据,信息的获取对于投资者具有重要意义。Eugene F. Fama(1965)在其发表的 *The Behaviour of Stock Market Prices* 一文中提出了有效市场假说,即股价反映所有已知信息的观点[4]。Eugene F. Fama(1970)在其发表的 *Efficient Capital Markets: A Review of Theory and Empirical Work* 一文中,进一步完善了其于1965年提出的有效市场假说,将有效市场分为弱有效市场、半强有效市场和强有效市场三类[5]。事实上,在有效市场假说提出之后,诸多学者对多个资本市场的实证研究证明,市场多数为非有效市场。如 Shiller(1981)发现,市场在大多数时候总是呈现出易变性,其股票价格波动率远远超出能被股利贴现模型解释的波动率[12]。

传统有关信息的理论通常假设市场为无摩擦市场,信息是完全公开或自由获取的,并且不考虑信息的获取成本问题。即使是在无摩擦市场中,且假设投资者均为完全理性的,由于看法差异(difference of opinion)的存在,不同交易者即使拥有相同信息也可能由于认知不同或对信息的处理能力不同等原因而做出不同的判断。J. Michael Harrison 和 David M. Kreps(1978)将看法差异归结为交易者的先验知识[293]。Milton Harris 和 Artur Raviv(1993)[294] 及 Eugene Kandel 和 Neil D. Pearson (1995)[295]则从投资者拥有的概率函数(likelihood function)不同这一方面解释了看法差异问题,认为投资者只接收公开信息,但由于他们处理信息的模型(函数)不同,且所有投资者绝对相信自己对信息的判断,由此产生了对同一信息的不同判断结果。现实市场中并不是完全无摩擦的,市场信息也并不是完全公开或自由获取的,信息的获取存在成本问题,且交易者也非完全理性,市场信息更是规模庞大、内容繁杂,真实与虚假信息并存。

从信息传染与扩散的角度来看,投资者所获得的信息不仅仅是反映市场真实状态的市场信息,还包括冗余信息、失效信息、误传信息等失真信息,并且投资者所获的信息还存在不完全性和非对称性问题。交易者根据不完全、非对称乃至失真信息进行市场判断与抉择可能产生具有一定差异性的风险,而此类信息的流转和传递更能引发风险的扩散与传染。

当投资者获取的信息存在不完全性时,虽然投资者获得的信息是真实的,但是并不完全,根据不完全信息做出的决策也就存在较大风险。从投资者有效理性出发,多数普通投资者认为市场中有些投资者由于各种原因相对于其他人能够拥有更多的真实信息。在市场中占有信息较多的人具有一定的优势,普通投资者将根据自身对非对称信息掌控程度的判断,以及对信息先行者的甄别来制定自己的投资策略。往往普通投资者在权衡之后会选择不同程度的追随策略,即在先行者(普通投资者认为的信息占优势的投资者)进行投资或交易变化后,普通投资者跟随而变,这样的追随策略极有可能会在短期内形成持续方向性的交易累积,从而形成风险积聚。同时也存在普通投资者的随时行为发生时,先行者所依据的决策信息和普通投资者所掌握的市场信息已过有效期,此时的跟随策略就是一个错误的投资决策,必然引起风险,且"跟风"越重,风险越大。

当投资者获取的信息存在失真时,普通投资者的投资决策存在较大风险。作为普通投资者其对所获得的信息存在不同程度的甄别困难,并通常参考其他市场因素对市场信息进行主观筛选和投资决策。如果决策结果与扩散的真实信息相反,则投资者通常要采取止损或反向操作的方式进行投资调整,而投资调整过程中实际发生的损失与潜在风险都可能在市场中进一步发酵,并引发一系列风险。

综上分析,由于实际市场中信息存在非对称性,随着信息的逐步公开以及普通投资者对先行者操作行为的追随,会使得信息在加速扩散的同时出现扭曲,投资者基于这样的信息扩散而做出的决策可能带来风险的急剧累积。

4.3.2 基于信息流路径的跨市场金融风险传染过程

由于投资者获取的信息可能存在不完全性或者失真的情况,相应地,投资者的决策行为与策略选择可能存在多种不同的集合。在基于信息流路径的跨市场金融风险传染分析中,以投资者的有限理性为前提,对信息不完全性和信息失真两种情况下的跨市场金融风险传染过程进行分析。

在信息不完全的情况下,如图 4-2 所示,在新信息产生后一部分先行者会先行做出决策,其具体实施过程会造成市场资产价格波动变化,其他投资者根据资产价格的变化来判断有新信息出现,并在先行者行为引导和价格信息扩散效应的作用下开始调整投资决策。此时,信息源的信息扩散会使得跟随者更加坚定地追随先行者的投资行为,继而引发市场中具有明显方向性的投资变化,增加了资产价格波动变化,从而形成了风险累积。

当信息源的信息和 A 市场大幅变化的资产价格信息通过特定信息渠道为 B 市场投资者所获知时,B 市场投资者将根据其对信息的判断做出投资决策。如果决策结果是跨市场资产组合调整,将资本投向 A 市场则直接推高 A 市场资产价格并加剧风险累积。若决策结果是在 B 市场内进行资产组合调整,则会加大 B 市场资产价格波动,使得风险增加,继而通过信息反馈的方式反作用于 A 市场,并进一步增加 A 市场资产风险。

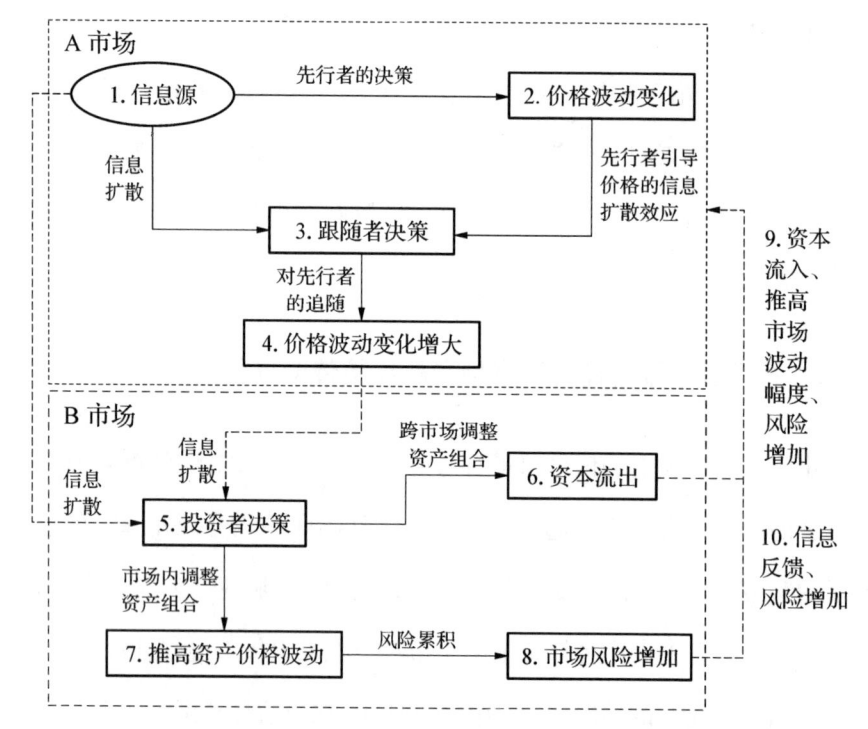

图 4-2 信息不完全条件下的跨市场金融风险传染过程

在信息失真的情况下,如图 4-3 所示,存在失真的新信息产生后一部分先行者会先行做出决策,其具体操作也会通过市场行为来体现,其他投资者根据资产价格的变化来判断有新信息出现。基于对先行者信息获取能力的盲目信任或由于自身信息的极度缺失,使得普通投资者出于自身利益和避免风险的考虑,出现跟风操作的情况,并在先行者行为引导和价格信息扩散效应的作用下开始调整投资决策。初始信息扩散会使得跟随者更加坚定地追随先行者的投资行为,继而引发市场中具有明显方向性的投资变化,增加了资产价格波动变化,从而形成了风险累积。当初始信息和 A 市场大幅变化的资产价格信息通过特定信息渠道为 B 市场投资者所获知时,B 市场投资者将根据其对信息的判断做出投资决策。

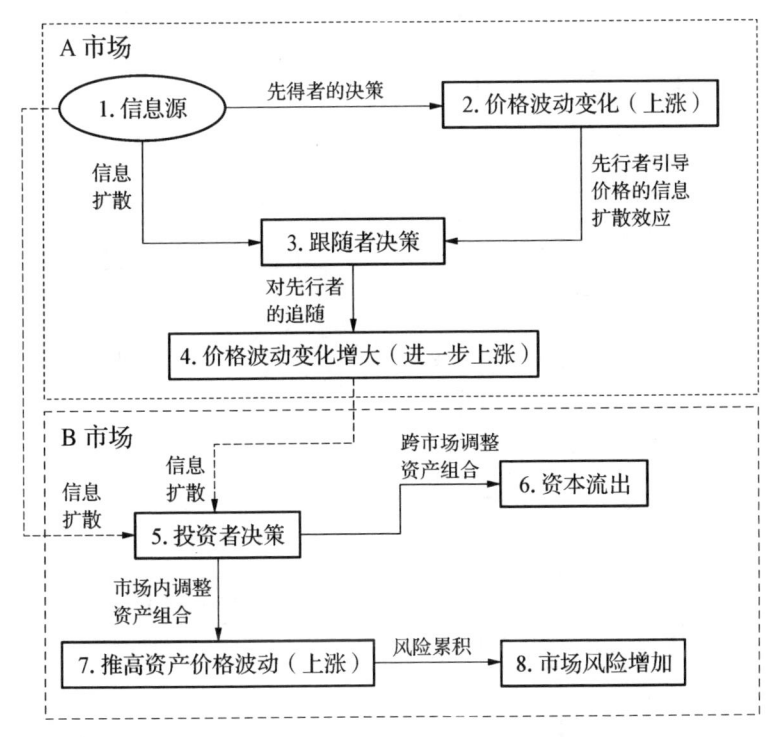

图 4-3 信息失真条件下的跨市场金融风险传染过程 I

此时,如果信息源发出第二条与先前信息相左的信息,可能引起先行者与跟随者的疑虑。通常先行者由于信息占优势等因素能够对信息进行较为全面的分析并及时做出决策。而跟随者的信息处理相对滞后,可能会持续执行对先行者前期操作的跟随,进一步放大潜在风险。当信息源一经证实是失真或者与实际情况相反时,先行者与跟随者都将面临既定的风险累积结果和潜在的风险,此时投资者的策略通常选择止损或套利后快速离场。快速离场的过程中,A市场将发生巨大波动,信息将以较快速度传染至B市场并引起连锁反应,继而形成跨市场金融风险传染,甚至引发危机传染。在整个风险释放过程中,如果市场规模较大,容纳能力较强,则会出现如图4-4所示的市场风险被逐渐消减的结果。若市场容纳能力较弱且风险消除能力不足,则可能引发市场崩盘,造成巨大危机,甚至危害经济运行。

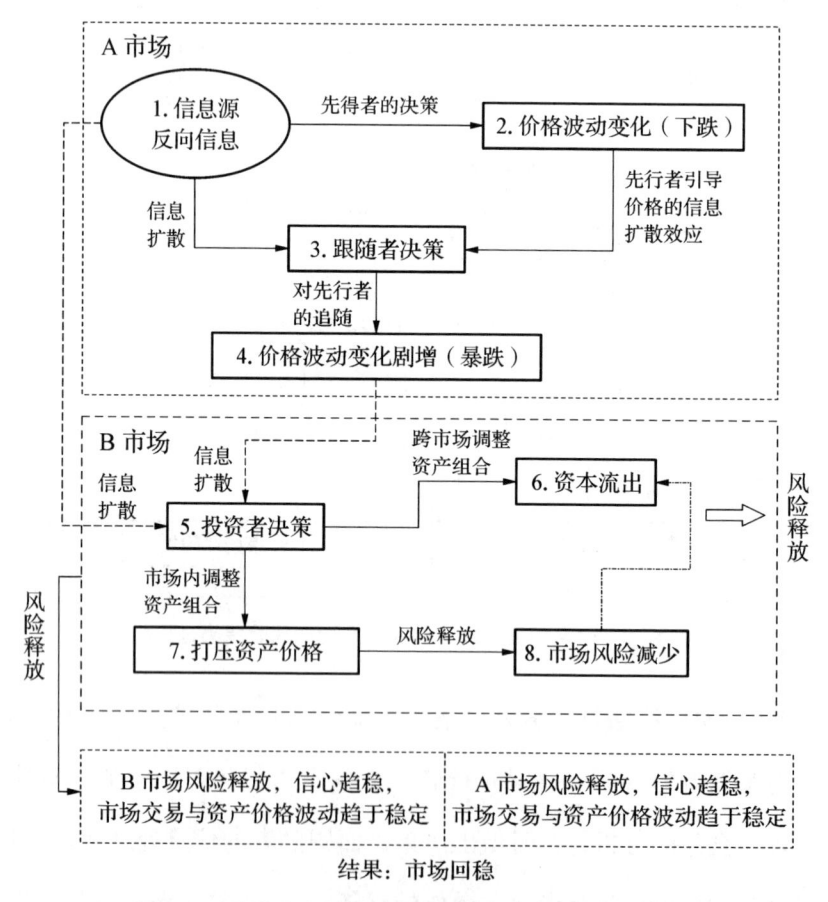

图4-4 信息失真条件下的跨市场金融风险传染过程Ⅱ

4.4 基于投资预期路径的跨市场金融风险传染

4.4.1 预期的差异与羊群效应

投资者购入与持有某种资产的原因在于预期该资产能够为其带来收益。若预期未来某资产能够带来较高收益,则投资者会通过调整自身投资策略新增购入该资产或以该资产替代资产组合中的其他资产以期未来获得较高收益。如果所有投资者均是完全理性的,并且各投资者具有统一的效用函数(包含风险收益偏好因素),则当市场出现利好信息时,投资者根据市场信息会做出统一的抉择,此时其市场购买或卖出的行为符合市场与资产的实际,能够推高资产价格但不会引起过多的风险累积,甚至不存在潜在风险增加问题。

实际中,投资者并非完全理性的,并且各个投资者的效用函数并非完全相同,此时当市场出现利好信息时,各投资者根据自己的判断和效用进行市场抉择所制定的投资策略会存在较为明显的差异。实际市场中,投资者对未来预期的不同直接影响其对未来资产价格的合理水平判断,结合投资者效用和风险偏好的差异,市场中必然存在不同层次的预期结果。当市场中各投资者基于非完全理性判断,对未来预期进行调整时,就会出现一个分层次性的预期集合,不同的预期结果差异会引发不同的投资操作行为,而投资操作行为则会影响到市场资产价格的变动继而影响到风险变化。

在现实市场中,各投资者对未来预期结果的差异可能造成市场中资产价格的持续攀升。如果不考虑其他因素的影响,在资产价格达到一定高位时仍旧持有或购入该资产的投资者往往是风险偏好者或者是对风险认知不足。实际上,此时风险已经过持续累积开始显现。在整个资产价格攀升过程中,其他市场中的投资者可能根据已经发生的、明显变化的资产价格波动来调整其对在其他市场投资的预期及整体收益的预期。这一预期调整过程最终会通过关联资产或替代资产价格波动、资本跨市场流动等渠道在市场实际运作中体现,并且诱发跨市场金融风险的传染。

4.4.2 基于投资预期路径的跨市场金融风险传染过程

以预期未来资产升值为例,对基于投资预期的跨市场金融风险传染路径进行剖析。如图4-5所示,当预期到未来A资产升值时,投资者会购入该资产并持有以获得未来收益。此时由于市场供需的推动,A资产价格会逐步上涨。当这一上涨过程超出先期购入资产的投资者心理预期时,投资者会为了规避风险而套利离场。但是由于投资者预期行为的差异和部分投资者非理性的跟风行为,仍旧存在大量资金涌入A资产交易中,购买A资产并推高其价格,从而形成累积风险。随着资产价格的再次急剧上升,风险开始显现,投资者预期未来收益发生变化,开始纷纷抛出A资产,撤离市场。抛售行为诱发了A资产价格的暴跌,而暴跌的行情会诱使一些盲目跟随者进一步抛售离场,累积风险突破临界状态产生危机。

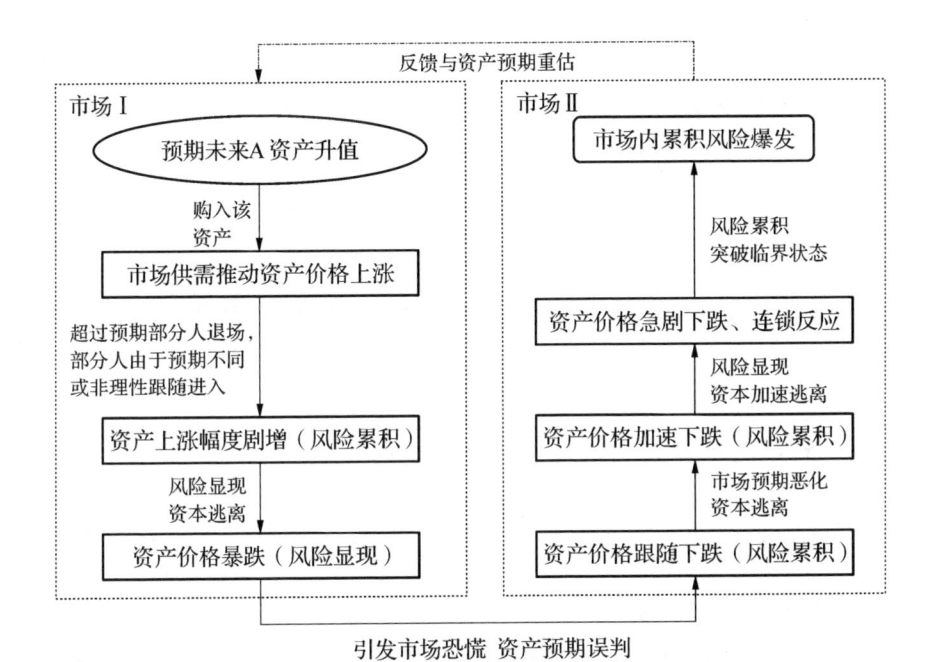

图 4-5 基于投资预期路径的跨市场金融风险传染过程

投资者的盲目离场行为造成资本大量从市场Ⅰ中涌出,资本大量涌出后,资产价格暴跌会引起投资者对其他市场中相关资产(特别是产业关联资产)的预期收益发生误判。而误判的预期直接体现在投资者对其资产组合的调整上。随着资产组合的调整,市场Ⅱ中的相关资产价格由于资本抽离而下跌。在资产价格下跌的过程中,由于不同投资者预期判断的不一致,可能存在短期反复和波动幅度暴增的情况,风险开始加速累积。如果投资者对未来预期不能改善,则开始出现资本加速撤离的情况,此时非理性的跟风行为会进一步推进资本撤离的速度,资本价格开始暴跌,风险开始显现。风险突现使得投资者开始产生心里恐慌、尽量快速离场,继而造成资产价格剧烈下跌和连锁反应,市场中的风险接近临界状态。当市场中的风险累积突破临界点时,市场风险开始爆发从而引起危机,此时由市场Ⅰ传染至市场Ⅱ的风险可能存在倍增情况,风险被放大。市场Ⅱ的风险爆发则可以通过预期途径反馈至市场Ⅰ,引起另一轮的风险传染和市场危机。

4.5 基于资产产业关联路径的跨市场金融风险传染

4.5.1 资产的产业关联性与价格影响

产业关联是指各产业之间存在的广泛、复杂和密切的技术、经济联系。依据各产业部门之间的不同联系方式和依存关系,产业关联可以划分为多种类型。按照产业部门间的供给与需求联系来划分,产业关联可以分为前向关联和后向关联两类。产业前向关联是指某些产业部门由于生产工序的前后关系,前一产业部门的产品为后一产业部门的生产要素,一直延续到最终产业产品为止的关联关系。产业后向关联则是后续产业部门向先行产业部门提供产品,作为先行产业部门的生产消耗的关联关系。按照产业部门间的关联方式来划分,产业关联可以分为直接关联和间接关联。产业部门的直接关联是指产业部门之间存在以直接提供产品、技术为纽带的关联关系;产业部门的间接关联则是产业部门之间不发生直接的产品、技术联系,而是通过其他一些产业部门的中介功能建立的关联关系。

在跨市场资产的产业关联中,各市场不同资产之间通过产业上下游成本效益关联性、收益关联等因素形成一条或多条的资产价格波动链条。当链条上的某一个资产价格发生明显变化时,会通过产业关联关系传染至同一市场或其他市场中的关联资产,引起关联资产价格变化。这其中最为明显的是体现产业上游商品价格上涨,引起下游商品的生产成本增加使得相关加工企业资产收益下降,及引起下游产成商品价格上升方面。随着资产价格波动链条上各种资产价格的次序波动变化的是资产价格波动风险的市场内与跨市场传染的形成。

目前,我国商品期货与现货、证券市场中存在多种基于产业关联的联系。如商品现货、期货市场中的大豆是压榨企业的原材料,而商品现货、期货市场中常见的豆粕则是压榨企业在大豆加工提取豆油后得到的一种副产品。豆粕作为一种高蛋白质,是制作牲畜与家禽饲料的主要原料,也可用于制作糕点食品、健康食品及化妆品和抗生素原料。下面以大豆相关产业为例来分析基于资产产业关联路径的跨市场金融风险传染过程。

4.5.2 基于资产产业关联路径的跨市场金融风险传染过程

如图4-6所示,若大豆市场风险源发生变化,假设由于自然灾害、种植面积减少或市场操纵囤积行为等原因造成大豆商品期、现货价格上涨,商品市场风险增加为风险起源。当大豆期、现货市场价格上涨带来的累积风险(以价格波动幅度为标志)达到一定程度突破临界状态时,风险因素将通过产业关联影响到证券市场压榨企业的收益,继而造成相关股票价格下跌,诱发风险累积。对压榨企业收益的影响主要是作为原材料的大豆成本增加快过实体经济中产出品豆油和副产品豆粕价格上涨(实体经济中价格黏性的存在使得价格难以快速调整),使得企业从事大豆加工的收益明显下降。当大豆压榨企业由于收益下降而减少产量时,豆粕的市场供应减少。而豆粕本身是诸多生产企业的原材料,市场供应减少时,豆粕期、现货市场价格会攀升(风险反馈)。此时,由于豆粕期、现货市场价格的攀升会造成饲料加工企业等下游关联企业收益下降,风险再次传染至证券市场,体现为相关企业股票价格下跌。而对于大豆压榨企业而言,由于豆油生产的副产品豆粕的价格上涨,为其增加了部分盈利,使得企业经营改善,股票价格适当回暖。

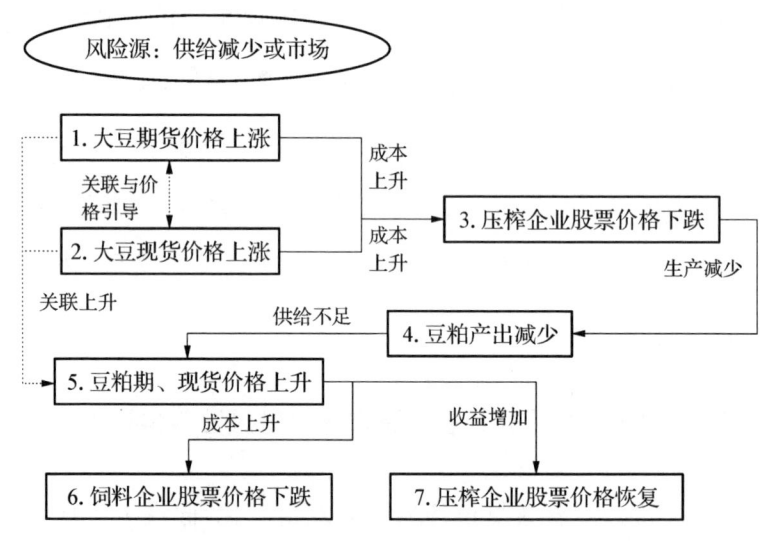

图 4-6 基于资产产业关联路径的跨市场金融风险传染过程Ⅰ

在经历上述阶段后,市场将对原来的风险因素变化做出应对反应。此时的反应可能会有两种不同结果,一是原有风险源中引发不均衡的因素被缓解或消除;另一个是原有风险源中的不均衡因素未能被缓解或消除。对于第一种结果,风险传染机制可以由图 4-7 来表示。由于预期到未来大豆市场供求关系会被改善,市场缺口将被弥补或市场囤积行为被遏制,大豆期、现货市场的商品价格回落,市场风险降低。此时,期、现货向外输出的可以被视为正向的市场风险,即风险削减与改善因素。随着期、现货市场风险降低,商品价格回落,大豆压榨企业的原材料成本降低,收益率逐步回升,此时压榨企业证券价格逐步恢复。商品期、现货市场正向风险传染至证券市场降低了该市场风险累积。随着压榨企业的收益改善与生产恢复,市场中豆粕的生产与供应增加,豆粕期、现货价格回落。证券市场风险回馈期、现货商品市场,造成期、现货市场风险累积效应减少。随着豆粕期、现货市场价格的回落,以豆粕为生产原材料的饲料企业成本降低,经营收益改善,股票价格回升。而大豆压榨企业在享受由于商品价格黏性带来的福利后,大豆加工生产的收益恢复常态,其股票价格恢复基本稳定,证券市场风险降低。

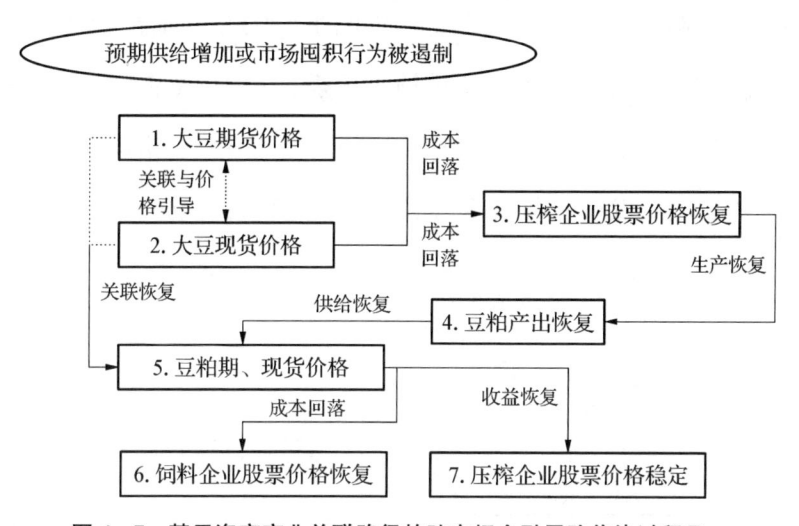

图 4-7 基于资产产业关联路径的跨市场金融风险传染过程Ⅱ.a

对于第二种调节结果,风险传染机制可以由图 4-8 来表示。由于预期到未来大豆市场供求关系不能被改善,市场缺口难以弥补或市场囤积行为不能被有效遏制,大豆期、现货市场的商品价格会急剧攀升,市场风险进一步加大。随着期、现货市场风险的剧增,商品价格暴涨,大豆压榨企业的原材料成本压力进一步加大,收益率短期内加剧恶化,此时压榨企业证券价格出现暴跌。商品期、现货市场风险传染至证券市场推动了该市场风险累积。随着压榨企业收益恶化、生产停滞或大规模减产，市场中豆粕进一步减少，豆粕期、现货价格暴涨。证券市场风险回馈期、现货商品市场，造成期、现货市场风险累积效应剧增。随着豆粕期、现货市场价格的暴涨，以豆粕为生产原材料的饲料企业成本剧增，经营收益恶化开始减产，股票价格暴跌。大豆压榨企业虽然能够短期享受由于商品价格黏性带来的福利，但同时面临大豆成本的剧烈攀升以及豆粕市场交易由于下游企业减产带来剧烈动荡的问题，加工生产的收益不能暴涨，其股票价格短期内难以恢复基本稳定，证券市场风险剧增。可以说，此时由于风险源未被有效遏制，所产生的风险经历商品期货、现货市场—证券市场—商品期货、现货市场—证券市场的反复传染和反馈被急剧放大，各市场的累积风险也在快速增加。如若有一个市场突破突变的临界状态将会引发市场灾难，甚至诱发一系列市场的危机。

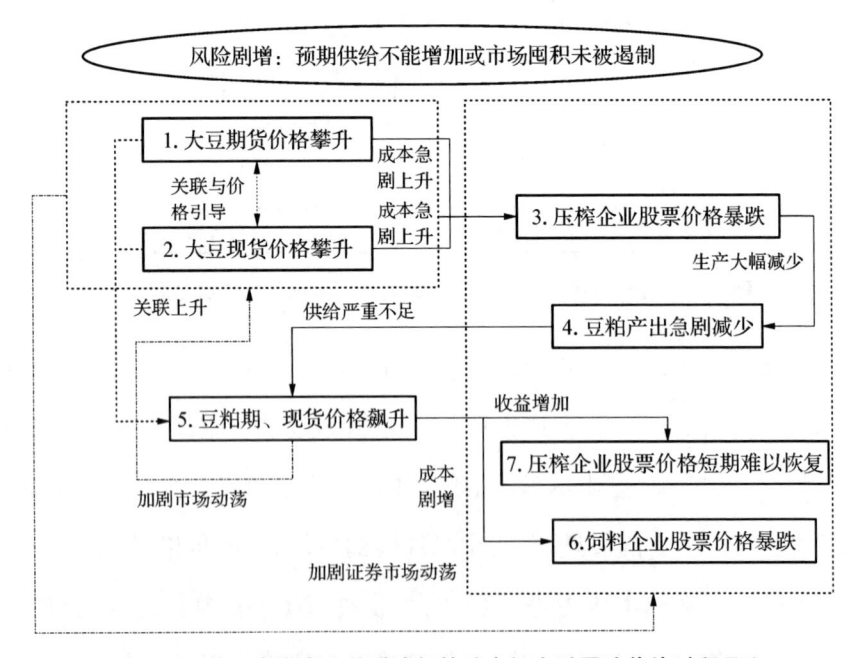

图 4-8　基于资产产业关联路径的跨市场金融风险传染过程Ⅱ.b

4.6 基于资产替代效应路径的跨市场金融风险传染

4.6.1 资产的替代性与价格影响

在经济学中,替代效应(substitution effect)是指因一种商品的名义价格(nominal price)发生变化后,而导致的消费者所购买的商品组合中,该商品与其他商品之间的替代。在跨市场金融风险传染研究中,替代效应则是指当一种资产风险增加后,由于避险的要求等因素,造成投资者资产组合中该资产与其他资产之间的数量和类别的调整。

资产替代效应可以是同一市场中不同资产的替代,也可以是不同市场中跨市场资产替代。在同一市场中,当一种资产价格出现剧烈变化时,由于替代效应的存在,投资者在不同资产间以替代选择会带来两种结果,一是放弃或削减其他资产头寸,增加第一种资产持有量;另一种是削减该资产头寸,转换为其他资产。

在商品期、现货及证券市场中,资产替代产生的原因可能是复杂多变的,但最直接的原因是不同资产的收益与风险给投资者带来的效用不同。投资者基于对资产收益和风险的考虑,在一定市场信息与规则基础上的不同资产之间进行权衡。当其发现持有某一资产较现有资产更加有利时,会通过资产替代来实现资产组合调整以获取更高效用(或者收益)。这一替代过程往往伴随着资金在不同资产或市场之间的流动与调整,若调整过程过快或资产流动规模较大将很快在资产价格波动上显现。这使得被替代资产的价格下降,新购入替代资产的价格上升,无论是被替代资产还是替代资产的波动幅度往往会较替代行为发生前变大,相应的资产价格波动风险也会逐步加大。随着资产替代的发生,资产价格波动风险将通过投资者操作行为,在不同资产之间、不同市场之间发生金融风险传染与转换,形成跨资产、跨市场的金融风险传染。

4.6.2 基于资产替代效应路径的跨市场金融风险传染过程

资产替代效应可能发生在同一市场的不同资产之间,也可能是不同市场不同资产之间的替代。就同一市场不同资产替代效应而言,当市场中 A 资产价格波动剧烈、行情上涨时,投资者面临两种抉择,一是增持该资产获取收益,另一个是适当减少头寸,将收益变现或套现后转增其他资产。如图 4-9 所示,当同一市场内的 A 资产价格急剧上涨时,投资者选择高位适当削减头寸获利后,以其他资产代替 A 资产。A 资产价格上涨速度减缓,逐渐趋于平稳或恢复到均衡状态,此时由于 A 资产价格剧烈上涨带来的风险被消除,不会形成跨市场金融风险传染。当投资者在 A 资产价格剧烈上涨后,选择以 A 资产代替资产组合中的其他资产时,A 资产由于大量资金注入价格会进一步被推高,风险继续累积。累积风险一经突破临界状态会造成 A 资产价格崩盘,风险集中释放产生市场动荡,并通过产业关联、资本流动等渠道传染至其他市场。

跨市场资产替代效应则是投资者在一种资产价格出现剧烈变化时,在不同市场的资产间进行选择替代。跨市场资产替代效应事实上也是一种资本的跨市场流动过程。跨市场资产替代效应的核心问题是哪些资产之间的替代,就风险传染而言,替代的结果是进一步推升了出现剧烈变化资产的价格,还是降低了该资产的价格波动。如果是推升了资产价格,波动则会造成风险的迅速累积,并快速抽离另外一个市场的资本,造成两个市场的风险并发。如果替代的结果是降低了出现剧烈变化资产的价格波动,则主要考虑资本输出速度是否能够较快地降低原市场风险累积,并且不对资本输入市场造成过大冲击。

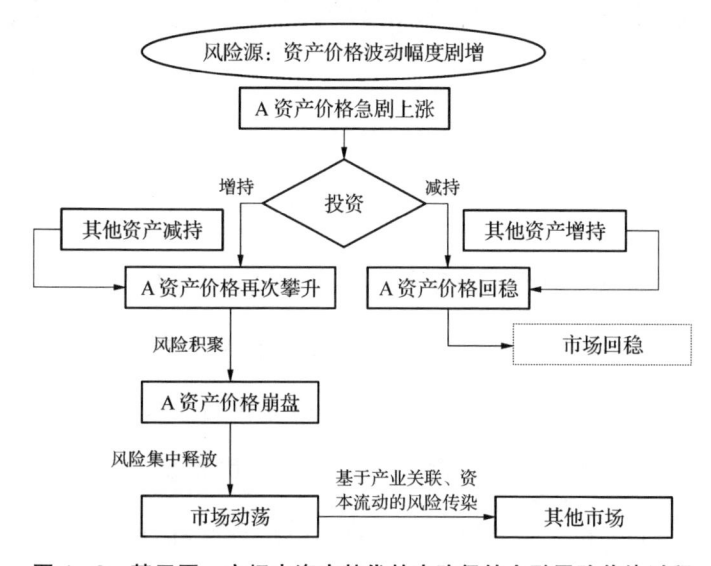

图 4-9　基于同一市场内资产替代效应路径的金融风险传染过程

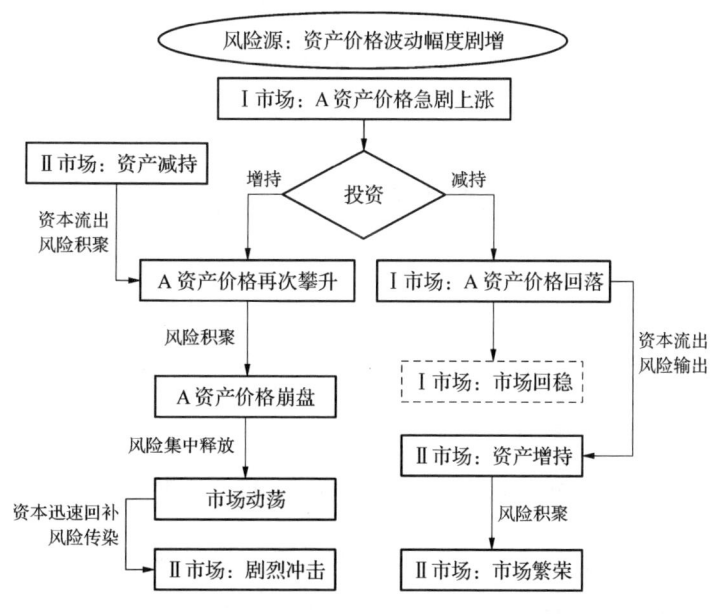

图 4-10　基于资产替代效应路径的跨市场金融风险传染过程

第五章

金融市场间的金融风险传染实证研究

现代经济与金融体系中存在各种类型的金融交易市场,各市场之间既存在较大甚至是本质性的区别,也存在各种情形的相关关系。特别是随着金融创新的不断发展,不同金融市场之间的联系逐步加强,市场之间的金融风险传染加剧。金融市场间资产价格波动风险传染是多种机制共同作用的结果。本章研究以市场间替代资产、信息与预期关联资产间的价格波动风险传染为研究对象,具体选择股票市场、债券市场及期货市场为研究对象进行跨市场金融风险传染实证检验。

5.1 股票、债券与商品期货市场间的金融风险传染研究

在金融资产中,股票与债券是具有明显可替代性的金融资产。从筹资者的角度来看,股票融资是典型的权益性融资渠道,通过股票融资筹集的资金具有不可偿还性;债券融资是典型的负债融资方式,通过债券渠道融资,筹资者负有到期偿还的义务。这两类筹资工具之间具有一定的可替代性。从投资者的角度来看,两种资产的风险与收益方式存在差异。在金融市场交易过程中,投资者可以很方便地通过市场交易行为调

整其资产组合的头寸,从而实现总体的风险—收益目标。因此,本研究将股票与债券资产视作可替代资产,通过对这两类资产间的跨市场风险传染实证分析,来检验资产替代路径的跨市场金融风险传染。

2004年以来,金融资本大量投资于商品期货(殷剑峰,2008[296]),有形商品交易越来越紧密地与金融运作交织在一起(尹力博和柳依依,2016[297]),商品期货市场与股票市场间存在动态相关性(尹力博和柳依依,2016[297];胡聪慧和刘学良,2017[298])。中国商品期货市场与股票市场、债券市场之间是否存在"金融化"带来的动态相关性问题须进一步检验。因此,在金融市场间资产价格波动风险传染实证分析中,选取股票、债券与商品期货市场进行跨市场金融风险传染检验。

5.1.1 实证分析模型与方法

1. VAR 模型

C.A.Sims(1980)将向量自回归(Vector AutoRegression,VAR)模型引入经济学中,推动了经济系统动态分析的广泛应用。VAR(p)模型的数学模型表达式是[299][249]:

$$y_t = \prod_1 y_1 + \prod_2 y_2 + \cdots + \prod_p y_{t-p} + \varepsilon_t \qquad 式(5-1)$$

其中,$\prod_i$ 为是 $k \times k$ 阶参数矩阵;ε_t 是 $k \times 1$ 阶随机误差列向量;p 为滞后阶。

Johansen 和 Juselius(1990)针对 VAR 模型提出了用极大似然估计检验法(Johansen-Juselius 协整检验)来分析多变量间的协整关系[300]。在 Johansen-Juselius 检验法中,首先建立 VAR(p)模型,再根据模型公式变换得到以下公式：

$$\Delta y_t = \sum_{i=1}^{p-1} \Gamma_i \Delta y_{t-i} + \prod \Delta y_{t-p} + \varepsilon_t \qquad 式(5-2)$$

上式中，Δ 表示一阶差分算子；Δy_t 表示对向量 y_t 中全部变量都取一阶差分后的 $k \times 1$ 阶列向量；Γ 与 $\prod$ 都是系数矩阵；p 的选择应该要保证 ε_t 的均值为 0，有限协方差矩阵的多元正态白噪声过程。此时，协整向量个数等于 $\prod$ 的阶数，可以通过 $\prod$ 的阶数进行协整关系检验。

2. 广义脉冲响应函数

Gary Koop、M. Hashem Pesaran 和 Simon M. Potter(1996)提出的广义脉冲响应函数克服了 Cholesky 分解在结果上严格依赖于模型中变量的次序的缺点[301]。现假定冲击不是发生在所有的变量上，只是发生在第 j 个变量上，则有：

$$\Psi(q, \delta_j, \Omega_{t-1}) = E(y_{t+q} \mid \varepsilon_{jt} = \delta_j, \Omega_{t-1}) - E(y_{t+q} \mid \Omega_{t-1}) \quad q=0,1,\cdots$$
$$式(5-3)$$

上式中，Ω_{t-1} 表示 $t-1$ 期的信息集合。

为了得到式(5-3)中的结果，首先需要计算由于 ε_{jt} 的变化所引起的 ε_t 中其他元素同期发生的变化，此时 $\delta = E(\varepsilon_t \mid \varepsilon_{jt} = \delta_j)$。假定 ε_t 服从多元正态分布，则：

$$\delta = E(\varepsilon_t \mid \varepsilon_{jt} = \delta_j) = (\sigma_{1j}, \sigma_{2j}, \cdots, \sigma_{kj})' \sigma_{jj} \delta_j = \sum\nolimits_j \sigma_{jj}^{-1} \delta_j$$
$$式(5-4)$$

式中，$\sigma_{jj} = E(\varepsilon_{jt}^2)$，$\sum = E(\varepsilon_t \varepsilon_{jt})$ 表示 ε_t 协方差矩阵 $\sum$ 的第 j 列元素。此时，变量 j 的冲击引起的向量 y_{t+q} 的响应为：

$$\Psi(q,\delta_j,\Omega_{t-1}) = \Theta_q\delta = \left(\frac{\Theta_q \sum_j}{\sqrt{\sigma_{jj}}}\right)\left(\frac{\delta_j}{\sqrt{\sigma_{jj}}}\right), q=0,1,\cdots \quad \text{式}(5-5)$$

若设：

$$\delta_j = \sqrt{\sigma_{jj}} \quad \text{式}(5-6)$$

则响应的广义脉冲响应函数为：

$$\Psi_j^{(q)} = \sigma_{jj}^{\frac{1}{2}}\Theta_q\sum_j, q=0,1,\cdots \quad \text{式}(5-7)$$

3. TVP-VAR 模型

传统的 VAR 模型假定模型系数以及扰动项的方差都是不变的，不能有效刻画现实情况中由于各种因素随时间发生变化所引起的模型参数改变的这一动态特征。Timothy Cogley 和 Thomas J. Sargent (2005)[302]、Giorgio E. Primiceri(2005)[303] 提出的 TVP-VAR（Time Varying Parameter-Vector AutoRegression）模型考虑了模型参数随时间变化的情况。在 Timothy Cogley 和 Thomas J. Sargent(2005)的模型中将对新息冲击的方差设置为恒定的[302]。Giorgio E. Primiceri(2005) 则考虑到了系数、方差和协方差均随时间变动的情况，将模型设定为带有随机波动的形式，形成了 TVP-SV-VAR 模型（Time Varying Paramete-Stochastic Volatility-Vector AutoRegression）[303]。根据 Jouchi Nakajima(2011)[304] 以及 Jouchi Nakajima、Munehisa Kasuya 和 Toshiaki Watanabe(2011)[305] 的研究，TVP-SV-VAR 模型可以用以下方程来表述：

$$y_t = x_t'\beta + z_t'\alpha + \varepsilon_t, \varepsilon_t \sim N(0,\sigma_t^2), t=1,\cdots,n \quad \text{式}(5-8)$$

$$\alpha_{t+1} = \alpha_t + \mu_t, \mu_t \sim N(0, \sum), t = 0, \cdots, n-1 \quad 式(5-9)$$

$$\sigma_t^2 = \gamma \exp(h_t) \quad 式(5-10)$$

$$h_{t+1} = \varphi h_t + \eta_t, \eta_t \sim N(0, \sigma_\eta^2), t = 0, \cdots, n-1 \quad 式(5-11)$$

其中,式(5-8)为回归方程,x_t'、z_t' 均为向量;式(5-9)中的 α_t 为方程的时变回归系数;式(5-10)和式(5-11)为模型的随机波动率方程,h_t 为随机波动率。由于 TVP-SV-VAR 模型的待估参数较多,常采用在贝叶斯估计框架下马尔可夫链蒙特卡洛(MCMC)方法对模型参数进行估计[304]。

5.1.2 变量选择与样本数据整理

1. 变量选择

我国内地建有上海证券交易所和深圳证券交易所两个股票场内交易市场,同时建有新三板市场(全国股转系统)等场外市场。目前尚没有一个能够全面反映我国整体股票交易市场、股票资产价格的指标,也未建立统一的全面反映股票场内市场的指标。现有能够同时反映我国上海证券交易所和深圳证券交易所市场的指数主要是中证指数有限公司编制的沪深 300 指数和中证全指指数等指数。其中,中证全指指数由全部 A 股股票中剔除 ST、*ST 股票,以及上市时间不足 3 个月等股票后的剩余股票构成样本股,具有较高的市场代表性,因此选择该指标作为代表我国股票市场资产价格变动的指标变量。

目前国内债券市场主要由银行间债券市场、上海证券交易所、深圳证券交易所和柜台交易市场构成。中央国债登记结算有限责任公司发布的中债综合指数,是采集在全国银行间债券市场、上海证券交易所、深圳证券交易所、柜台上市交易的,债券剩余期限1天(含1天)以上,除资产支持证券、美元债券、可转债之外的在境内债券市场公开发行的债券进行编制的。该指数能综合反映多市场与多品种的跨市场债券指数,具有较好的代表性。因此,选择中债综合指数(净价)作为代表我国债券市场资产价格的指标变量。

我国内地现有4家期货交易所,由于合约品种差异等原因,缺少获得广泛认可的全面反映期货市场的指数。本文采用市场认可度较高的南华商品指数作为代表商品期货价格指数变动的指标变量。

2. 样本数据收集与整理

样本数据采样区间为2012年1月1日至2020年12月31日。所有指标均采用周收盘数据,来源为同花顺iFinD金融终端数据库、中国债券信息网。为了避免各数据数量级、量纲差异及时间序列经济数据中的异方差影响,所有变量均取实际值的对数收益率形式,经整理共得到有效数据468组。将得到的中证全指指数、中债综合指数(净价)和南华商品指数价格对数收益率序列分别记作 CSI_t、$CBAT_t$ 和 $NHCI_t$。采用ADF检验法对各时间序列的平稳性进行检验。其检验结果如表5-1所示。

表5-1 股票、债券与商品期货市场价格收益率序列平稳性检验

变量	ADF的 t-统计量	检验临界值 1%	检验临界值 5%	检验临界值 10%	P-值*	平稳性
CSI_t	−19.567 6	−3.444 1	−2.867 5	−2.570 0	0.000 0	平稳***
$CBAT_t$	−18.133 3	−3.444 1	−2.867 5	−2.570 0	0.000 0	平稳***
$NHCI_t$	−13.461 2	−3.444 1	−2.867 5	−2.570 0	0.000 0	平稳***

注:* Mackinnon(1996)单侧 P-值;*** 表示在1%的显著水平下显著。

从检验结果可知,中证全指指数、中债综合指数和南华商品指数价格收益率序列均为平稳序列,即各序列均是 $I(0)$ 序列,同阶平稳。

5.1.3 基于 TVP-VAR 模型的股票、债券与商品期货市场间的金融风险传染实证分析

1. TVP-VAR 模型参数估计

设定 TVP-VAR 模型的滞后期为 2,MCMC 抽样方法为 Gibbs 抽样,次数为 10 000 次,对模型参数进行估计。表 5-2 所示的 TVP-VAR 模型参数估计中,Geweke 检验结果显示,在 5% 的显著性水平下不能拒绝收敛于后验分布的原假设;所有参数估计的无效因子均较小,无效因子最大值为 89.41,低于 100,表明 MCMC 抽样可以产生足够多的有效样本。

表 5-2　TVP-VAR 模型估计结果

参　数	均　值	标准差	95%下限	95%上限	Geweke	无效因子
$(\sum_\beta)_1$	0.022 7	0.002 6	0.018 4	0.028 4	0.245	29.02
$(\sum_\beta)_2$	0.022 7	0.002 5	0.018 4	0.028 2	0.788	24.93
$(\sum_a)_1$	0.025 2	0.002 7	0.020 4	0.031 3	0.766	24.31
$(\sum_a)_2$	0.048 4	0.010 2	0.033 5	0.074 0	0.036	58.78
$(\sum_h)_1$	0.302 8	0.049 1	0.216 1	0.407 0	0.118	35.19
$(\sum_h)_2$	0.603 3	0.106 3	0.429 6	0.837 7	0.209	89.41

图 5-1 所示的 TVP-VAR 模型参数估计结果表明,迭代抽样后的 $\sum_\beta$、$\sum_a$ 和 $\sum_h$ 参数自相关系数迅速衰减,抽样参数之间是相互独立的。综合表 5-2 和图 5-1 所示的 TVP-VAR 模型参数估计结果,可以认定基于 MCMC 抽样的模型估计有效,可以进一步分析。

图 5-1 TVP-VAR 模型的 MCMC 估计结果

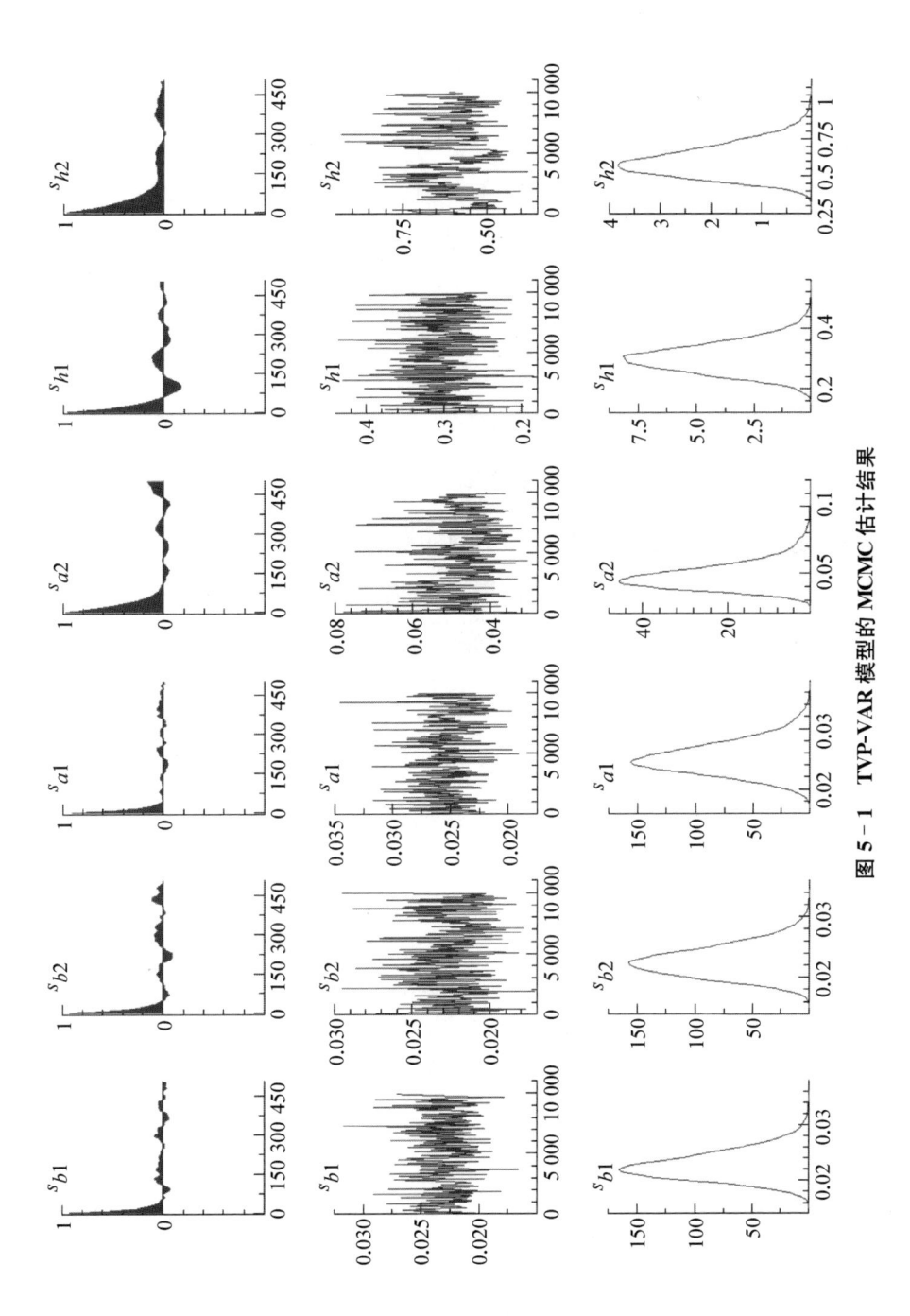

图 5-2 所示为各变量随机波动率的时变特征,变量随机波动率较好地反映了各变量的历史波动。其中,中证全指指数在 2015 年波动最剧烈,从当年年初的 4 200 点左右开始上涨,在 6 月冲击了开市以来的最高点,中证指数达到了 8 018.94 点。之后在 18 个交易日内跌至 4 789 点,跌幅超 35%,又在 2016 年 1 月下跌至阶段低点 3 993.11 点。中国债券市场在 2014 年年初至 2015 年经历了快速变化,收益率变动剧烈。虽然在 2016 年 11 月至 2017 年 5 月之间,债券市场经历了较大幅度下跌,但是单位时间内的中债综合指数收益率波动幅度明显小于 2014 年。商品期货在 2016 年和 2017 年的波动率变动明显,这也与当年大宗商品波动幅度较大相一致。2020 年,中国股票市场、债券市场和商品期货市场波动变化频繁,这与当年受到国际、国内新冠肺炎疫情的影响与冲击相符合。从波动率强度上来看,中证全指＞南华商品指数＞中债综合指数。

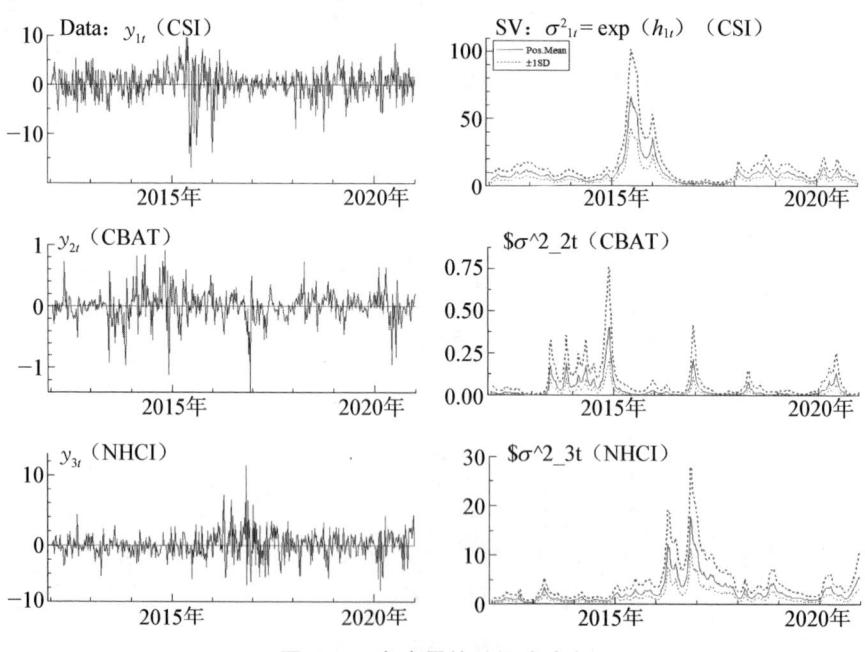

图 5-2 各变量的随机波动率

2. 时变脉冲响应分析

(1) 不同提前期的脉冲响应时变特征分析

考虑到样本采样周期和不同时期脉冲响应的可比性,将滞后期设定为1、3、5期,TVP-VAR模型得到如图5-3所示的动态脉冲响应。脉冲响应结果中的实线、长虚线、短虚线分别代表滞后1周、3周、5周的动态脉冲。图5-3中的结果显示,三个市场的时变特征均显著,也说明TVP-VAR模型有效测度了各变量冲击随时间变动的特征。从冲击效应的滞后期特征来看,各市场受到短期冲击的脉冲响应效应更为显著。

债券市场($\varepsilon_{CSI}\uparrow \to$ CBAT)和期货市场($\varepsilon_{CSI}\uparrow \to$ NHCI)对股票市场波动冲击的响应整体为负,说明股票市场价格收益率正向波动冲击能够在短时间内传导至债券市场和期货市场,引起债券市场和期货市场价格收益率的反向变化。2012—2017年间,股票市场波动冲击对债券市场的影响较大,并且于2015年和2017年分别达到了正值和负值的极值。2018年以来,股票市场波动冲击对债券市场的影响相对较缓。2020年,股票市场波动冲击对债券市场的影响波动变大,但低于2014—2017年的水平。2012—2020年间,期货市场对股票市场波动冲击的响应整体为负。进入2020年后,期货市场对股票市场波动冲击的响应快速从负值回调到正值,且保持正向上冲态势。股票市场波动冲击对债券市场和期货市场影响的波动剧烈时间区间基本上与三个市场剧烈波动的情况相重合。股票市场正向冲击导致债券市场的负向响应的结果与两个市场间的资产替代效应相符合。期货市场对股票市场波动冲击的响应表明,随着我国金融市场的不断发展,商品期货市场出现"金融化"现象,并且在金融市场波动背景下,商品期货和股票市场的相关性加强。

股票市场（$\varepsilon_{CBAT}\uparrow \to$ CSI）和期货市场（$\varepsilon_{CBAT}\uparrow \to$ NHCD）对债券市场波动冲击的响应显著为正。图5-3中的结果表明，债券市场短期正向波动冲击能够在短时间内传导至股票市场和期货市场。债券市场的短期和长期波动冲击对股票市场的影响相对稳定，但2017年以来，债券市场的中长期冲击影响呈现逐渐减弱现象。自2017年以来，债券市场短期波动冲击对期货市场的影响呈现下降趋势。2018年以来，债券市场中期波动冲击对期货市场的影响呈现上升趋势，且在2020年出现了超过短期冲击影响的情况。这说明，股票市场对债券市场波动冲击的响应效果大于期货市场。债券市场正向波动冲击导致股票市场正向响应，表明债券市场收益率正向冲击带来的市场利率下降信息传导至股票市场，引发股票市场对流动性扩张和融资成本降低的预期，从而导致股票市场收益率上涨。同时，债券市场收益率下降会使得部分债券市场资本流出，投入其他资本市场，导致其他市场的流动性增强，市场指数被推高。由于商品期货市场与债券市场之间存在投资方式差异，并且期货市场做空机制的存在使得资金流入后并不一定能推高商品期货价格，因此，债券市场正向冲击对股票市场的影响效果更为明显。

股票市场（$\varepsilon_{NHCI}\uparrow \to$ CSI）和债券市场（$\varepsilon_{NHCI}\uparrow \to$ CBAT）对期货市场波动冲击的响应显著，但方向存在差异。股票市场对期货市场波动冲击的响应显著为正。整体上，股票市场对期货市场短期波动冲击的响应呈现下降趋势，但2019年以来的中期波动冲击的影响呈现上涨趋势。债券市场对期货市场波动冲击的响应显著为负，且自2016年以来冲击影响的幅度呈现下降趋势。股票市场对期货市场波动冲击的响应更为明显，且随着我国商品期货市场"金融化"程度的提高，冲击响应变动更为频繁，但总体冲击响应程度降低。

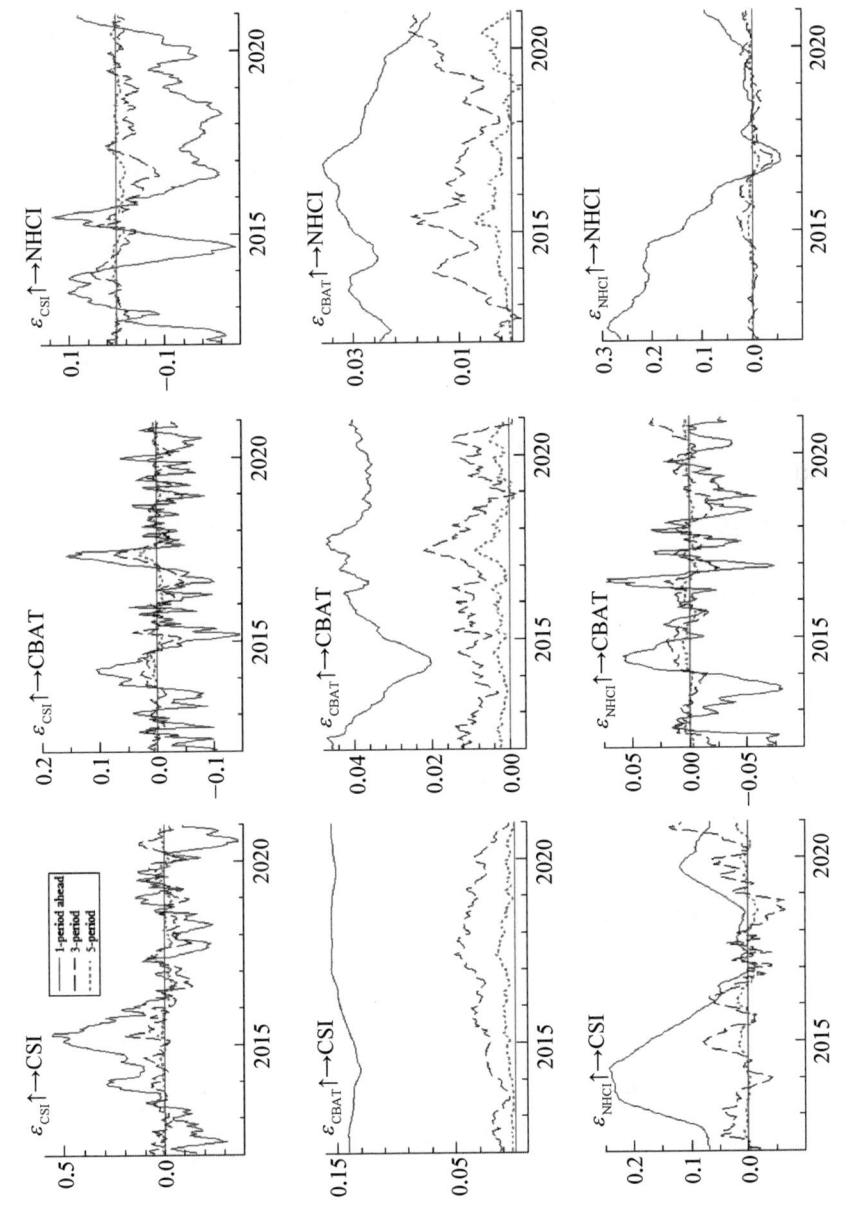

图 5-3 提前期外生冲击的脉冲响应函数

(2) 不同时点的脉冲响应时变特征分析

本文选取三个典型事件,采用时点脉冲响应函数来分析市场之间的动态响应。时点1为2015年6月12日(周数据时点),该阶段我国股市创出阶段性新高点,之后快速下跌。时点2为2016年12月9日(周数据时点),2016年12月5日"深港通"正式开通,内地股市与香港股市之间的联系进一步加强。时点3为2018年6月1日(周数据时点),2018年5月31日收盘后A股正式纳入MSCI新兴市场指数,代表着中国A股第四次闯关MSCI终获成功,体现了国际投资者对我国金融市场发展前景和稳健性的信心。

如图5-4所示的不同时点外生冲击的脉冲响应函数结果显示,股票市场对债券市场、期货市场冲击的联动效应存在差异性,但均能在第四期迅速收敛。债券市场受到股票市场时点脉冲时,所有时点的冲击响应均在第一时间达到了最大幅度,说明债券市场对股票市场短期波动冲击响应迅速。但是不同时点间的冲击响应存在差异,债券市场对股票市场时点2的冲击响应幅度最大为正向,而对时点1的响应幅度最小且为正向,对时点3的最大响应幅度为负向。这说明股票市场对债券市场的冲击效应存在明显的时点差异,其中,"深港通"在给股票市场带来结构性变化的同时,也增强了股票市场与债券市场之间的联系,强化了从股票市场到债券市场的金融风险传染。期货市场受到股票市场时点脉冲时,响应速度存在时点差异。其中,时点2和时点3的冲击响应在第一时间达到正向最大,时点2的响应幅度更大。而时点1则在滞后1期达到正向最大,响应幅度最低。这说明实际的资金流动与市场开放的冲击效应更为显著。股票市场阶段高点的时点影响远低于另外两个时点,说明随着金融改革的不断深化,对外开放与金融市场的关联性越高,冲击效应越明显。同时,随着商品期货市场"金融化"的提升,股票市场的冲击效应更为显著。

在不同时点债券市场对股票、期货市场施加了三次脉冲,但脉冲响应函数变化总趋势相似。债券市场对股票市场施加的脉冲在滞后1期达到响应的最大值,之后逐渐衰减。债券市场对期货市场施加的脉冲在当期达到响应的最大幅度,之后逐渐衰减。从波动冲击的响应方向来看,股票市场对债券市场的冲击响应为正,期货市场对债券市场的冲击响应为负。

期货市场对股票、债券市场的冲击联动效应存在时点差异性。期货市场对股票市场的冲击联动效应在时点1更为显著,说明期货市场波动冲击对股票市场的影响在市场行情快速变动情况下更为显著。期货市场对债券市场的冲击联动效应在时点2、3更为显著,说明期货市场波动冲击对债券市场的影响在金融市场结构变动情况下更为显著。

综合上述分析发现,我国股票、债券与商品期货市场之间存在显著的、呈现时变特征的相互影响关系。这意味着,我国股票、债券与商品期货市场之间存在金融风险传染关系,且风险传染随时间的变化而变化。随着我国金融市场的不断完善与发展,以及商品期货市场"金融化"的提升,跨市场间的金融风险传染更为显著。

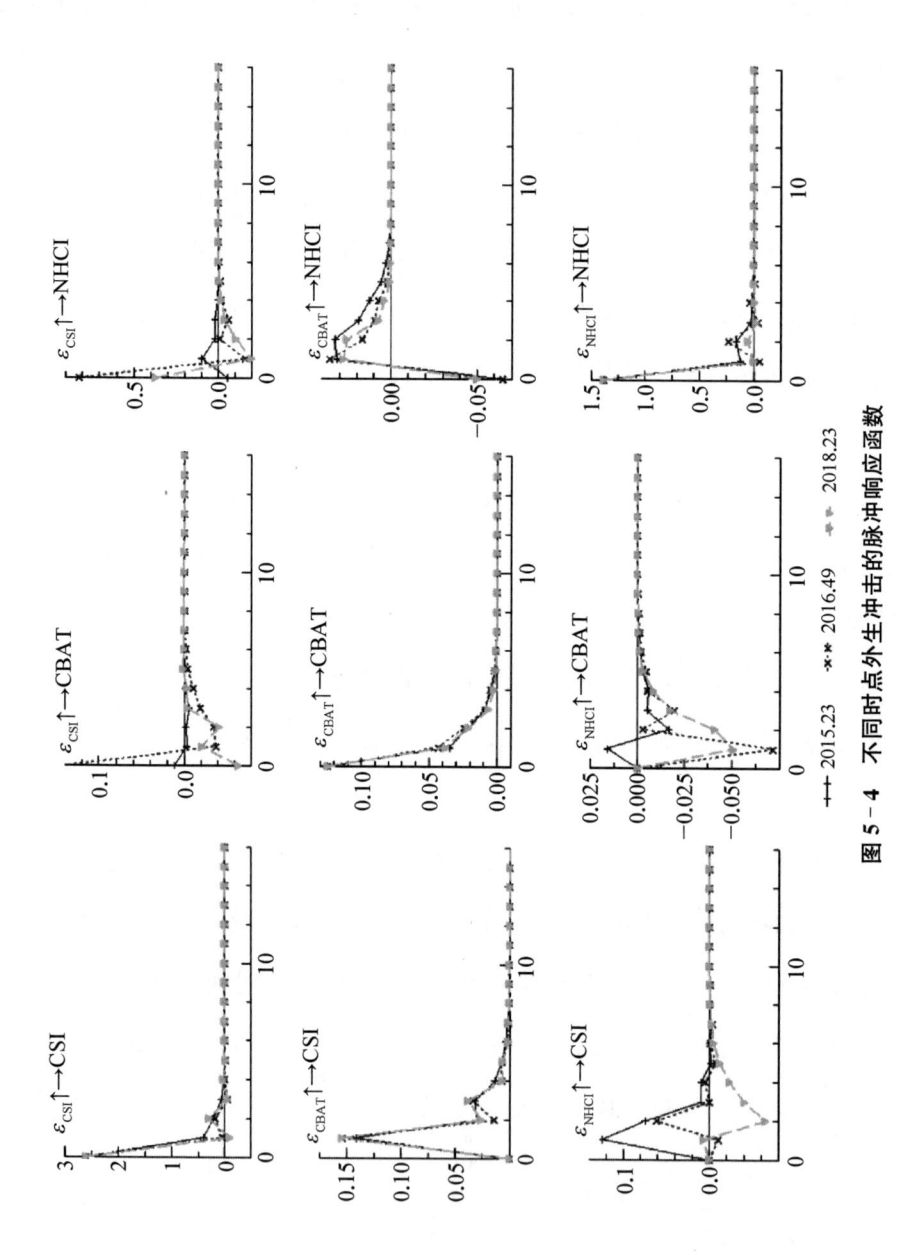

图 5-4 不同时点外生冲击的脉冲响应函数

5.2 股指与股指期货市场间的金融风险传染研究

期货对其标的资产的价格引导功能是期货市场的重要经济功能之一。股指期货价格反映了市场中供求双方对股票指数的预期。股指期货对现货(股票指数)的影响既有投资心理预期,也包括市场价格波动带来的信息溢出效应。

5.2.1 实证分析模型与方法

1. DCC-GARCH 模型

Robert F. Engle(1982)[246]提出的 ARCH(AutoRegressive Conditional Heteroskedasticity)模型受到广泛关注,之后经 Tim Bollerslev(1986)[19],Robert F. Engle 和 Tim Bollerslev(1986)[23],Robert F. Engle、David M. Lilien 和 Russell P. Robins(1987)[20],Lawrence R. Glosten、Ravi Jagannathan 和 David E. Runkle(1993)[21],Jean Michel Zakoian(1994)[24],Richard T. Baillie、Tim Bollerslev 和 Hans Ole Mikkelsen(1996)[26]等学者的不断发展,形成了 GARCH(Generalized AutoRegressive Conditional Heteroskedasticity)模型族,被广泛应用于金融时间序列建模分析中。Robert Engle(2002)[306]、Yiu Kuen Tse 和 Albert K. C. Tsui(2002)[307]提出了动态条件相关多维 GARCH(Multivariate Generalized Autoregressive Conditional Heteroscedasticity Model with Time-Varying Correlations,DCC-GARCH)模型。该模型可以表示如下:

$$H_t = D_t R_t D_t \qquad 式(5-12)$$

其中，H_t 为协方差矩阵；R_t 为相关系数矩阵。

DCC-GARCH 模型的变量相关系数为：

$$\rho_{i,j,t}=\frac{\sum_{s=1}^{t-1}\lambda^s\varepsilon_{i,t-s}\varepsilon_{j,t-s}}{\sqrt{(\sum_{s=1}^{t-1}\lambda^s\varepsilon_{i,t-s}^2)(\sum_{s=1}^{t-1}\lambda^s\varepsilon_{j,t-s}^2)}}=[R_t]_{i,j} \quad \text{式(5-13)}$$

Robert Engle(2002)[306]的 DCC-GARCH 模型可以用于估计相关系数的动态变化，能够较好地刻画市场间波动溢出效应，常被用于金融市场相关性与风险溢出的研究。

2. ΔCoVaR 方法

VaR(Value at Risk)方法是金融风险测度的常用方法。Tobias Adrian 和 Markus K. Brunnermeier(2008)在 VaR 基础上提出了可以测度金融机构之间风险溢出关系的 CoVaR 模型[308]。根据 Tobias Adrian 和 Markus K. Brunnermeier(2016)的研究，CoVaR 模型可以表示如下[309]：

$$Pr(X^j \mid C(X^i) \leqslant \text{CoVaR}_q^{j\mid C(X^i)}) = q\% \quad \text{式(5-14)}$$

其中，$\text{CoVaR}_q^{j\mid C(X^i)}$ 为在给定置信水平下，以金融机构 i 的状态 $C(X^i)$ 为条件的金融机构 j 的 CoVaR。

由金融机构 i 引起的金融机构 j 风险，则为：

$$\Delta \text{CoVaR}_q^{j\mid i} = \text{CoVaR}_q^{j\mid X^i=VaR_q^i} - \text{CoVaR}_q^{j\mid X^i=VaR_{50\%}^i} \quad \text{式(5-15)}$$

ΔCoVaR 考虑了不同机构之间的风险溢出性和传导性，能够用于分析金融市场之间的风险传染问题。与传统 VaR 模型一样，其实质上也是分位数下的损失与收益问题。

CoVaR 的运用也同样面临着金融时间序列分布的估计问题。因此，以 DCC-GARCH 模型和 CoVaR 方法为基础构建 DCC-GJR-GARCH-ΔCOVaR 模型来进行跨市场资产价格波动风险传染分析。

5.2.2 变量选择与样本数据整理

1. 变量选择

目前上市交易的股指期货产品有沪深 300 股指期货、上证 50 股指期货和中证 500 股指期货共 3 种股指期货合约，均在中国金融期货交易所上市交易。沪深 300 股指期货合约于 2010 年 4 月 16 日开始上市交易，上证 50、中证 500 股指期货合约于 2015 年 4 月 16 日开始上市交易。因此，在实证样本指标的选择上，直接选取中国金融期货交易所上市交易的沪深 300 股指期货、上证 50 股指期货和中证 500 股指期货为股指期货价格指标。选取由中证指数有限公司编制并发布的沪深 300 指数、中证 500 指数和上海证券交易所发布的上证 50 指数为股票指数价格指标。

2. 样本数据收集与整理

考虑到股指期货上市时间问题，本研究样本采样区间为 2016 年 1 月 1 日—2020 年 12 月 31 日。股指数据采集自中证指数有限公司和上海证券交易所发布的日收盘价格。股指期货价格数据采用中国金融期货交易所主力合约收盘价格数据。将整理后得到的股指和股指期货价格取对数收益率序列分别记作 HS_t（沪深 300）、IF_t（沪深 300 股指期货）、$SZ50_t$（上证 50）、IH_t（上证 50 股指期货）、$CSI500_t$（中证 500）、IC_t（中证 500 股指期货）。采用 ADF 检验法对各时间序列的平稳性进行检验。其检验结果如表 5-3 所示。

表 5-3　股指与股指期货市场价格收益率序列平稳性检验

变　量	ADF 的 t-统计量	检验临界值 1%	检验临界值 5%	检验临界值 10%	P-值*	平稳性
HS_t	−36.162 1	−3.435 5	−2.863 7	−2.568 0	0.000 0	平稳***
IF_t	−37.171 6	−2.566 9	−1.941 1	−1.616 5	0.000 0	平稳***
$SZ50_t$	−17.921 0	−3.435 5	−2.863 7	−2.568 0	0.000 0	平稳***
IH_t	−17.878 0	−2.566 9	−1.941 1	−1.616 5	0.000 0	平稳***
$CSI500_t$	−36.200 8	−2.566 9	−1.941 1	−1.616 5	0.000 0	平稳***
IC_t	−37.176 2	−2.566 9	−1.941 1	−1.616 5	0.000 0	平稳***

注：*** 表示在 1%的显著性水平下显著。

从表 5-3 中的平稳性检验结果可知，各股指期货与股指指数价格对数收益率序列均为平稳序列，即各序列均是 $I(0)$ 序列，同阶平稳。

5.2.3　股指与股指期货价格收益率波动的长期均衡分析

1. 变量协整检验

采用 Johansen-Juselius 检验方法进行变量的协整检验。其协整检验结果如表 5-4 所示。

表 5-4　Johansen-Juselius 协整检验结果(一)

变　量	原假设	特征根	迹统计量	5%临界值	P-值	结　果
HS_t—IF_t	无协整向量	0.356 0	854.907 1	15.494 7	0.000 1	拒绝***
	最多一个协整向量	0.232 2	320.702 8	3.841 5	0.000 0	拒绝***
$SZ50_t$—IH_t	无协整向量	0.384 9	904.248 0	15.494 7	0.000 1	拒绝***
	最多一个协整向量	0.228 1	314.347 6	3.841 5	0.000 0	拒绝***
$CSI500_t$—IC_t	无协整向量	0.331 3	836.300 1	15.494 7	0.000 1	拒绝***
	最多一个协整向量	0.249 1	347.764 0	3.841 5	0.000 0	拒绝***

注：*** 表示在 1%的显著性水平下显著。

如表 5-4 所示的变量协整检验结果表明,对应期货与股指的收益率之间均存在协整关系。这说明我国股指与股指期货间价格收益率存在长期均衡关系。即股票指数与股指期货资产价格收益率变动之间存在长期相关性。

2. Granger 因果关系检验

为进一步确定上述变量的引导关系,采用 Granger 因果关系检验来检验上述价格变动的引导关系。表 5-5 中的 Granger 检验结果显示,HS_t 和 IF_t 之间以及 $SZ50_t$ 和 IH_t 之间均存在双向引导关系,$CSI500_t$ 和 IC_t 之间仅存在由股指期货到股票指数之间的单项引导关系。

表 5-5 Granger 因果关系检验(一)

原假设	χ^2 统计量	P-值	结 果
IF_t 不是 HS_t 的 Granger 原因	9.028 7	0.011 0	拒绝**
HS_t 不是 IF_t 的 Granger 原因	8.283 5	0.015 9	拒绝**
IH_t 不是 $SZ50_t$ 的 Granger 原因	5.932 1	0.051 5	拒绝*
$SZ50_t$ 不是 IH_t 的 Granger 原因	5.654 4	0.059 2	拒绝*
IC_t 不是 $CSI500_t$ 的 Granger 原因	6.557 4	0.037 7	拒绝**
$CSI500_t$ 不是 IC_t 的 Granger 原因	4.465 6	0.107 2	接受

注:*** 表示在1%的显著性水平下显著;** 表示在5%的显著性水平下显著;* 表示在10%的显著性水平下显著。

5.2.4 股指与股指期货市场间的动态相关性分析

DCC-GJR-GARCH 模型可以用于衡量时间序列之间的动态相关性,也可以用于风险溢出效应的分析。采用 DCC-GJR-GARCH 模型估计股指与股指期货价格收益率之间的动态相关系数,动态相关系数的绝对值越大则两个收益率之间的相关关系越强,风险溢出效应也就越明显。表 5-6 中所示为股指期、现货价格收益率之间动态条件相关系数的估计结果。3 组股票指数与股指期货价格收益率之间的相关系数均较高,且呈现正相关关系。不同组之间的相关系数均值差异相对较小。上证 50 指数和上证 50 股指期货收益率之间的动态相关系数均值最大,同时波动性也最大。3 组股票指数与股指期货收益率之间的相关系数均大于 0.96,数值较大意味着 3 组变量代表的股指期货和股票指数收益率之间存在着较强的相关性和风险溢出效应。

表 5-6 股指期、现货价格收益率的动态相关系数

股指期现货	均 值	最大值	最小值	标准差
$HS_t - IF_t$	0.964 2	0.981 5	0.930 4	0.012 2
$SZ50_t - IH_t$	0.967 6	0.986 4	0.927 1	0.013 3
$CSI500_t - IC_t$	0.965 3	0.980 1	0.941 2	0.010 3

为了更直观地分析收益率序列之间随时间的相关性动态变化,将估计结果绘制为图形。如图 5-5—图 5-7 所示,2016—2020 年,沪深 300 指数和沪深 300 股指期货价格收益率、上证 50 指数和上证 50 股指期货价格收益率、中证 500 指数和中证 500 股指期货价格收益率之间的动态相关系数呈整体上升趋势,意味着在股指与股指期货之间的跨市场金融风险溢出效应增强。在波动幅度方面,中证 500 指数和中证 500 股指期货价格收益率之间的动态相关系数波动幅度最小,上证 50 指数和上证 50 股指期货价格收益率之间的动态相关系数波动幅度最大。从时间上来看,2016 年上半年,各动态相关系数呈现整体下降趋势。在 2016 年后,各动态相关性的变化出现较为明显的差异。2016 年 11 月至 2019 年

3月,中证500指数和中证500股指期货收益率之间的动态相关系数呈现波动上涨趋势,但整体涨幅较小约为3.9%。2016年8月—2018年10月、2019年8月—2020年7月两个阶段沪深300指数和沪深300股指期货价格收益率之间、上证50指数和上证50股指期货价格收益率之间的动态相关系数呈现剧烈波动状态。在2020年7月之后,这两个动态相关系数的波动幅度减弱。3组股票指数与股指期货价格收益率之间的相关系数在2020年第四季度呈现明显上升趋势。

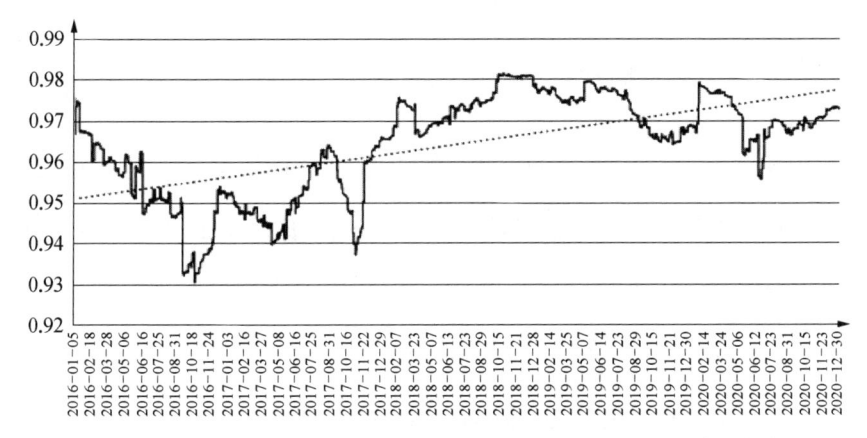

图 5-5　沪深300股指与沪深300股指期货动态相关性系数的变动

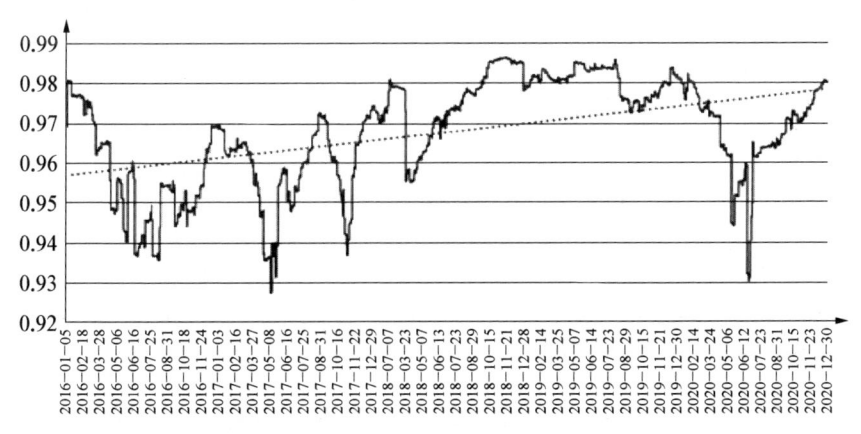

图 5-6　上证50股指与上证50股指期货动态相关性系数的变动

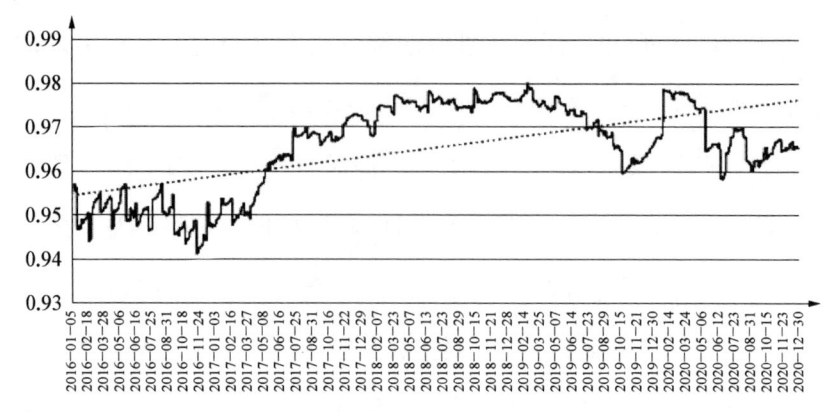

图 5‑7　中证 500 股指与中证 500 股指期货动态相关性系数的变动

5.2.5　股指与股指期货市场双向风险溢出

基于 DCC-GJR-GARCH 模型,估计出 95％置信水平下的股指与股指期货的价格收益率间动态 ΔCoVaR。本研究重点关注损失风险,因此估计结果仅给出了下行风险。表 5‑7 中所示为股指与股指期货市场价格收益率间 ΔCoVaR 的均值、最大值、最小值与标准差。

表 5‑7　股指与股指期货市场间的下行 ΔCoVaR($\alpha=5\%$)

类　别	溢出关系	均值	最大值	最小值	标准差
沪深 300 指数	F-S	−1.851 8	−1.016 9	−5.609 0	0.695 1
	S-F	−2.100 9	−0.999 9	−5.133 7	0.821 8
上证 50 指数	F-S	−1.804 8	−0.948 3	−5.841 9	0.703 5
	S-F	−1.959 3	−1.021 2	−4.502 5	0.705 5
中证 500 指数	F-S	−2.510 6	−1.670 0	−6.736 1	0.842 0
	S-F	−2.744 6	−1.696 0	−6.614 7	0.885 7

注:F-S 表示由股指期货向股指的溢出;S-F 表示由股指向股指期货的溢出。

从均值来看,沪深 300 股指期货对沪深 300 指数的 ΔCoVaR 是 −1.851 8,沪深 300 指数对沪深 300 股指期货的 ΔCoVaR 是 −2.100 9;

上证 50 股指期货对上证 50 指数的 ΔCoVaR 是 $-1.851\,8$,上证 50 指数对上证 50 股指期货的 ΔCoVaR 是 $-1.959\,3$;中证 500 股指期货对中证 500 指数的 ΔCoVaR 是 $-2.510\,6$,中证 500 指数对中证 500 股指期货的 ΔCoVaR 是 $-2.744\,6$。由此可以看出,在 3 组股指与股指期货的价格收益率之间存在非对称的风险溢出。

在期货对股票指数的溢出效应和溢出贡献程度上,中证 500 股指期货对中证 500 指数的溢出效应和溢出贡献程度最大,上证 50 股指期货对上证 50 指数的溢出效应和溢出贡献程度最小。在股票指数对期货的溢出效应和溢出贡献程度上,同样是中证 500 指数对中证 500 股指期货的最大,上证 50 指数对上证 50 股指期货的溢出效应和溢出贡献程度最小。在对应期货与股指之间,期货对股指的溢出效应和溢出贡献程度小于股指对期货溢出效应和溢出贡献程度。这意味着,股指期货与对应股指之间存在非对称的风险溢出,股指对股指期货的风险冲击更为强烈,这与刘庆富和华仁海(2011)的研究结论较一致[310]。

为直观地分析股指期、现货市场间下行风险的 ΔCoVaR 动态变化,将各 ΔCoVaR 的时序变化绘制成图形。图 5-8—图 5-10 所示为沪深 300、上证 50、中证 500 的股指与股指期货间的 ΔCoVaR 动态变化。从整体趋势上来看,3 组股指期、现货间的 ΔCoVaR 动态变化有相近之处,但仍有较大差异。2016 年年初,随着股票市场的快速下行,沪深 300、上证 50、中证 500 的股指与股指期货间的溢出效应和溢出贡献程度快速增加,ΔCoVaR 达到了一个峰值。之后随着三大股指的波动趋于稳定,股指期、现货间的 ΔCoVaR 绝对值减小,并在 2016 年 4 月至 2018 年 1 月处于小幅波动状态。随着 2018 年 1 月底开始的股指快速下跌,ΔCoVaR 绝对值快速增长,并在之后的较长时间内处于大幅振荡状态。在2020年年初受到疫情影响时，中国股市出现了巨幅变化，ΔCoVaR绝对值快速增长。2020年2月，沪深300、上证50的股指与股指期货间的ΔCoVaR达到了2016—2020年间的极值。中证500的股指与股指期货间的ΔCoVaR也达到了阶段极值。在股指与股指期货间相互的溢出效应和溢出贡献程度对比上，股指对股指期货的ΔCoVaR绝对值大于同期股指期货对股指的。这意味着股指与股指期货之间存在非对称动态风险溢出关系，股指对股指期货的风险溢出更为剧烈。

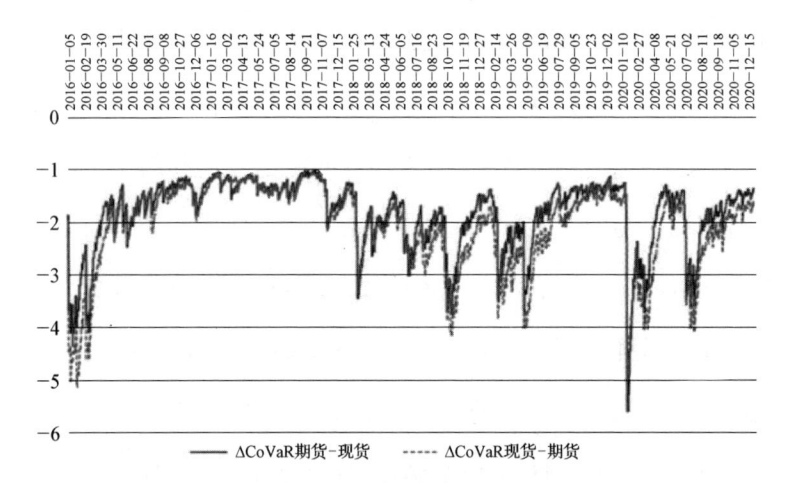

图5-8　沪深300期货与沪深300指数收益率间的风险溢出(ΔCoVaR,95%置信水平)

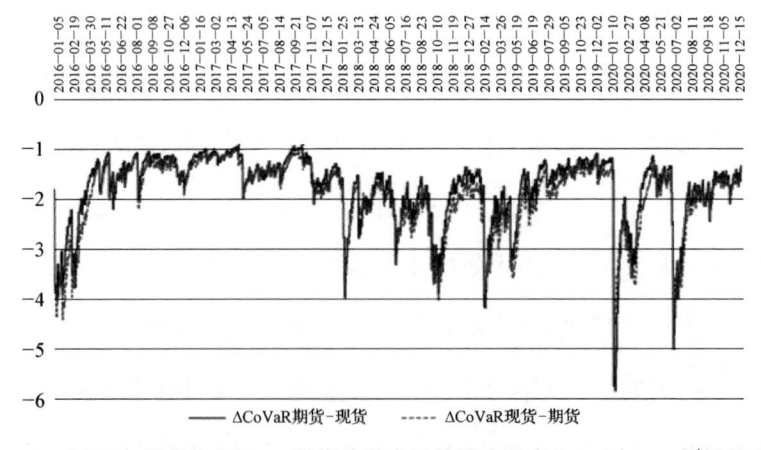

图5-9　上证50期货与上证50股指收益率间的风险溢出(ΔCoVaR,95%置信水平)

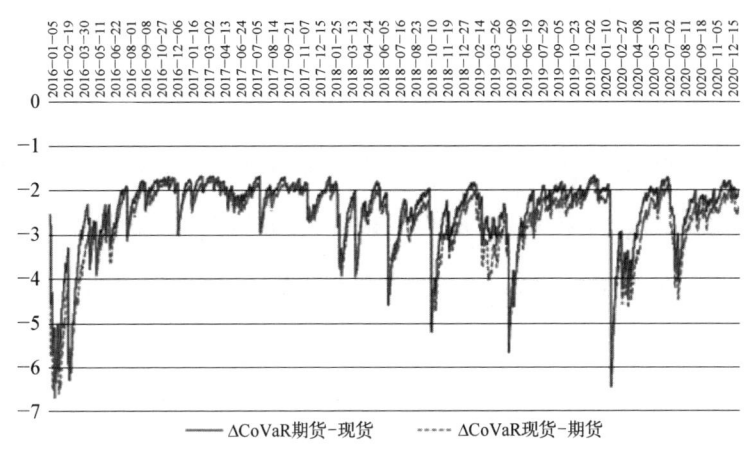

图 5-10　中证 500 期货与中证 500 股指收益率间的风险溢出（ΔCoVaR，95％置信水平）

综合上述分析，沪深 300、上证 50、中证 500 的股指与股指期货间存在非对称风险溢出关系。股指对股指期货的风险溢出大于股指期货对股指现货的风险溢出。股指与股指期货间的风险溢出会随着市场波动幅度的增强而增强。

5.3　国债与国债期货市场间的金融风险传染研究

国债是利率债的典型代表，国债市场中的国债利率是重要的基础利率之一。作为广泛使用的利率期货，国债期货具有利率风险管理、价格发现等重要功能。国债期货交易情况能够准确反映市场预期，提供一种市场化、全国性的利率定价参考。因此，以国债与国债期货分别代表债券市场与金融期货市场，研究两类市场间的风险传染问题。

5.3.1　变量选择与样本数据整理

1. 变量选择

目前上市交易的国债期货产品有 5 年期国债期货、10 年期国债期货和2年期国债期货共3种国债期货合约,均在中国金融期货交易所上市交易。5年期国债期货于2013年9月6日开始上市交易,10年期国债期货的上市时间为2015年3月20日,2年期国债期货合约自2018年8月17日上市交易。考虑到样本数据采集区间问题,实证样本指标选取中国金融期货交易所上市交易的5年期国债期货、10年期国债期货为国债期货价格指标。

国债期货合约可交割国债为记账式附息国债。不同国债期货合约对可交割国债期限的规定不同。5年期国债期货的可交割国债期限为发行期限不高于7年,合约到期月份首日剩余期限为4—5.25年。10年期国债期货合约的可交割国债期限为发行期限不高于10年,合约到期月份首日剩余期限不低于6.5年。在国债现货指数选择上,须尽量与可交割国债期限相匹配。

中央国债登记结算有限责任公司编制并发布了一系列国债指数,其中,中债3—5年期国债指数以待偿期限3年至5年的记账式国债,采用市值权重加权方式进行计算编制,旨在反映该期限国债价格走势情况。该指数基本覆盖了5年期国债期货合约的可交割国债期限,将该指数作为5年期国债期货匹配现货指数。中债5—7年期国债指数的成分券由待偿期限7—10年(含7年)的记账式国债构成,基本覆盖了10年期国债期货合约的可交割国债期限,将该指数作为10年期国债期货匹配现货指数。

2. 样本数据收集与整理

本研究的样本采样区间为2016年1月1日—2020年12月31日。国债数据采集自中国金融期货交易所,国债指数数据采集自中央国债登记结算有限责任公司发布的日收盘价格,国债期货价格数据采用中国金融期货交易所主力合约收盘价格数据。将整理后得到的国债期、现货价格对数收益率序列分别记作 $TF5_t$(5 年期国债期货)、$TM10_t$(10 年期国债期货)、$CBA5_t$(5 年期国债指数)、$CBA10_t$(10 年期国债指数)。采用 ADF 检验法对各时间序列的平稳性进行检验。其检验结果如表 5-8 所示。

表 5-8 国债期、现货价格收益率序列平稳性检验

变量	ADF 的 t-统计量	检验临界值 1%	检验临界值 5%	检验临界值 10%	P-值*	平稳性
$TF5_t$	−35.820 7	−3.435 5	−2.863 7	−2.568 0	0.000 0	平稳***
$CBA5_t$	−25.485 3	−3.435 5	−2.863 7	−2.568 0	0.000 0	平稳***
$TM10_t$	−35.242 9	−3.435 5	−2.863 7	−2.568 0	0.000 0	平稳***
$CBA10_t$	−28.699 8	−3.435 5	−2.863 7	−2.568 0	0.000 0	平稳***

注:*** 表示在 1% 的显著性水平下显著。

从表 5-8 中所示的平稳性检验结果可知,各国债期货与国债指数价格对数收益率序列均为平稳序列,即各序列均是 $I(0)$ 序列,同阶平稳。

5.3.2 国债期货与现货价格收益间的长期均衡分析

1. 变量协整检验

采用 Johansen-Juselius 检验方法进行变量的协整检验。协整检验结果如表 5-9 所示。

表 5-9 Johansen-Juselius 协整检验结果

变量	原假设	特征根	迹统计量	5%临界值	P-值	结　果
TF5$_t$—CBA5$_t$	无协整向量	0.301 536	435.669 8	14.264 60	0.000 1	拒绝***
	最多一个协整向量	0.170 105	226.358 2	3.841 466	0.000 0	拒绝***
TM10$_t$—CBA10$_t$	无协整向量	0.303 227	726.696 2	15.494 71	0.000 1	拒绝***
	最多一个协整向量	0.211 246	288.082 9	3.841 466	0.000 0	拒绝***

注：*** 表示在 1%的显著性水平下显著。

表 5-9 中的变量协整检验结果表明，对应期限的国债期、现货价格收益率之间存在协整关系。这说明我国国债期货与国债现货市场间的价格收益率存在长期均衡关系，即国债期货与现货的价格收益率变动间存在长期相关性。

2. Granger 因果关系检验

为进一步确定上述分析的引导关系，采用 Granger 因果关系检验来检验上述价格变动的引导关系。表 5-10 中的 Granger 检验结果显示，TF5$_t$ 和 CBA5$_t$ 之间存在双向引导关系。TM10$_t$ 和 CBA10$_t$ 之间仅存在由期货到现货之间的单项引导关系。

表 5-10 Granger 因果关系检验

原假设	χ^2统计量	P-值	结　果
TF5$_t$ 不是 CBA5$_t$ 的 Granger 原因	26.189 3	0.000 0	拒绝***
CBA5$_t$ 不是 TF5$_t$ 的 Granger 原因	5.352 0	0.068 8	拒绝*
TM10$_t$ 不是 CBA10$_t$ 的 Granger 原因	10.287 6	0.005 8	拒绝***
CBA10$_t$ 不是 TM10$_t$ 的 Granger 原因	1.345 2	0.510 4	接受

注：*** 表示在 1%的显著性水平下显著；** 表示在 5%的显著性水平下显著；* 表示在 10%的显著性水平下显著。

5.3.3 国债期货与现货市场间的收益率动态相关性分析

表 5-11 中所示为基于 DCC-GJR-GARCH 模型国债期货与现货市场收益率之间动态条件相关系数的估计结果。两组国债期货与现货收益率之间的相关系数均较高，且呈现正向相关关系。5 年期国债期、现货收益率之间的动态相关系数均值较小，但是波动性较大。

表 5-11 DCC-GJR-GARCH 动态相关系数

国债期现货	均 值	最大值	最小值	标准差
$TF5_t - CBA5_t$	0.645 4	0.830 0	0.318 0	0.111 8
$TM10_t - CBA10_t$	0.782 7	0.907 5	0.446 5	0.108 3

为了更直观地分析国债期、现货收益率序列之间相关性随时间的动态变化，将动态相关系数估计结果绘制为图形。如图 5-11 和图 5-12 所示，2016—2020 年，国债期货与现货收益率之间的动态相关系数呈整体上升趋势。在波动幅度方面，5 年期国债期货与现货价格收益率相关系数在 2016 年—2018 年 6 月间的波动幅度较大，之后波动幅度减小。10 年期国债期货与现货价格收益率相关系数在 2016 年—2019 年年初的波动幅度较大，之后波动幅度减小。从时间上看，2016 年上半年，各动态相关系数呈现整体下降趋势。2016 年下半年至 2017 年 11 月，收益率动态相关系数呈现波动上涨趋势。5 年期国债期、现货价格收益率相关系数于 2017 年年底开始下降，并于 2018 年 7 月触及阶段低点，之后呈现波动上升趋势。10 年期国债期、现货价格收益率相关系数于 2017 年年底开始下降，在 2018 年 2 月达到阶段低点。之后 2018 年 2 月—2019 年 3 月经历了冲高回落过程，其间在 2018 年 11 月达到了阶段高点；2019

年3月以来,呈现振荡上涨趋势。

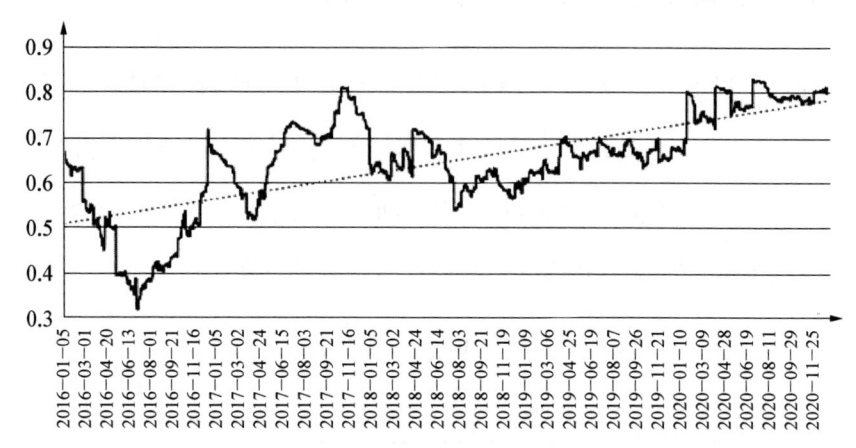

图5-11 5年期国债期、现货收益率动态相关系数的变动

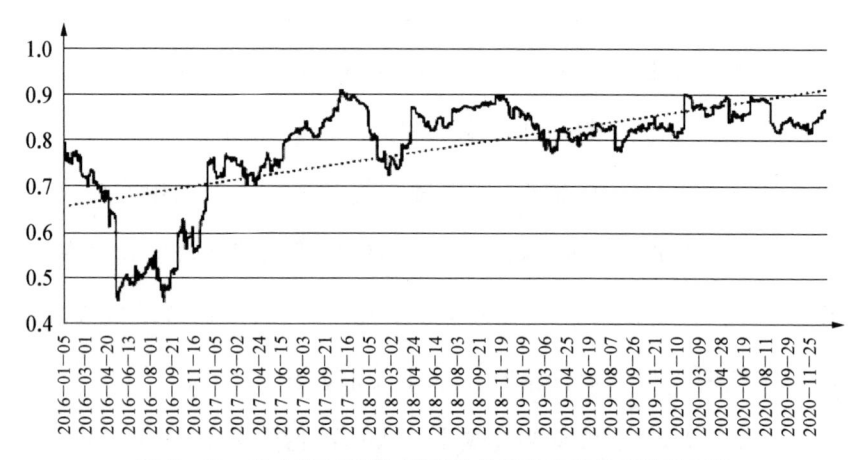

图5-12 10年期国债期、现货收益率动态相关系数的变动

5.3.4 国债期货与国债现货市场双向风险溢出

基于DCC-GJR-GARCH-ΔCoVaR模型,估计出95%置信水平下的国债期、现货价格收益率间下行风险的ΔCoVaR动态。表5-12中所示为国债期、现货价格收益率间下行风险ΔCoVaR动态的均值、最大值、最

小值与标准差。从均值来看,5 年期国债期货对现货的 ΔCoVaR 为 −0.198 4,5 年期国债现货对期货的 ΔCoVaR 为 −0.342 1;10 年期国债期货对现货的 ΔCoVaR 为 −0.100 5,10 年期国债现货对期货的 ΔCoVaR 为 −0.210 3。由此可以看出,现货对期货市场的风险溢出大于期货对现货市场的风险溢出,且波动性更大;5 年期国债期货对现货的溢出效应和溢出贡献程度大于 10 年期国债期货。5 年国债现货对期货的溢出效应和溢出贡献程度同样大于 10 年期国债期货。这意味着,同期限的国债期、现货市场间存在非对称的风险溢出,国债现货市场对国债期货市场的风险冲击更为强烈。5 年期国债期、现货市场间的风险溢出效应更大。

表 5-12　国债期、现货市场间的下行 ΔCoVaR($\alpha=5\%$)

国债期、现货	溢出关系	均　值	最大值	最小值	标准差
5 年期国债期、现货市场间	F-S	−0.198 4	−0.139 3	−0.537 9	0.054 1
	S-F	−0.342 1	−0.217 6	−0.955 4	0.108 4
10 年期国债期、现货市场间	F-S	−0.100 5	−0.066 6	−0.269 9	0.031 9
	S-F	−0.210 3	−0.118 7	−0.633 8	0.083 0

注:F-S 表示由期货向现货市场的溢出;S-F 表示由现货向期货市场的溢出。

为直观地分析国债期、现货市场间下行风险的 ΔCoVaR 动态变化,将各 ΔCoVaR 的时序变化绘制成图形。图 5-13 和图 5-14 所示的为 5 年期和 10 年期国债期、现货市场间的 ΔCoVaR 动态变化。

如图 5-13 和图 5-14 所示,从整体趋势上来看,5 年期和 10 年期国债期、现货市场间 ΔCoVaR 动态变化有相近之处。2016 年 11 月—2016 年 12 月期间,随着国债到期收益率的快速上涨,国债期、现货市场间的溢出效应和溢出贡献程度快速增加,ΔCoVaR 达到了阶段峰值。之后国债期货对现货的溢出效应波动幅度减缓,而国债现货对期货市场的溢出效应波动幅度较大。在2017年10月国债到期收益率快速上涨阶段,以及2018年4月和2020年1—2月间国债到期收益率快速下跌阶段,国债现货对期货市场的溢出效应均达到了阶段极值。2020年,5年期和10年期国债到期收益率变动较大,同期的国债现货对期货和期货对现货市场的溢出效应波动幅度加大。从波动幅度的对比上看,国债现货对期货市场的溢出效应波动幅度明显大于期货对现货市场。在2016—2020年的动态变化幅度对比上,国债期货对现货市场溢出效应和溢出贡献程度更为稳定,国债现货对期货市场溢出效应和溢出贡献程度受各类因素影响较大,存在较大的波动性。

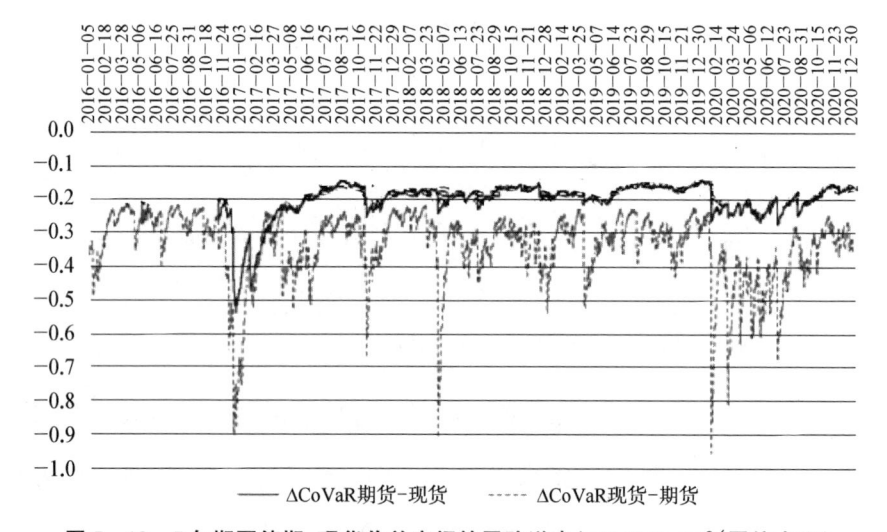

图5-13 5年期国债期、现货收益率间的风险溢出(ΔCoVaR,95%置信水平)

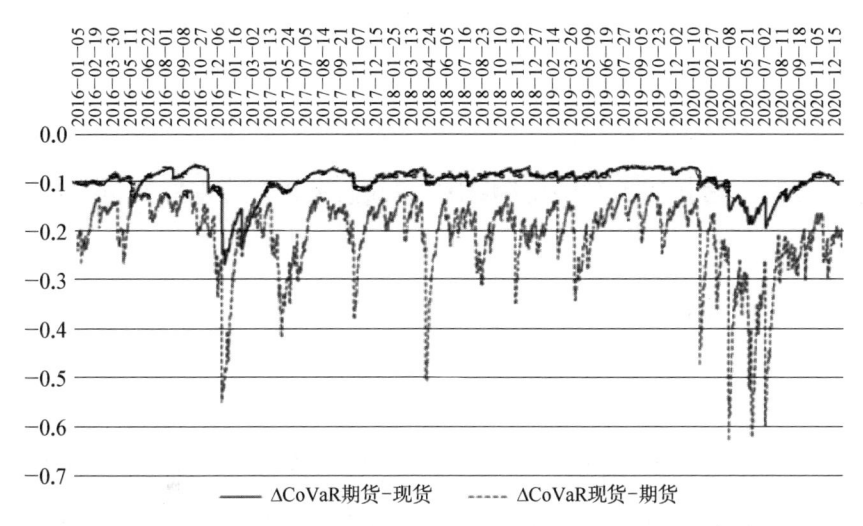

图 5-14 10 年期国债期、现货收益率间的风险溢出（ΔCoVaR,95%置信水平）

综合上述分析,5年期国债期、现货市场间的风险溢出效应大于10年期国债市场。国债期、现货市场间存在非对称风险溢出关系。国债现货市场对期货市场的风险溢出大于期货市场对现货市场的风险溢出。国债现货市场对期货市场的风险溢出会随着市场波动幅度的增强而增强。

第六章

金融市场内部板块间的金融风险传染实证研究

在金融市场中,交易资产依据特定性质或者交易条件等方面的差异被划分为若干板块,板块之间由于资本流动、信息传递、资产替代、产业关联等因素建立了多重联系。现有文献中,有关我国股票市场不同板块间相关性与风险溢出的研究相对较多,本研究仅对我国期货市场和债券市场内部板块间的风险传染问题进行实证检验。

6.1 期货市场板块间的金融风险传染研究

我国内地现有上市交易期货合约包括金融期货和商品期货两大类型。在商品期货中可以初步分为农产品、工业品两类。而农产品和工业品内部又有多种分类方法。本研究以国内期货市场常见的期货板块分类方法,选择三个主要板块进行期货市场板块间的金融风险传染研究。

6.1.1 变量选择与样本数据整理

在商品期货市场的板块分类方面,参考一般产品分类标准,选取农产品、能化产品和金属品三个商品期货板块。在指标变量的选择方面,选择南华能化指数、南华农产品指数和南华金属指数分别代表我国期货市场的农产品板块、能化板块和金属板块。通过同花顺 iFinD 金融终端数据库采集区间为 2018 年 1 月 1 日—2020 年 12 月 31 日的日收盘价格为初始样本。将数据采集后得到的南华农产品指数、南华能化指数和南华金属指数价格序列取对数收益率,并将得到的时间序列分别记作 AI_t、ECI_t 和 MI_t。在进行建模分析前,采用 ADF 检验法对各时间序列的平稳性进行检验。其检验结果如表 6-1 所示。

表 6-1 各指数收益率序列平稳性检验结果

变量	ADF的 t-统计量	检验临界值 1%	检验临界值 5%	检验临界值 10%	P-值*	平稳性
AI_t	−27.178 4	−3.439 1	−2.865 3	−2.568 8	0.000 0	平稳***
ECI_t	−26.025 4	−3.439 1	−2.865 3	−2.568 8	0.000 0	平稳***
MI_t	−27.700 5	−3.439 1	−2.865 3	−2.568 8	0.000 0	平稳***

注:*** 表示在1%的显著性水平下显著。

从表 6-1 中的检验结果可知,我国期货市场的农产品板块、能化板块和金属板块指数收益率序列均为平稳序列,即各序列均是 $I(0)$ 序列,同阶平稳。

采用 Johansen-Juselius 检验方法进行变量的协整检验。其协整检验结果如表 6-2 所示。

表 6-2 Johansen-Juselius 协整检验结果(一)

原假设	特征根	迹统计量	5%临界值	P-值	结果
无协整向量	0.278 4	648.138 3	29.797 1	0.000 1	拒绝***
最多一个协整向量	0.265 9	411.534 7	15.494 7	0.000 1	拒绝***
最多两个协整向量	0.227 8	187.381 4	3.841 5	0.000 0	拒绝***

注:*** 表示在1%的显著性水平下显著。

表 6-2 中的变量协整检验结果表明，AI_t、ECI_t 和 MI_t 变量之间存在协整关系。这说明我国期货市场的农产品板块、能化板块和金属板块的指数收益率之间存在长期均衡关系。

6.1.2 基于 TVP-VAR 的期货市场板块间的金融风险传染研究

1. TVP-VAR 模型参数估计

设定 TVP-VAR 模型的滞后期为 2，MCMC 抽样方法为 Gibbs 抽样，次数为 20 000 次，对模型参数进行估计。表 6-3 所示的 TVP-VAR 模型参数估计中，Geweke 检验结果显示，在 5% 的显著性水平下不能拒绝收敛于后验分布的原假设；所有参数估计的无效因子均较小，无效因子最大值为 120.32，表明 MCMC 抽样可以产生足够多的有效样本。

表 6-3 TVP-VAR 模型估计结果（一）

参数	均值	标准差	95%下限	95%上限	Geweke	无效因子
$(\sum_\beta)_1$	0.021 9	0.002 4	0.017 9	0.027 1	0.640	30.71
$(\sum_\beta)_2$	0.021 6	0.002 2	0.017 6	0.026 4	0.136	30.78
$(\sum_\alpha)_1$	0.069 9	0.014 8	0.045 0	0.102 9	0.928	111.54
$(\sum_\alpha)_2$	0.050 9	0.010 7	0.034 7	0.076 3	0.950	120.32
$(\sum_h)_1$	0.531 7	0.042 0	0.452 5	0.617 8	0.145	61.12
$(\sum_h)_2$	0.459 1	0.039 8	0.384 7	0.542 8	0.725	60.85

图 6-1 所示的 TVP-VAR 模型参数估计结果显示，迭代抽样后的 $\sum_\beta$、$\sum_\alpha$ 和 $\sum_h$ 参数自相关系数迅速衰减，抽样参数之间是相互独立的。综合表 6-3 和图 6-1 所示的 TVP-VAR 模型参数估计结果，可以认定基于 MCMC 抽样的模型估计有效，可以进一步分析。

图 6-1　TVP-VAR 模型的 MCMC 估计结果（一）

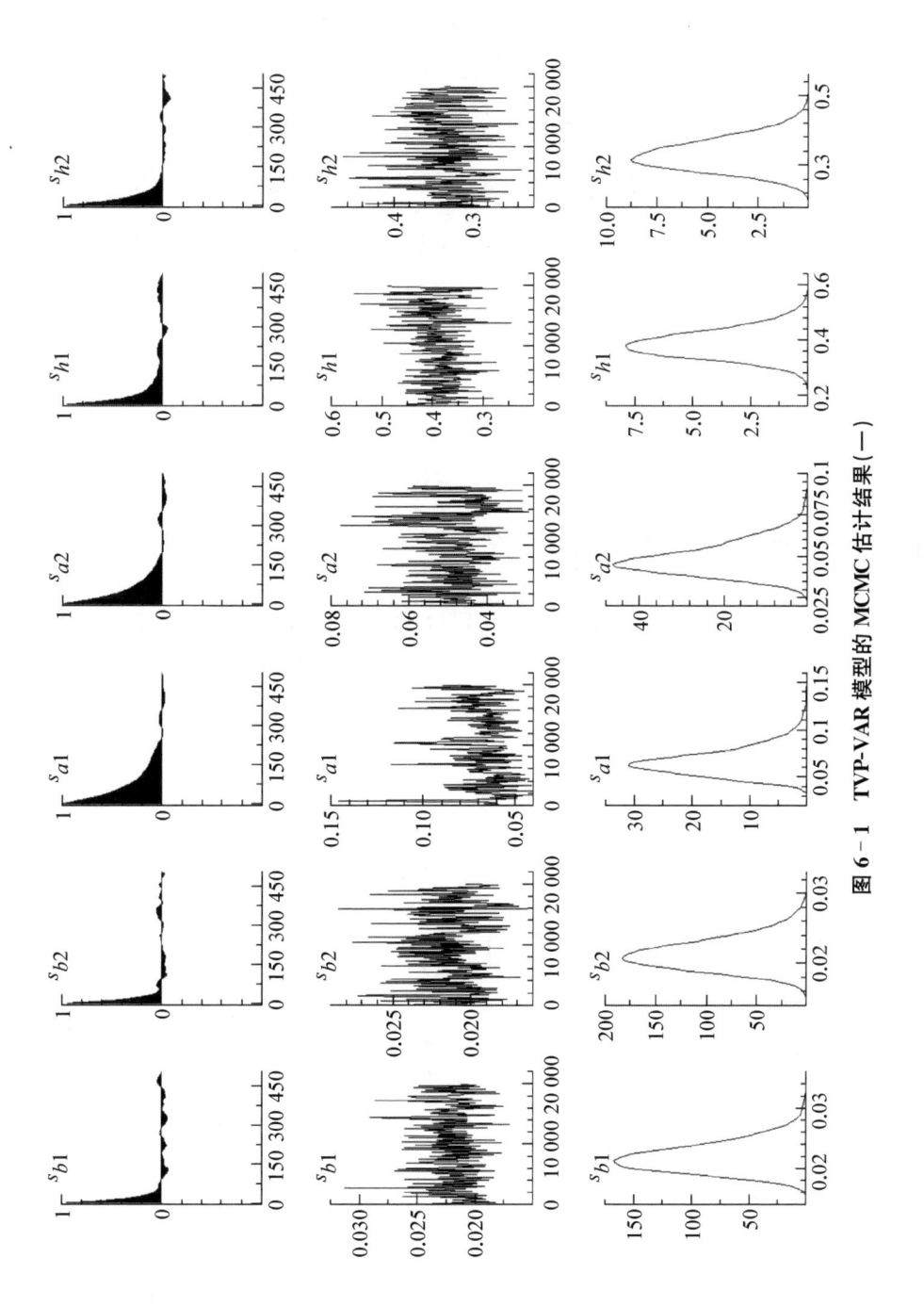

图 6-2 所示为各变量随机波动率的时变特征,变量随机波动率较好地反映了各变量的历史波动。从图 6-2 中可以明显看出,在 2020 年之前,各板块的波动不完全同步,但是整体波动幅度相对较小。而 2020 年后,各板块的波动加剧,同步性加强。这意味着,受疫情冲击影响大宗商品价格波动加剧,同时各商品期货板块的波动风险增大。从波动率的强度上看,能化板块>农产品板块>金属板块。

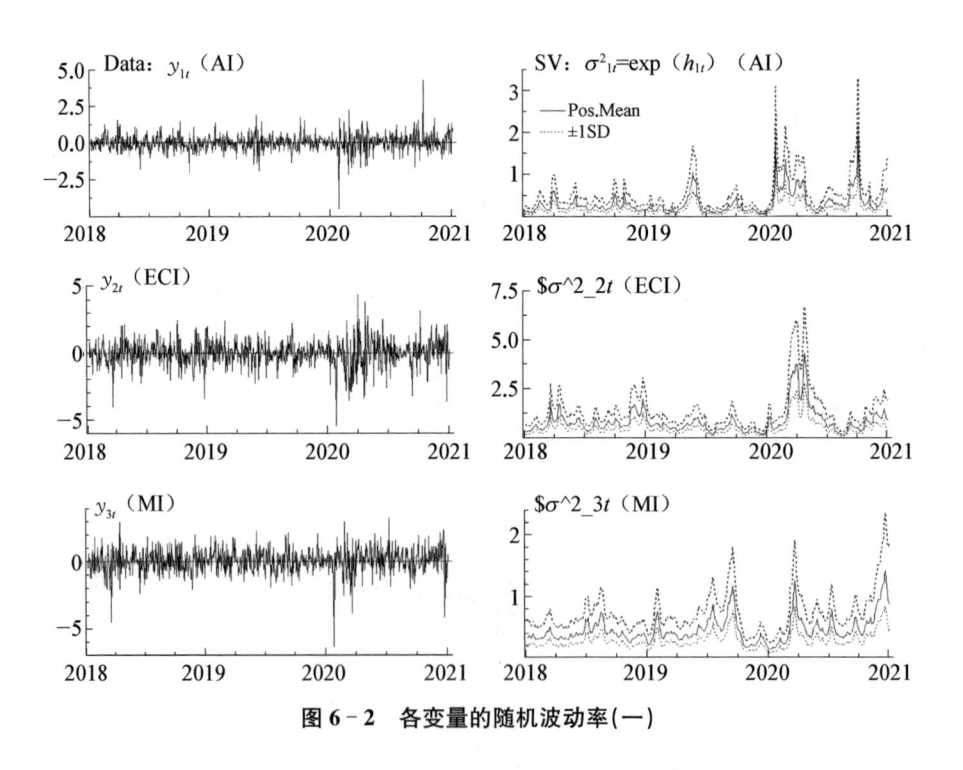

图 6-2　各变量的随机波动率(一)

2. 时变脉冲响应分析

(1) 不同提前期的脉冲响应时变特征分析

考虑到样本采样周期和不同时期脉冲响应的可比性,将滞后期设定为1、3、5期,TVP-VAR模型得到如图6-3所示的动态脉冲响应。在图6-3所示的脉冲响应结果中,实线、长虚线、短虚线分别代表滞后1日、3日、5日的动态脉冲。图示结果显示,三个期货板块的时变特征均显著,也说明TVP-VAR模型有效测度了各变量冲击随时间变动的特征。从冲击效应的时变特征来看,各市场受到短期冲击的脉冲响应效应更为显著。

① 农产品板块与能化板块间的脉冲响应。农产品板块对能化板块波动冲击的响应多数时间为正,并于2020年下半年达到正的最大值。具体而言,2018年年初,农产品板块对能化板块短期波动冲击的响应为正。结合图6-4所示的不同板块变动情况,2018年随着能化板块行情变化而经历了V型深度下探变化。这说明能化板块对农产品板块的冲击效应受到自身市场变化影响较大,并且会迅速将能化板块市场波动传导至农产品市场。2019年至2020年年底,能化板块与农产品板块的整体趋势相似性提高,整个阶段的冲击影响增大。2019年年底至2020年年初,能化板块出现快速下跌变化,同期农产品板块仅小幅波动,能化板块对农产品板块的冲击效应出现明显变化。对于农产品板块的冲击,能化板块的响应半数以上时间为负,且正值波动幅度大于负值波动幅度。农产品板块对能化板块冲击效应的时变特征与能化板块的变动趋势更为接近。在两个板块间的冲击效应强度对比上,能化板块对农产品板块的冲击效应明显大于农产品板块对能化板块的冲击效应。这表明在农产品板块与能化板块间存在风险传染现象,其中,能化板块对农产品板块的风险传染更强。

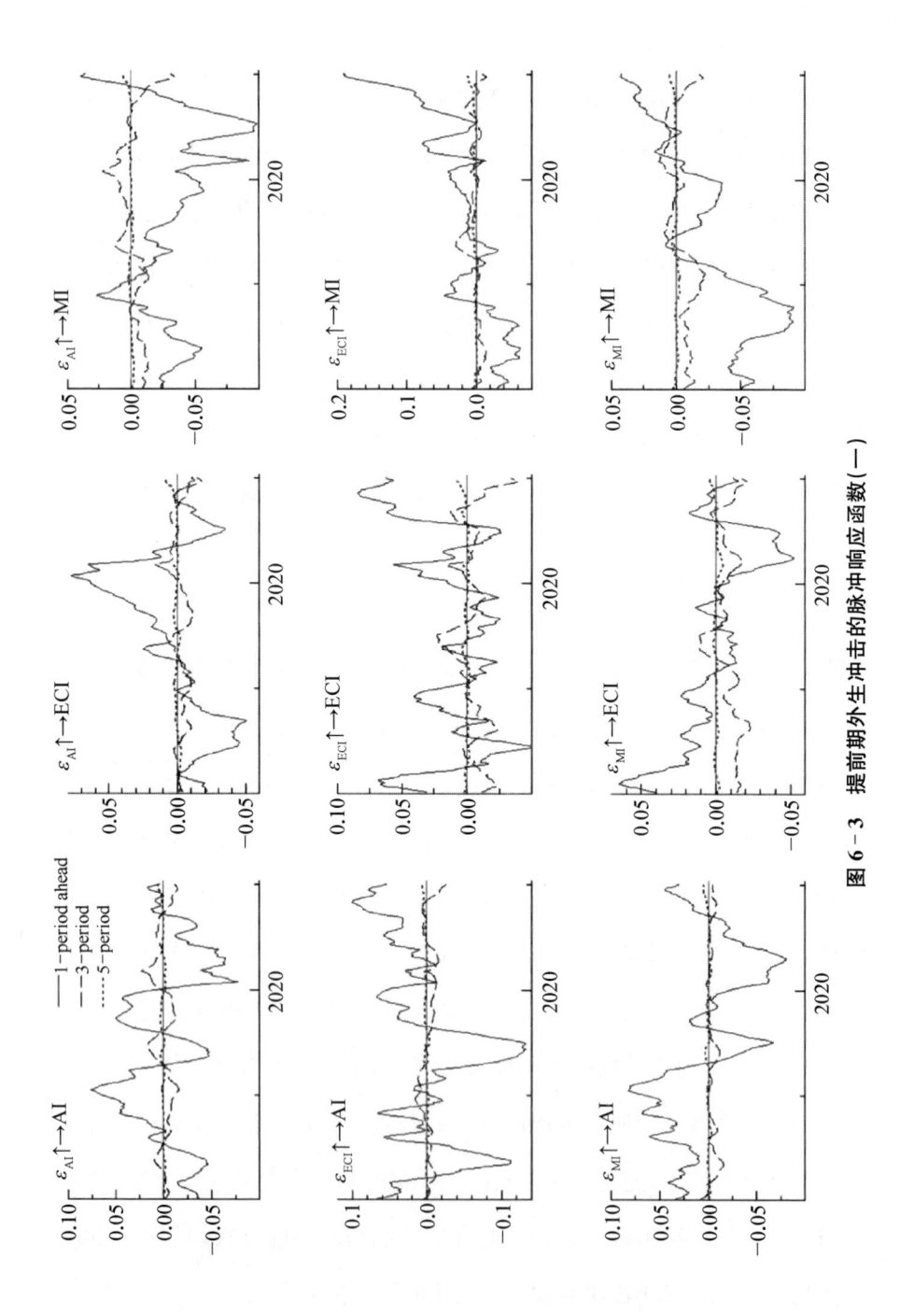

图 6-3 提前期外生冲击的脉冲响应函数（一）

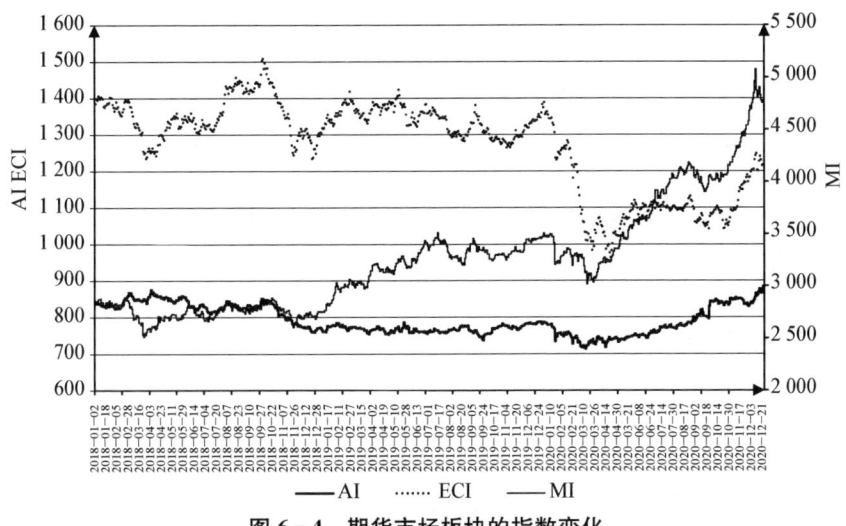

图 6-4 期货市场板块的指数变化

② 农产品板块与金属板块间的脉冲响应。农产品板块对金属板块波动冲击的响应幅度半数以上时间为正。对于农产品板块的冲击，金属板块的响应多数时间为负，且负值波动幅度大于正值波动幅度。在两个板块间的冲击效应强度对比上，金属板块对农产品板块的冲击效应明显大于农产品板块对金属板块的冲击效应。从脉冲响应的时变特征来看，整体冲击效应与两个板块的相对变动趋势具有较高的相似性，与金属板块的变动趋势更为相近。

③ 能化板块与金属板块间的脉冲响应。对于金属板块的冲击，能化板块的响应多数为正。金属板块对能化板块波动冲击的响应多数时间为正。在两个板块间的冲击效应强度对比上，能化板块对金属板块的冲击效应明显大于金属板块对能化板块的冲击效应。随着时间的变化，两个板块间的脉冲响应具有部分反向变化特征。进入 2020 年后，受到疫情、经济环境等影响，两个板块的变动剧烈，板块间的脉冲响应程度加强。这说明能化板块与金属板块间存在动态风险传染，且自能化板块到

金属板块的风险传染更为强烈。风险传染强度变化除了受到能化板块与金属板块相对变动的影响外,还受到外部冲击的影响。

(2) 不同时点的脉冲响应时变特征分析

本文选取三个典型事件,采用时点脉冲响应函数来分析市场之间的动态响应。时点 1 为 2018 年 11 月 27 日,金属板块的上涨起点,之后金属板块指数和能化板块指数出现背离。时点 2 为 2020 年 1 月 8 日,疫情前的高点,之后经历持续 2 个月的下跌行情。其中,南华农产品板块指数下跌了 9%,并出现了单日 2% 以上的涨跌幅;南华金属板块指数下跌了约 12%,并出现了单日 6% 以上的跌幅;南华能化板块指数下跌了 26%,并出现了单日 5% 以上的跌幅。时点 3 为 2020 年 3 月 19 日,为大宗商品价格的阶段低点,之后呈现上涨趋势。其中,南华农产品板块指数上涨了约 22%,同期振幅达到了 25%;南华金属板块指数上涨了约 46%,同期振幅达到了 63%;南华能化板块指数上涨了约 14%,同期振幅则达到了 28%。选择上述三个时点分别代表板块指数背离、行情下行和行情上行的起点,来分析不同行情下的期货板块脉冲响应时变特征。

如图 6-5 中不同时点外生冲击的脉冲响应函数结果所示,各板块在面对不同时点外生冲击时,脉冲响应函数在 6 期内收敛。农产品板块对能化板块和金属板块冲击联动效应存在差异性。在响应速度方面,能化板块和金属板块在受到冲击后第一时间达到了最大响应幅度,说明能化板块和金属板块对农产品板块波动冲击响应迅速。从时点来看,时点 2 和时点 3 的影响明显高于时点 1,说明对于农产品板块波动冲击而言,金属板块和能化板块的背离并不会对其响应结果有明显提升。相比之下,时点 3 的行情转换下,农产品板块对能化板块和金属板块的冲击联动效应更为明显。

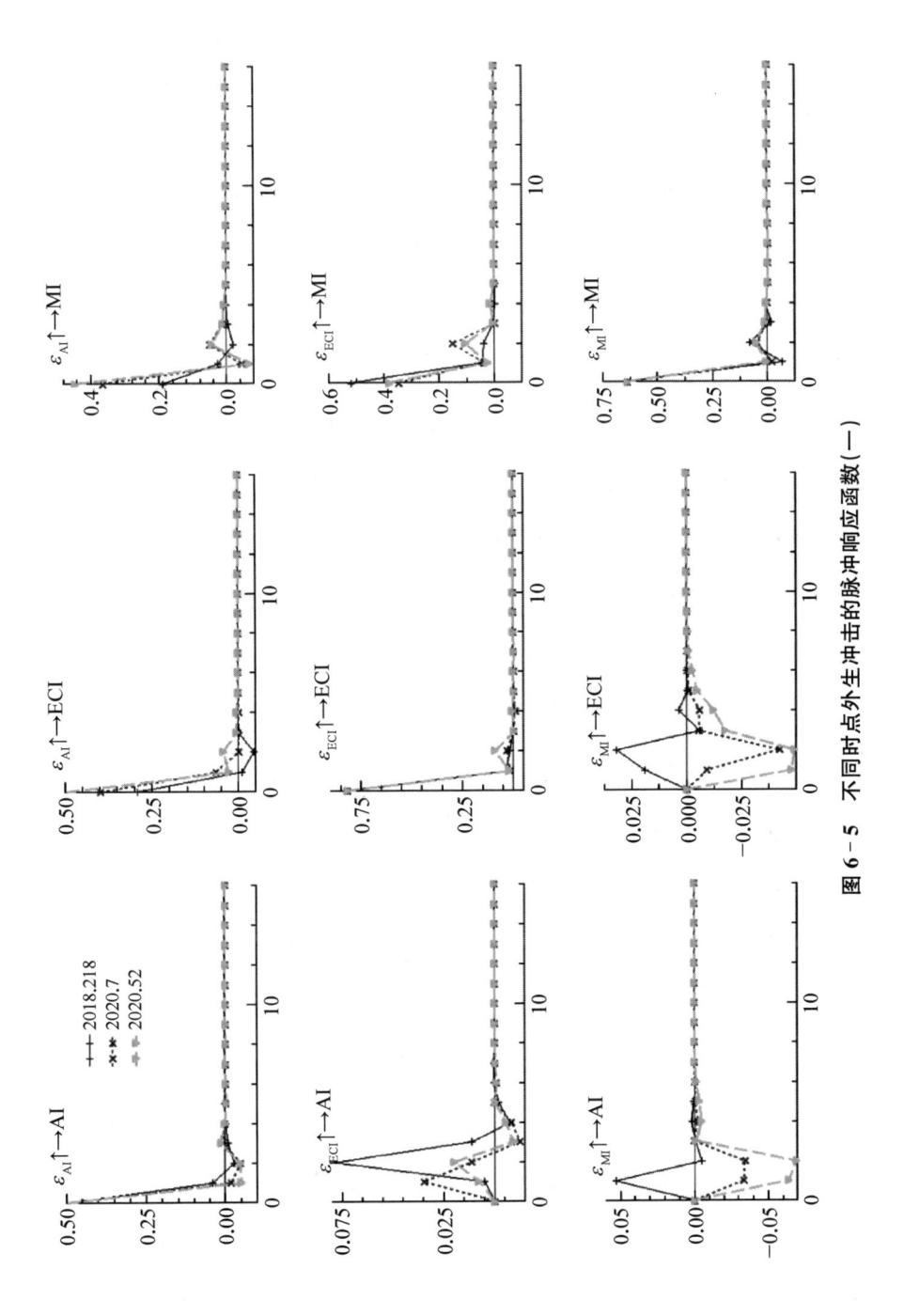

图 6-5 不同时点外生冲击的脉冲响应函数（一）

能化板块对农产品板块和金属板块的冲击联动效应存在差异性。在响应速度方面,金属板块在受到冲击后第一时间达到了最大响应幅度,而农产品板块则在滞后 2 期达到最大响应幅度。从时点来看,时点 1 的影响明显高于时点 2 和时点 3,说明对于能化板块波动冲击而言,金属板块和能化板块的背离对其响应结果没有明显影响。从响应幅度上看,在能化板块冲击下,金属板块的响应程度明显高于农产品板块,并且金属板块的响应幅度为正,而农产品板块的响应幅度出现自正向负的变化。

金属板块对农产品板块和能化板块冲击的联动效应具有相似性。在响应速度方面,在受到金属板块波动冲击后,农产品板块滞后 1 至 2 期达到了最大响应幅度。从时点来看,时点 1 的农产品板块和能化板块对金属板块冲击的响应均为正向。其中,农产品板块在滞后 1 期达到最大幅度,而能化板块则在滞后 2 期达到最大幅度。时点 2 和时点 3 的农产品板块和能化板块对金属板块波动冲击的响应为负向。时点 3 的响应幅度大于时点 2。时点 3 的大宗商品行情转换下农产品板块和能化板块对金属板块波动冲击的联动效应更为显著。

在板块间相互影响程度方面,能化板块对农产品板块冲击的响应程度大于农产品板块对能化板块冲击的响应,并且两个板块之间的时点脉冲响应结果存在明显差异。能化板块受到农产品板块时点冲击后,响应程度由大到小为时点 3＞时点 2＞时点 1。而农产品板块受到能化板块时点冲击后,响应程度由大到小为时点 1＞时点 2＞时点 3。金属板块对农产品板块冲击的响应程度大于农产品板块对金属板块冲击的响应。从响应效果来看,金属板块对农产品板块冲击的响应均为正向,而农产品板块对金属板块冲击的响应在时点 1 为正向,在时点 2 和时点 3 为负向。即在2020年两次行情转换的情况下，农产品板块和金属板块之间的冲击响应呈现反方向。从最大响应程度来看，农产品板块和金属板块之间冲击响应的最大波幅均出现在时点3。金属板块对能化板块冲击的响应程度大于能化板块对金属板块冲击的响应。从响应效果来看，金属板块对能化板块冲击的响应均为正向，而能化板块对金属板块冲击的响应在时点1为正向，在时点2和时点3为负向。从最大响应程度来看，能化板块和金属板块之间冲击响应的最大波幅均出现在时点3。

6.1.3 期货市场板块间的金融风险传染研究结论

上述基于南华能化指数、南华农产品指数和南华金属指数的数据，运用TVP-VAR模型对我国期货市场农产品、能化、金属板块间的风险传染进行了实证分析。综合相关分析结果，可以得到如下基本结论：

首先，我国商品期货市场中，农产品板块、能化板块、金属板块之间存在跨市场风险传染。短期冲击引起的板块间跨市场风险传染更为显著。滞后5个交易日的脉冲响应幅度明显降低，风险传染程度相对较小。因此，在分析商品期货市场板块间的风险传染时应更加关注短期波动风险。

其次，在脉冲响应时变特征方面，农产品板块、能化板块、金属板块之间跨市场风险传染的脉冲响应幅度和方向存在明显差异。能化板块对农产品板块和金属板块的冲击效应更为强烈。即从能化板块到农产品板块、金属板块的风险传染更加明显。能化板块对农产品板块的冲击效应明显高于对金属板块的冲击效应。即农产品板块受到来自能化板块的风险传染强度大于来自金属板块的风险传染。能化板块对金属板块的冲击效应明显强于农产品板块对金属板块的冲击效应，且存在数量级的差异。即金属板块受到来自能化板块的风险传染强度大于来自农产品板块的风险传染。综合三个板块间风险传染的响应程度可知,能化板块对金属板块和农产品板块的风险传染最强,金属板块对农产品的风险传染次之,农产品板块对其他板块的风险传染较弱。

最后,在时点影响方面,能化板块冲击对农产品板块的风险传染受时点影响最大,金属板块冲击对农产品板块、能化板块的风险传染受时点影响次之,农产品板块冲击对能化板块、金属板块的风险传染受时点影响最小。

综合上述,我国商品期货市场的不同板块间存在风险传染。不同板块之间的风险传染强度存在差异,并且具有明显的时变特征。板块间的风险传染受到市场行情以及市场外部冲击的影响。相比于板块趋势背离影响,短期期货市场异常波动冲击引起的极值风险在跨期货板块风险传染方面表现得更为强烈。因此,在商品期货市场跨板块风险传染方面,要关注市场内外部冲击引起的短期异常波动,防范极值风险的快速跨板块传染。

6.2 债券市场不同板块间的金融风险传染研究

债券市场是我国债权类金融工具的重要交易市场,也是我国金融市场的重要组成部分。我国债券市场主要由全国银行间债券市场、上海证券交易所、深圳证券交易所和柜台交易构成。交易的债权工具种类包括国债、政策性银行债券、商业银行债券、中期票据、短期融资券、企业债、公司债、同业存单等多种类型。在实践中,往往从交易场所、发行主体、融资期限、风险等不同角度将债券市场划分为不同的板块。根据交易场所的不同,债券市场可以分为交易所上市债券和非上市债券;根据风险的差异,债券市场可以划分为利率债和信用债两大类;根据融资期限的不同,债券市场可以划分为短期、中期和长期三大类。在债券市场不同板块间的风险传染分析中,考虑到债券市场不同板块之间的关联性和板块的代表性,选取国债不同期限和典型债权工具两个角度,分别进行国债市场不同期限板块间、不同债权工具板块间的跨市场风险传染分析。

6.2.1 国债市场不同期限板块间的金融风险传染研究

国债利率是金融市场中非常重要的基础利率,不同期限国债利率形成的利率期限结构是金融资产定价的重要基础变量。我国有多种期限的国债交易产品,不同期限的国债价格反映了市场不同期限利率的参考利率。在不同期限利率之间的关系方面,利率期限结构预期理论将不同期限债券视作相互可替代品,认为长期债券利率等于其到期期限内的短期债券利率预期的平均值。而利率期限结构流动性偏好理论考虑了预期和流动性风险溢价因素,认为长期债券利率与其到期期限内的短期债券利率预期的均值、流动性溢价有关。在利率期限结构研究方面,John Y. Campbell 和 Robert J. Shiller(1987[311],1991[312]),Mark P. Taylor(1992)[313],Tom Engsted 和 Carsten Tanggaard(1994)[314]在理论研究的基础上对美国和英国的数据进行了检验。在中国市场利率期限结构研究方面,一些学者也对长期利率与短期利率之间的关系进行了研究,但是对长、短期利率相关性和预期理论是否成立的观点并不一致。唐齐鸣和高翔(2002)[315],吴丹和谢赤(2005)[316],杨东亮和赵振全(2011)[317],

卢倩倩和许坤(2019)[318]研究认为,我国长期利率与短期利率之间存在协整关系,利率期限结构预期理论成立。朱世武和陈健恒(2004)[319],史敏、汪寿阳、徐山鹰和陶铄(2005)[320],张雪莹、陆红和汪冰(2010)[321]则研究认为,我国长期利率与短期利率之间利率期限结构预期理论不成立。有学者针对国内外长期利率与短期利率关系检验结果不一致的问题,采用不同方法进行了分析。徐剑刚和唐国兴(2003)研究认为,短期利率和长期利率有隐藏协整关系[322]。韩国文和邓颖婷(2016)则认为,突变效应是无法检验出存在长期协整关系的原因,并发现我国长期利率与短期利率之间存在多结构变点协整关系,同时提出在2002年1月至2014年12月期间,我国利率期限结构总共发生了四次结构变点[323]。周学东等(2015)采用DCC-GARCH模型分析了我国短期国债利率之间的动态相关性,认为虽然不同期限国债利率的联动性较低,但联动关系较为稳定[324]。因此,考虑到国债利率对市场化利率的影响,以及国债利率期限结构在金融市场中的重要作用,运用时变模型来分析国债市场不同期限板块间的金融风险传染。

1. 变量选择与样本数据整理

目前我国有多个期限国债上市交易。本研究在关键期限国债中,分别选取1年期、5年期和10年期国债作为短期、中期、长期国债市场的代表。选取中央国债登记结算有限责任公司中债估值中心发布的中债国债到期收益率(1年)、中债国债到期收益率(5年)、中债国债到期收益率(10年)作为三个期限国债利率的表征指标。样本采集区间为2016年1月1日—2020年12月31日。所有样本数据均来自中债估值中心发布的日数据。将数据采集后得到的1年期、5年期和10年期国债收益率取如下形式的对数收益率：

$$R_t = (\ln p_t - \ln p_{t-1}) \times 100 \qquad 式(6-1)$$

将得到的时间序列分别记作 $YM1_t$、$YM5_t$ 和 $YM10_t$。在进行建模分析前，采用 ADF 检验法对各时间序列的平稳性进行检验。其检验结果如表6-4所示。

表6-4 国债利率收益率序列平稳性检验结果

变 量	ADF的 t-统计量	检验临界值 1%	检验临界值 5%	检验临界值 10%	P-值*	平稳性
$YM1_t$	−25.899 6	−3.435 4	−2.863 6	−2.567 9	0.000 0	平稳***
$YM5_t$	−12.638 2	−3.435 4	−2.863 7	−2.567 9	0.000 0	平稳***
$YM10_t$	−31.223 1	−3.435 4	−2.863 6	−2.567 9	0.000 0	平稳***

注：*** 表示在1%的显著性水平下显著。

从检验结果可知，我国1年期、5年期和10年期国债利率收益率序列均为平稳序列，即各序列均是 $I(0)$ 序列，同阶平稳。

2. 基于 TVP-VAR 模型的国债市场不同期限板块间的金融风险传染研究

(1) TVP-VAR 模型参数估计

设定 TVP-VAR 模型的滞后期为2，MCMC 抽样方法为 Gibbs 抽样，次数为20 000次，对模型参数进行估计。表6-5所示的 TVP-VAR 模型参数估计中，Geweke 检验结果显示，在5%的显著性水平下不能拒绝收敛于后验分布的原假设；所有参数估计的无效因子均较小，无效因子最大值为101.49，在20 000次抽样情况下 MCMC 抽样可以产生足够多的有效样本。

表 6-5　TVP-VAR 模型估计结果(二)

参　数	均　值	标准差	95%下限	95%上限	Geweke	无效因子
$(\sum_\beta)_1$	0.021 4	0.002 1	0.017 5	0.025 7	0.348	50.54
$(\sum_\beta)_2$	0.021 6	0.002 2	0.017 8	0.026 5	0.296	57.23
$(\sum_\alpha)_1$	0.039 2	0.006 1	0.029 5	0.053 6	0.633	101.49
$(\sum_\alpha)_2$	0.034 5	0.004 7	0.026 2	0.045 2	0.850	83.13
$(\sum_h)_1$	0.626 6	0.052 5	0.528 8	0.732 3	0.073	43.67
$(\sum_h)_2$	0.370 3	0.038 6	0.299 1	0.452 3	0.078	66.82

图 6-6 所示的 TVP-VAR 模型参数估计结果显示，迭代抽样后的 $\sum_\beta$、$\sum_\alpha$ 和 $\sum_h$ 参数自相关系数迅速衰减，抽样参数之间是相互独立的。综合表 6-5 和图 6-6 所示的 TVP-VAR 模型参数估计结果，可以认定基于 MCMC 抽样的模型估计有效，可以进一步分析。

图 6-7 所示为各变量随机波动率的时变特征，变量随机波动率较好地反映了各变量的历史波动。其中，1 年期国债利率收益率波动最剧烈，10 年期国债利率收益率波动最小。2020 年 1 月—2020 年 7 月，国债利率收益率经历了急剧下跌然后快速回升的过程。2020 年上半年，各期限国债利率收益率变动加剧，并且达到了阶段最大波幅。2016 年年底至 2017 年年初，国债利率收益率经历了快速冲高然后回落的过程。与此同时，各期国债利率收益率也经历了快速变化的过程。在波动率强度方面，1 年期期国债＞5 年期国债＞10 年期国债。

图 6-6 TVP-VAR 模型的 MCMC 估计结果（二）

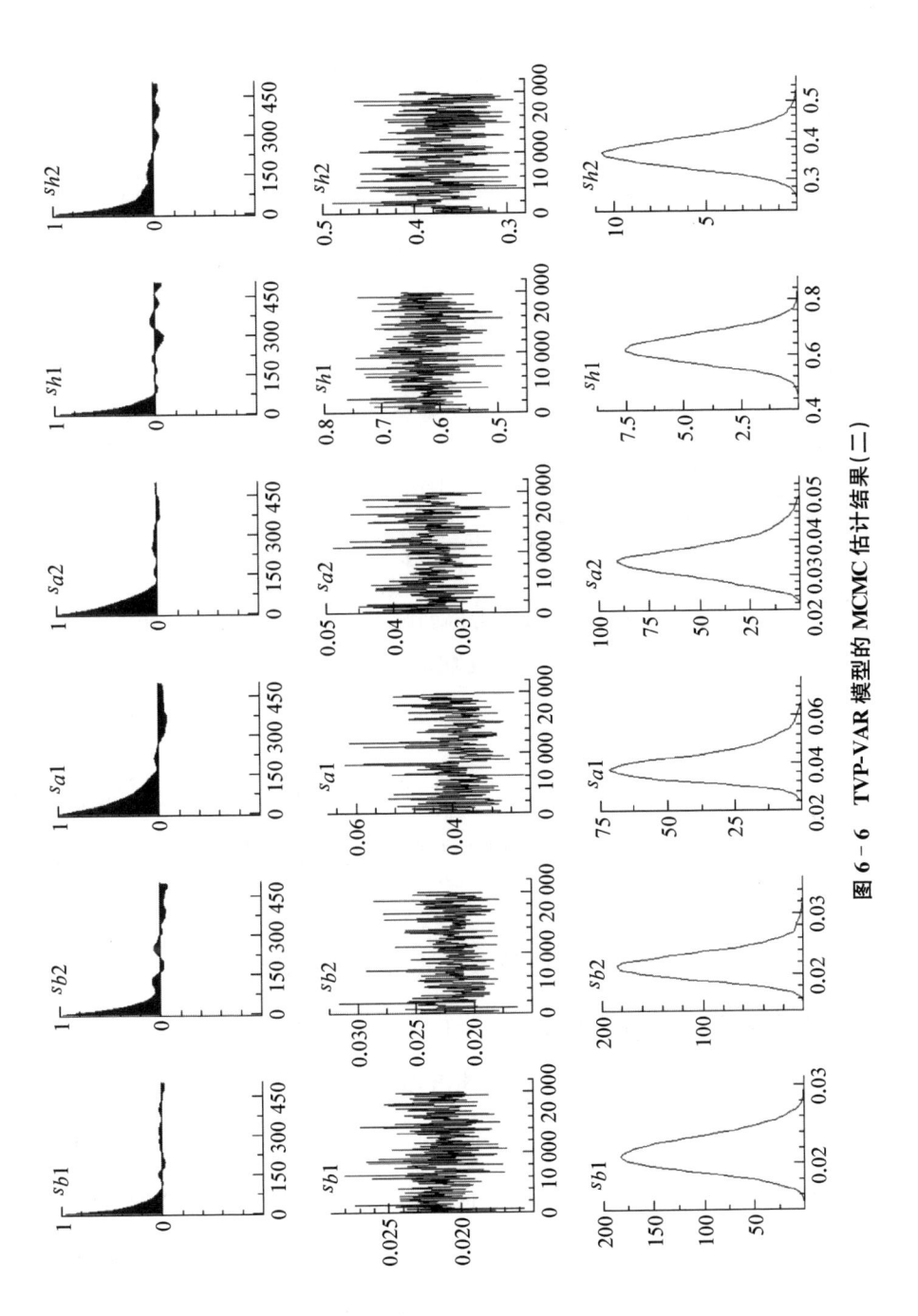

图 6-7 各变量的随机波动率(二)

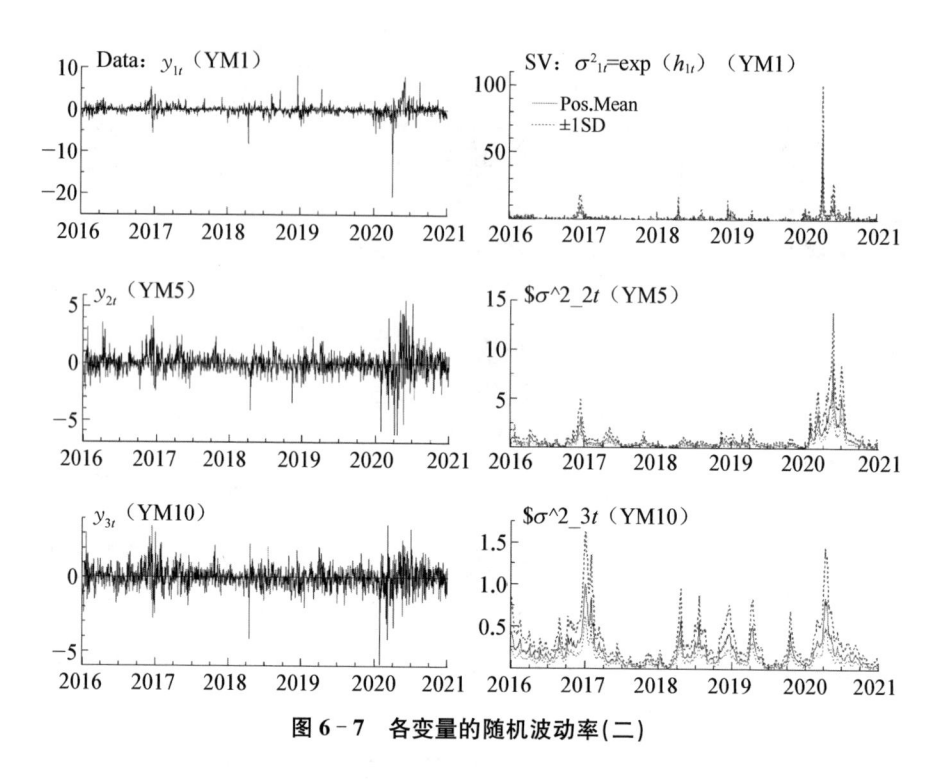

(2) 不同提前期的脉冲响应时变特征分析

考虑到样本采样周期和不同时期脉冲响应的可比性,将滞后期设定为1、3、5期,TVP-VAR模型得到如图6-8所示的动态脉冲响应。如果模型不具有时变特征,则不同时点脉冲响应函数曲线重合。如图6-8所示,脉冲响应结果中的实线、长虚线、短虚线分别代表滞后1日、3日、5日的动态脉冲。图示结果显示,三个市场的时变特征均显著,也说明TVP-VAR模型有效测度了各变量冲击随时间变动的特征。从冲击效应的时变特征来看,各市场受到短期冲击的脉冲响应效应更为显著。各期限国债利率收益率在面对其他期限国债利率收益率短期冲击时脉冲响应效应为正。在响应幅度上,1年期国债对5年期国债短期波动冲击的响应幅度最大;10年期国债对1年期国债短期波动冲击的响应幅度最小。

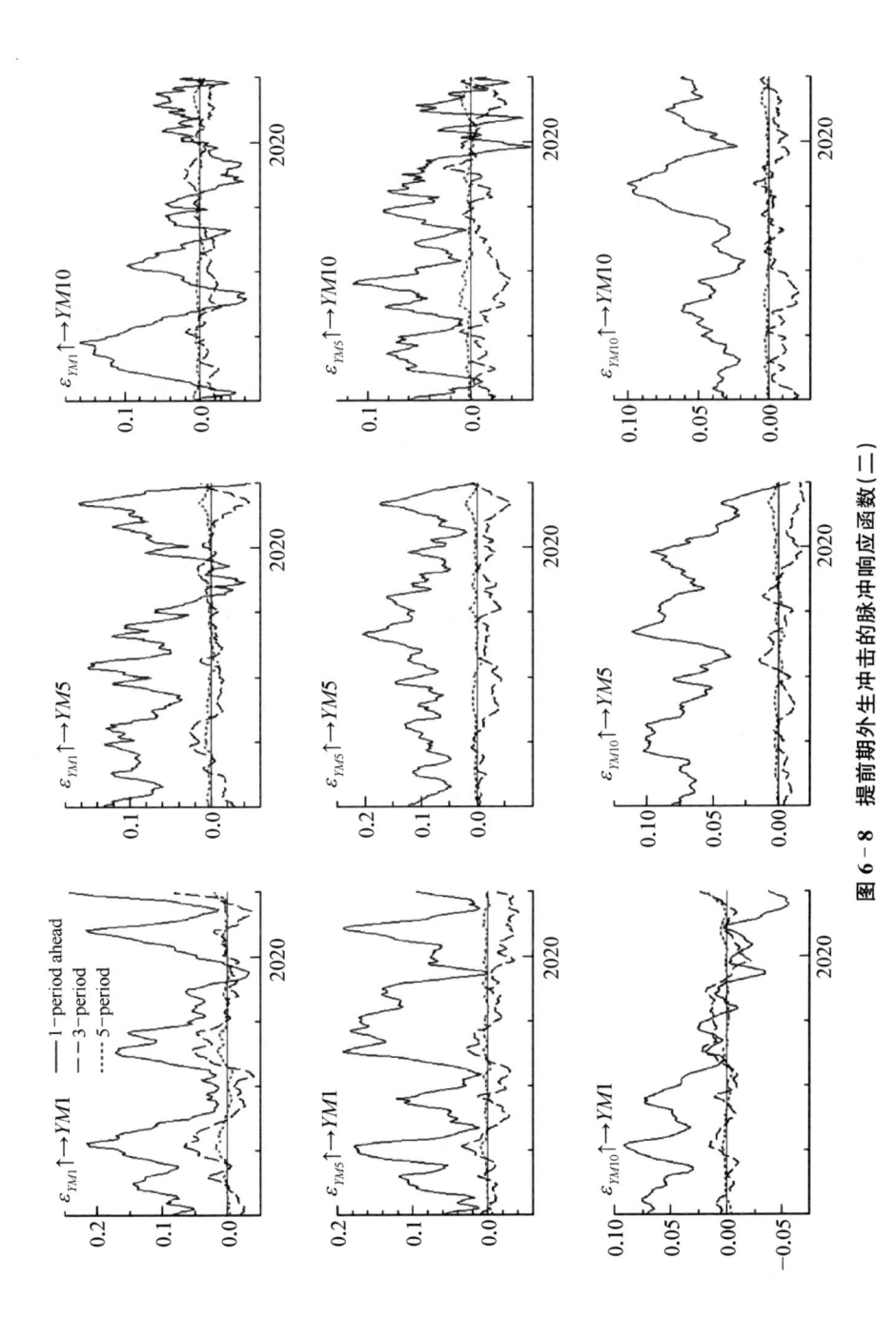

图6-8 提前期外生冲击的脉冲响应函数（二）

① 1 年期国债收益率冲击效应。从 1 年期国债冲击对 5 年期国债 ($\varepsilon_{YM1} \uparrow \to YM5$) 和 10 年期国债 ($\varepsilon_{YM1} \uparrow \to YM10$) 的影响来看,在受到 1 年期国债的波动冲击时,5 年期国债和 10 年期国债对短期波动冲击的响应最为显著,说明 1 年期国债波动冲击能够在短时间内传导至 5 年期国债和 10 年期国债。

5 年期国债对 1 年期国债波动冲击的响应绝大多数时间为正。具体而言,2016 年年初,5 年期国债对 1 年期国债波动冲击的响应为正,之后呈现小幅波动趋势。如图 6-9 和图 6-10 所示,国债利率和利差的变化为,2017 年,随着国债利率整体上升,5 年期国债与 1 年期国债的利差缩小,并且出现了负值,之后利差回升,同期 5 年期国债对 1 年期国债波动冲击的响应出现 V 型下探变化;2018 年上半年,5 年期国债对 1 年期国债波动冲击的响应达到阶段高点,之后呈现波动下行趋势,并于 2019 年达到下行趋势的低点;之后,2019 年年中至 2020 年第三季度呈现波动上涨趋势,并在 2020 年第三季度达到了自 2016 年以来的最大幅度,之后出现急速下降趋势,并于当年年底跌至负值。

10 年期国债对 1 年期国债波动冲击的响应多数时间为正。2016 年年初,10 年期国债对 1 年期国债波动冲击的响应为正,之后经历小幅度 V 型下探后迅速上升,并在 2016 年年底达到了分析区间的最大幅度。之后,随着国债利率整体上升,响应幅度快速下行。随着 10 年期国债与 1 年期国债间的利差缩小,幅度快速下行并出现了负值。2017 年年中,10 年期国债与 1 年期国债间的利差出现负值,同期 10 年期国债对 1 年期国债波动冲击的响应达到阶段低点。之后利差回升,10 年期国债对 1

年期国债波动冲击的响应出现冲高回落的变化。进入 2019 年后，10 年期国债对 1 年期国债波动冲击的响应变化幅度减小。

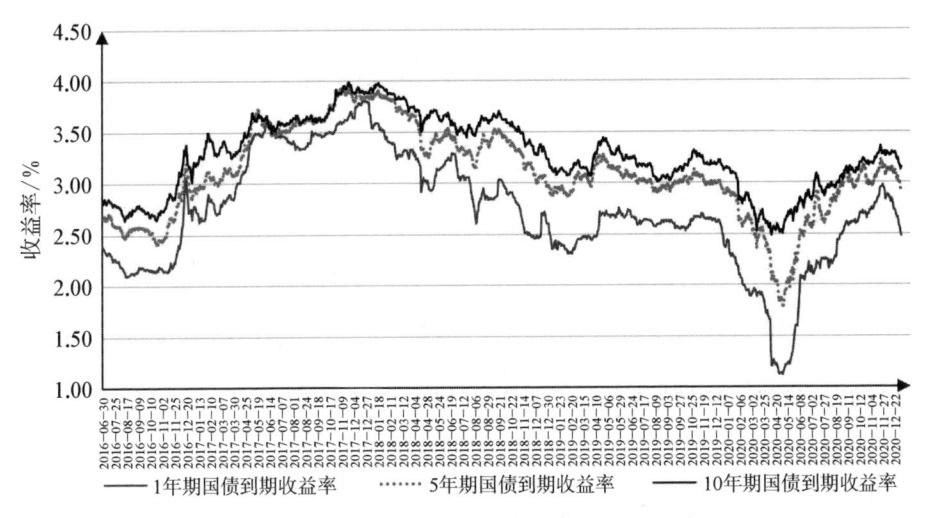

图 6-9 不同期限国债利率的变化

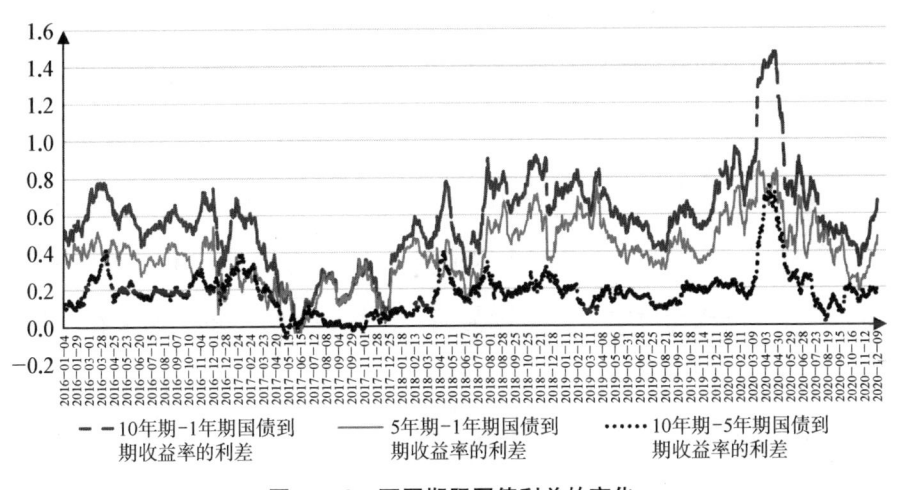

图 6-10 不同期限国债利差的变化

② 5 年期国债收益率冲击效应。从 5 年期国债冲击对 1 年期国债 ($\varepsilon_{YM5} \uparrow \rightarrow YM1$) 和 10 年期国债 ($\varepsilon_{YM5} \uparrow \rightarrow YM10$) 的影响来看，在受到 5 年期国债的波动冲击时，1 年期国债和 10 年期国债对短期波动冲击的

响应最为显著。其中,1年期国债的响应幅度明显大于10年期国债。这说明5年期国债波动冲击能够在短时间内传导至1年期国债和10年期国债,对1年期国债的影响更为强烈。

1年期国债对5年期国债波动冲击的响应为正。在整体变化趋势相似性方面,1年期国债对5年期国债波动冲击响应的波动趋势与利差变动的相似性更高;1年期国债对5年期国债波动冲击响应的波动趋势与利率变动的相似性较弱,并且在大幅波动阶段出现反向变化的情况。特别是进入2020年后,1年期国债对5年期国债波动冲击响应的波动趋势与同期两者之间利率的利差变化趋势近似,而与利率的变化趋势相反。

10年期国债对5年期国债波动冲击的响应多数时间为正。在整体变化趋势方面,10年期国债对5年期国债波动冲击的响应在2016年年初为正,之后经历小幅下探负值后回升,直至2019年下半年均在正向波动。2019年下半年至2020年年底,10年期国债对5年期国债波动冲击的响应经历了三轮下探反弹变化,并且下探幅度较大,且均下探至负值。

③ 10年期国债收益率冲击效应。从10年期国债冲击对1年期国债($\varepsilon_{YM10} \uparrow \to YM1$)和5年期国债($\varepsilon_{YM10} \uparrow \to YM5$)的影响来看,在受到10年期国债的波动冲击时,1年期国债和10年期国债对短期波动冲击的响应最为显著。其中,1年期国债的响应幅度明显大于5年期国债。这说明10年期国债波动冲击能够在短时间内传导至1年期国债和5年期国债,对1年期国债的影响更为强烈。

1年期国债对10年期国债波动冲击的响应多数时间为正。在整体变化趋势相似性方面,1年期国债对5年期国债波动冲击响应的波动趋势与利差变动的相似性更高；1年期国债对5年期国债波动冲击响应的波动趋势与国债利率变动的相似性较弱，并且在大幅波动阶段出现反向变化的情况。特别是进入2020年后，1年期国债对5年期国债波动冲击响应的波动趋势与同期两者之间国债利率的利差变化趋势近似，而与到期收益率的变化趋势相反。

5年期国债对10年期国债波动冲击的响应多数时间为正，仅2020年年底出现短期的负值。在整体变化趋势方面，2016年年底出现了小幅上涨趋势。2017年响应幅度出现波动下行趋势，在2018年达到阶段低点后上涨，于当年达到阶段高点。2018年至2019年经历了下冲回调的变化，进入2020年后响应幅度持续下降，并在2020年年底出现负向。

(3) 不同时点的脉冲响应时变特征分析

本文选取三个典型事件，采用时点脉冲响应函数来分析市场之间的动态响应。时点1为2016年11月24日，之后国债利率进入快速上涨通道，不同期限国债利率的利差缩小。时点2为2017年6月16日，该阶段出现1年期国债利率大于5年期国债利率和10年期国债利率，中、长期国债到期收益率与1年期国债到期收益率的负利差，即短期国债利率大于中长期国债利率的现象。时点3为2020年4月29日，国债利率经历了自2017年年底以来的长时间下降，达到了极值点，短期、中期和长期国债到期收益率的利差扩大。

图6-11中的不同时点外生冲击的脉冲响应函数结果显示，1年期国债对5年期国债、10年期国债的冲击联动效应具有相似性。从响应速度来看，无论是5年期国债还是10年期国债，均在第一时间达到了最大

响应幅度,说明5年期国债和10年期国债对1年期国债波动冲击的响应迅速。从时点来看,时2的冲击响应程度明显高于另外两个时点。这说明在出现中、长期国债到期收益率对短期国债到期收益率的负利差,引起利率期限结构背离的情况下,短期国债收益率对中、长期国债的冲击效应更为显著。时点3的冲击响应整体趋势与时点2相类似,说明在利差变大的情况下,短期国债对中、长期国债的冲击效应也较为明显。时点1响应远低于另外两个时点,但是仍旧显著。这表明随着金融改革的不断深化,以及利率市场的不断完善,短期国债到期收益率与中、长期国债到期收益率的关联性增强,冲击效应更加明显。

5年期国债对1年期国债、10年期国债冲击联动效应的时点差异明显,对不同期限国债的冲击联动效应具有差异性。1年期国债对5年期国债冲击的响应在滞后1期达到最高值,之后下跌,然后逐步恢复平稳。10年期国债对5年期国债的冲击响应在第一时间达到最高值,说明10年期国债对5年期国债市场冲击的响应更为迅速。1年期国债对5年期国债的冲击响应在时点1和时点3更为强烈,均在滞后1期到达正向最大幅度。之后,时点1的响应幅度快速回落,整个过程的响应幅度均为正向。而时点3则在滞后2期达到负向最大幅度,之后迅速趋稳。时点2与时点3冲击响应的整体趋势类似,但是响应的幅度明显小于时点3。10年期国债对5年期国债的冲击响应在当期达到最高值,之后下跌至负值,然后逐步恢复平稳。10年期国债对5年期国债的冲击响应在第一时间达到最高值,说明10年期国债对5年期国债市场冲击的响应更为迅速。10年期国债对5年期国债的冲击响应在时点1和时点2更为强烈。

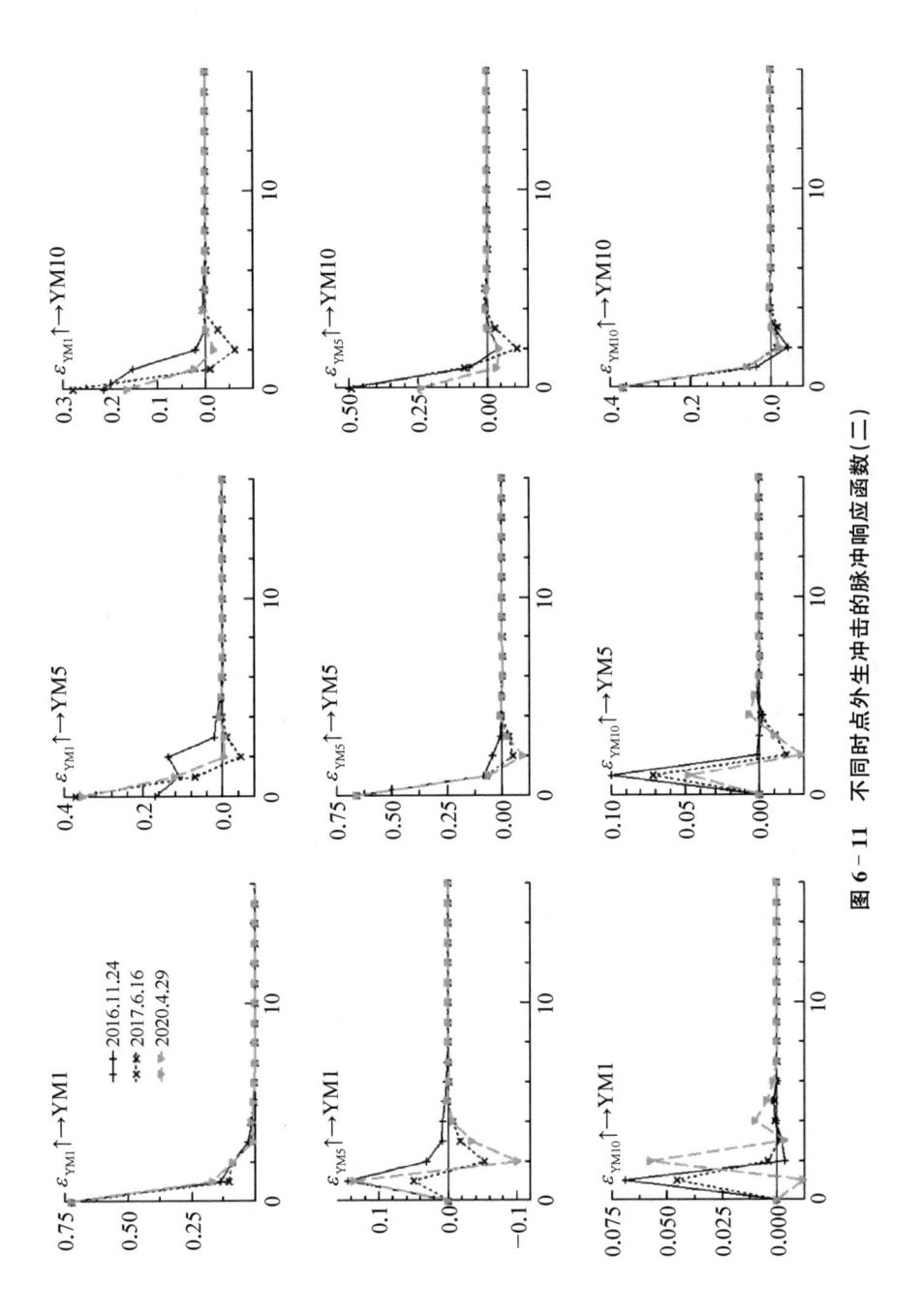

图 6-11 不同时点外生冲击的脉冲响应函数（二）

10年期国债对1年期国债、5年期国债的冲击联动效应具有差异性。10年期国债对1年期国债的冲击响应具有明显的时点差异。10年期国债对1年期国债的冲击效应在时点1和时点3为第一时间达到正向极值,然后逐步恢复平稳。在时点2,10年期国债对1年期国债的冲击效应为第一时间达到负向极值,然后迅速在滞后1期达到正向极值。10年期国债对5年期国债市场的冲击效应仅具有幅度差异,时点差异不明显。对比10年期国债对1年期国债、5年期国债冲击联动效应的大小发现,10年期国债对5年期国债的冲击效应大于对1年期国债的,即长期国债冲击对中期国债的影响大于对短期国债的影响。

3. 国债市场不同期限板块间的金融风险传染研究结论

基于中央国债登记结算有限责任公司中债估值中心发布的中债国债到期收益率(1年)、中债国债到期收益率(5年)和中债国债到期收益率(10年)数据,运用TVP-VAR模型对我国短期、中期和长期国债市场间的金融风险传染进行实证分析。综合相关分析结果,可以得到如下基本结论:

首先,以中债国债到期收益率(1年)、中债国债到期收益率(5年)和中债国债到期收益率(10年)为表征的我国1年期国债、5年期国债和10年期国债市场之间存在跨市场风险传染。短期冲击引起的国债市场不同期限板块间的跨市场金融风险传染更为显著。

其次,在不同期限国债市场间的冲击影响程度差异方面,1年期国债对5年期国债短期波动冲击的响应程度最高,10年期国债对1年期国债短期波动冲击的响应程度最低。

再次,在时点影响方面,5年期国债与10年期国债之间的相互冲击效应受时点影响较小。1 年期国债与 10 年期国债之间的相互冲击效应受时点影响较大。

最后,在脉冲响应时变特征方面,1 年期国债、5 年期国债和 10 年期国债之间存在跨市场风险传染的影响幅度和方向差异。1 年期国债对 5 年期国债的冲击效应明显低于 5 年期国债对 1 年期国债的冲击效应。即从 5 年期国债到 1 年期国债的风险传染强度大于从 1 年期国债到 5 年期国债的风险传染强度。1 年期国债对 10 年期国债的冲击效应与 10 年期国债对 1 年期国债的冲击效应存在较为明显的不同,且 1 年期国债对 10 年期国债的冲击效应更为明显。即从 1 年期国债到 10 年期国债的风险传染更为明显。5 年期国债对 10 年期国债的冲击效应略大于 10 年期国债对 5 年期国债的冲击效应。即从 5 年期国债到 10 年期国债的风险传染强度大于从 5 年期国债到 10 年期国债的风险传染强度。

综合上述,我国国债市场不同期限板块之间存在跨市场风险传染。不同期限板块之间的金融风险传染强度具有差异性,并且具有明显的时变特征。国债市场不同期限板块间的风险传染受到国债到期收益率利差和到期收益率变动的共同影响。

6.2.2 不同债权工具间的金融风险传染研究

我国金融市场中交易的债权工具除了国债、企业债、公司债等债券外,还有同业拆借等融资工具。其中,同业拆借市场利率反映了金融市场中短期资金的供求关系,是金融市场中重要的基础利率之一。债券市场通常分为利率债和信用债两大类,因此,选择国债为利率债的代表、企业债为信用债的代表。考虑到短期资金供求变化对利率债和信用债市场的影响,将同业拆借引入不同债权工具市场间的金融风险传染研究。

1. 变量选择与样本数据整理

无论是国债市场还是企业债市场,同期都有大量的不同的产品在交易,难以用某一个产品作为表征变量,同时同业拆借市场也存在不同期限的问题。因此,选择中央国债登记结算有限责任公司中债估值中心发布的中债国债到期收益率(1年)、中债企业债到期收益率(AAA,1年)分别作为国债市场和企业债市场的代表指标。选取全国银行间同业拆借中心发布的SHIBOR的隔夜利率为同业拆借市场的代表指标。

样本采集区间为2014年1月1日—2020年12月31日。采集各指数的日收盘价格。为了避免各数据数量级、量纲差异及时间序列经济数据中的异方差影响,所有变量均通过式(6-1)转换为对数收益率形式。

经整理共得到1 746组数据,将得到的国债利率、企业债利率和同业拆借市场利率的对数收益序列分别记作的 TB_t、CB_t 和 SR_t。采用ADF检验法对各时间序列的平稳性进行检验。其检验结果如表6-6所示。

表6-6 国债、企业债、同业拆借市场利率收益率序列平稳性检验结果

变量	ADF的 t-统计量	检验临界值 1%	检验临界值 5%	检验临界值 10%	P-值*	平稳性
TB_t	−30.044 5	−3.433 9	−2.863 0	−2.567 6	0.000 0	平稳***
CB_t	−27.383 7	−3.433 9	−2.863 0	−2.567 6	0.000 0	平稳***
SR_t	−30.560 2	−3.433 9	−2.863 0	−2.567 6	0.000 0	平稳***

注:*** 表示在1%的显著性水平下显著。

从检验结果可知,国债、企业债、同业拆借市场利率收益率序列均为平稳序列,即各序列均是 $I(0)$ 序列,同阶平稳。

2. 基于TVP-VAR模型的国债、企业债和同业拆借间的金融风险传染研究

(1) TVP-VAR模型参数估计

设定TVP-VAR模型的滞后期为2，MCMC抽样方法为Gibbs抽样，次数为20 000次，对模型参数进行估计。表6-7所示的TVP-VAR模型参数估计中，Geweke检验结果显示，在5%的显著性水平下不能拒绝收敛于后验分布的原假设；所有参数估计的无效因子均较小，无效因子最大值为152.07，表明MCMC抽样可以产生足够多的有效样本。

表6-7 TVP-VAR模型估计结果(三)

参　数	均　值	标准差	95%下限	95%上限	Geweke	无效因子
$(\sum_\beta)_1$	0.021 7	0.002 2	0.017 9	0.026 6	0.491	93.14
$(\sum_\beta)_2$	0.021 0	0.002 2	0.017 3	0.025 8	0.298	69.61
$(\sum_\alpha)_1$	0.040 7	0.006 7	0.029 8	0.056 4	0.475	152.07
$(\sum_\alpha)_2$	0.032 6	0.004 7	0.025 2	0.043 4	0.387	127.43
$(\sum_h)_1$	0.649 7	0.045 1	0.565 2	0.742 7	0.404	49.10
$(\sum_h)_2$	0.414 7	0.037 1	0.348 6	0.491 5	0.598	70.36

在图6-12所示的TVP-VAR模型参数估计结果中，迭代抽样后的$\sum_\beta$、$\sum_\alpha$和$\sum_h$参数自相关系数迅速衰减，抽样参数之间是相互独立的。综合表6-7和图6-12所示的TVP-VAR模型参数估计结果，可以认定基于MCMC抽样的模型估计有效，可以进一步分析。

图6-13所示为各变量随机波动率的时变特征，变量随机波动率较好地反映了各变量的历史波动。其中，国债总指数和企业债总指数在2016年和2020年波动最剧烈。在波动率强度方面，同业拆借市场>国债市场>企业债市场。

图 6-12 TVP-VAR 模型的 MCMC 估计结果（三）

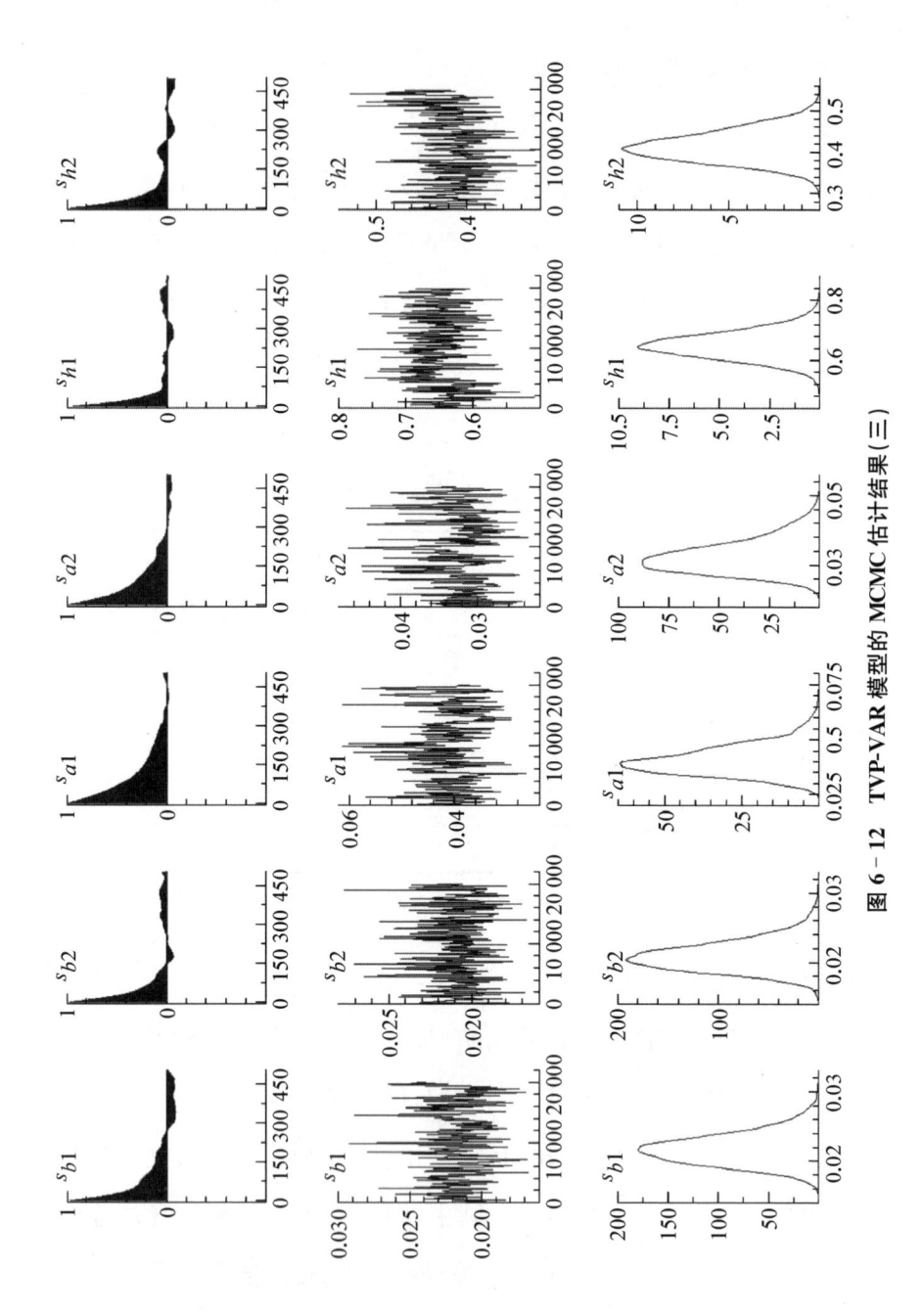

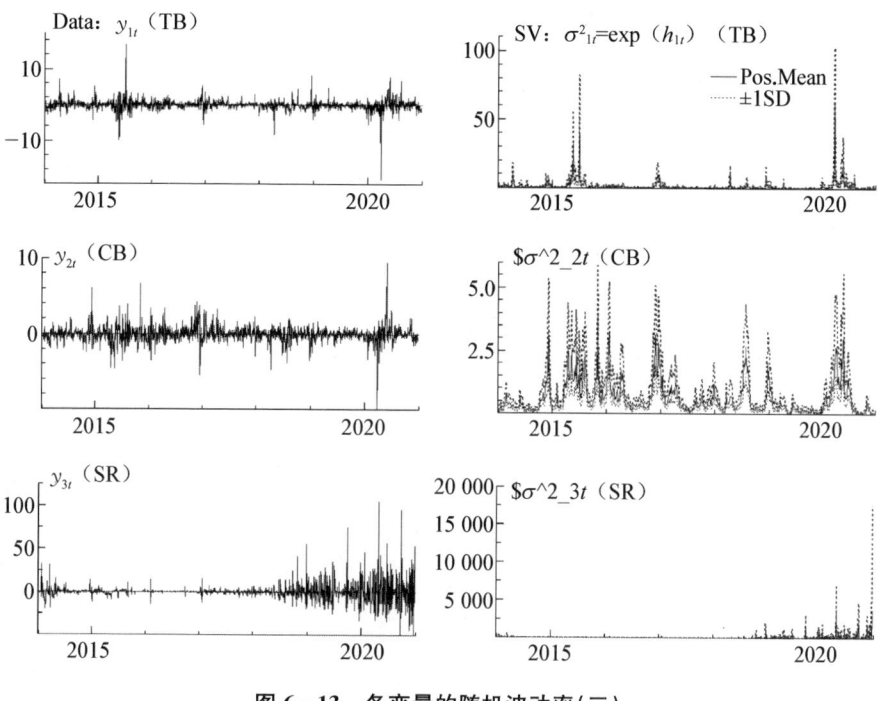

图 6-13　各变量的随机波动率(三)

(2) 不同提前期的脉冲响应时变特征分析

考虑到样本采样周期和不同时期脉冲响应的可比性,将滞后期设定为 1、3、5 期,TVP-VAR 模型得到如图 6-14 所示的动态脉冲响应。如果模型不具有时变特征,则不同时点脉冲响应函数曲线重合。在图 6-14 所示的脉冲响应结果中,实线、长虚线、短虚线分别代表滞后 1 日、3 日、5 日的动态脉冲。图示结果显示,三个市场的时变特征均显著,也说明 TVP-VAR 模型有效测度了各变量冲击随时间变动的特征。从冲击效应的时变特征来看,各市场受到短期冲击的脉冲响应效应更为显著。

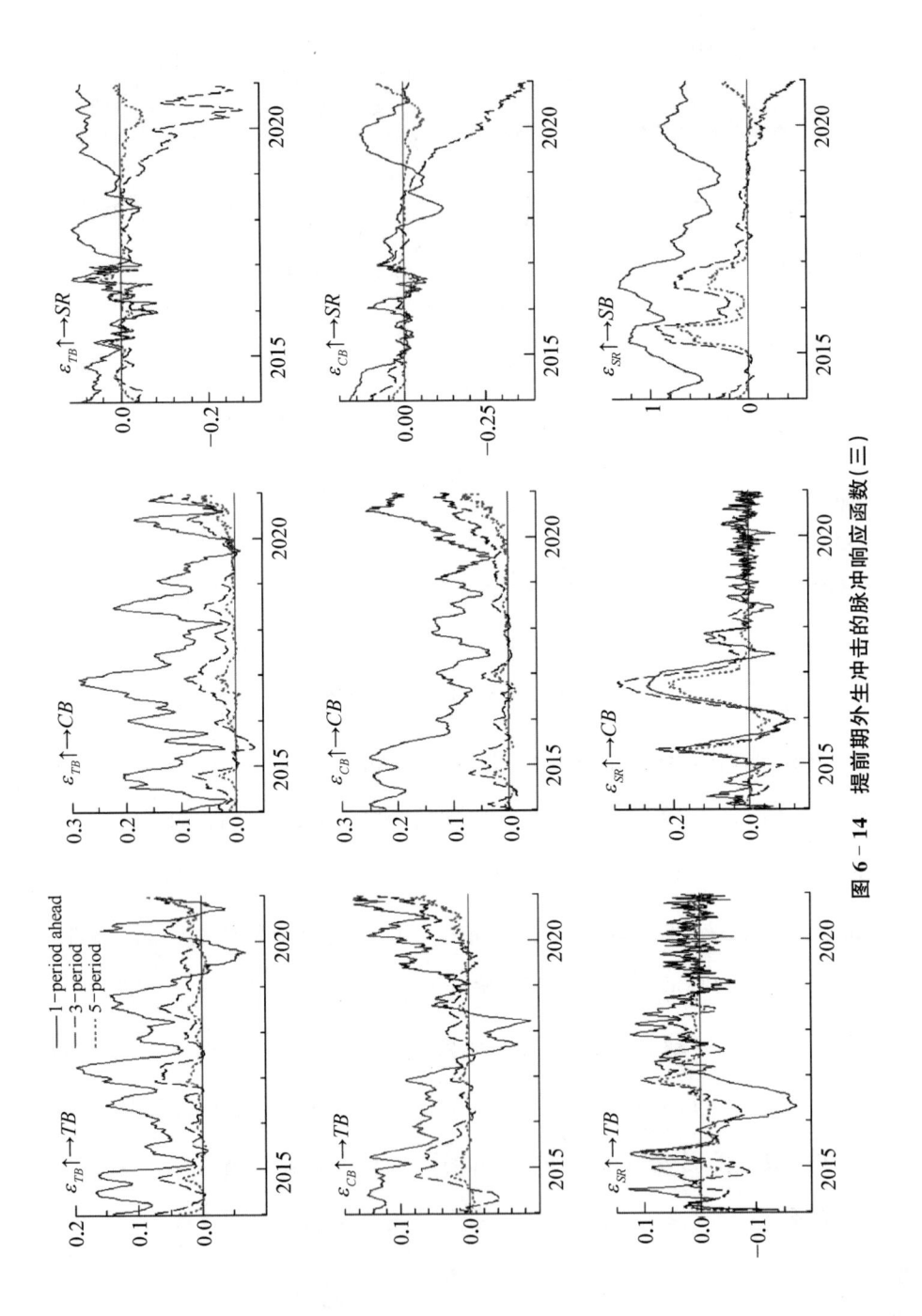

图 6-14 提前期外生冲击的脉冲响应函数（三）

① 国债市场与企业债市场间的脉冲响应。企业债市场（$\varepsilon_{TB}\uparrow \to$ CB）对国债市场波动冲击的响应显著为正，说明国债市场波动冲击能够在短时间内传导至企业债市场。不同提前期的脉冲响应之间存在明显差异，国债市场滞后1期的短期波动冲击形成的冲击效应明显大于滞后3期和滞后5期的冲击效应，且整体响应为正。这说明国债短期冲击能够迅速传导至企业债市场，并引起企业债市场同向变化。国债市场（$\varepsilon_{CB}\uparrow \to$ TB）对企业债市场波动冲击的响应显著，且多数时间为正向。企业债市场滞后1期的短期脉冲引起国债市场的响应幅度最大，滞后5期脉冲引起的国债市场响应幅度相对较小。比较样本期间的总体影响程度，国债市场冲击对企业债市场的影响程度更大，从国债市场到企业债市场的风险溢出更强。结合图6-15和图6-16所示的利率和利差变动情况可知，国债市场与企业债市场间脉冲响应程度的变化与市场利率及利差的冲击变化有关。利差迅速变化时，往往引起脉冲响应程度的大幅度变动。

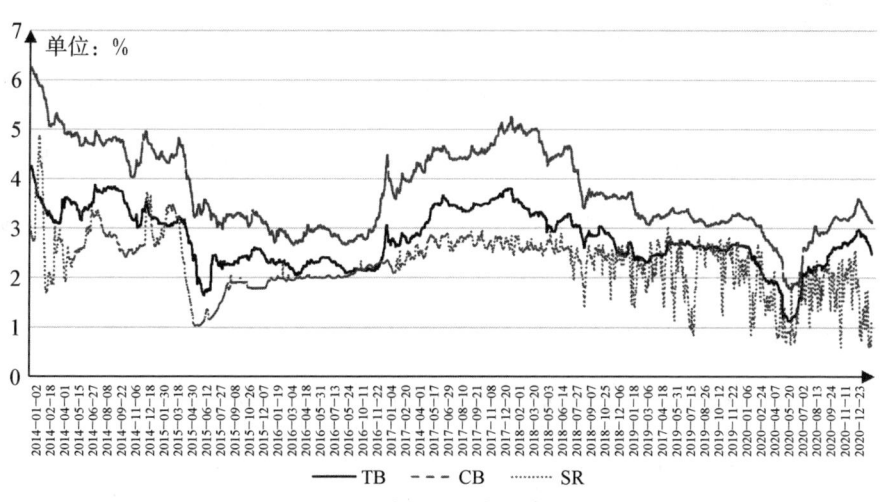

图6-15 不同债权工具市场收益率的变化

图 6‑16　企业债市场与国债市场间的利差变化

② 国债市场与同业拆借市场间的脉冲响应。国债市场（$\varepsilon_{TB}\uparrow \rightarrow$ SR）对同业拆借市场的冲击效应显著，且随时间变化明显。在 2019 年之前，滞后 1 期的国债市场冲击引起的同业拆借市场响应幅度最大。在 2019 年之后，国债市场滞后 1 期和滞后 3 期的脉冲引起的同业拆借市场响应出现明显背离变化，并且逐步出现滞后 3 期脉冲的响应程度大于滞后 1 期的情况。而在整个样本期间内，国债市场滞后 5 期冲击引起的同业拆借市场响应幅度均较小。同业拆借市场（$\varepsilon_{SR}\uparrow \rightarrow$ TB）对国债市场的波动冲击效应显著。不同于国债市场对同业拆借市场冲击效应的变化，在同业拆借市场不同滞后期的冲击中，滞后 1 期的冲击效应最强。在 2018 年年中之前，同业拆借市场冲击引起的国债市场响应幅度较大，但是变化相对平缓。而在 2018 年年中之后，同业拆借市场冲击引起的国债市场响应幅度较小，但变动剧烈。结合图 6‑15 和图 6‑17 所示的市场利率和利差变化可知，同业拆借市场对国债市场的冲击效应和国债市场对同业拆借市场的利差显著变化与同业拆借市场的变动加剧有关。在 2018 年年中之后，同业拆借市场波动性增强，市场变动剧烈，反映了

短期市场的资金供求关系变动加剧。同业拆借市场反映的短期资金市场变动冲击虽然没有引起国债市场大幅度响应，但冲击响应的变动频繁。在同业拆借市场波动性增强和变动加剧的情况下，国债市场对同业拆借市场的冲击效应在增强，并且出现滞后3期冲击效应增强的现象。这说明随着同业拆借市场的显著变化，两个市场之间的联系增强，短期冲击影响出现明显的结构性变化，跨市场金融风险传染增强。

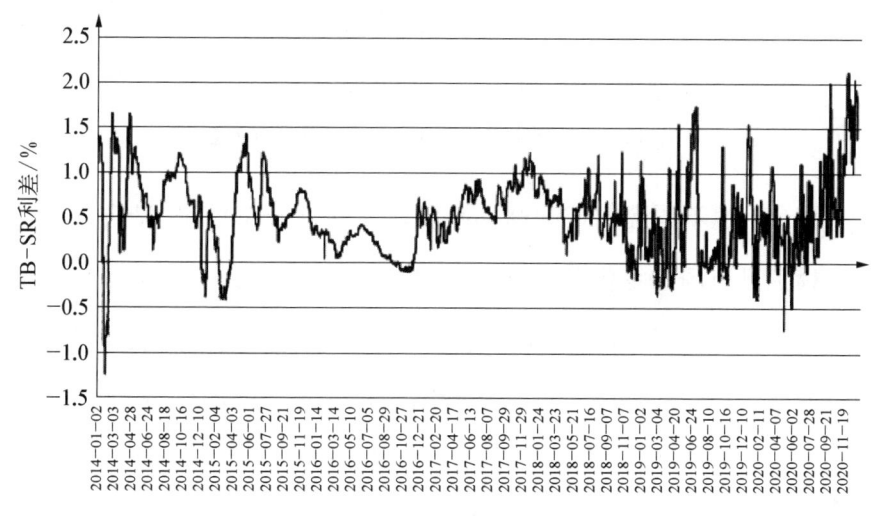

图 6-17 国债市场与同业拆借市场间的利差变化

③ 企业债市场与同业拆借市场间的脉冲响应。同业拆借市场（$\varepsilon_{CB}\uparrow \to SR$）对企业债市场波动冲击的响应和企业债市场（$\varepsilon_{SR}\uparrow \to CB$）对同业拆借市场波动冲击的响应均显著。结合图 6-14、图 6-15 和图 6-18 所示的内容来分析不难发现，企业债市场和同业拆借市场间的脉冲响应与国债市场和同业拆借市场间的脉冲响应具有较强的相似性。即随着同业拆借市场的显著变化，企业债市场与同业拆借市场之间的联系增强，短期冲击影响同样出现明显的结构性变化，跨市场金融风险传

染增强。

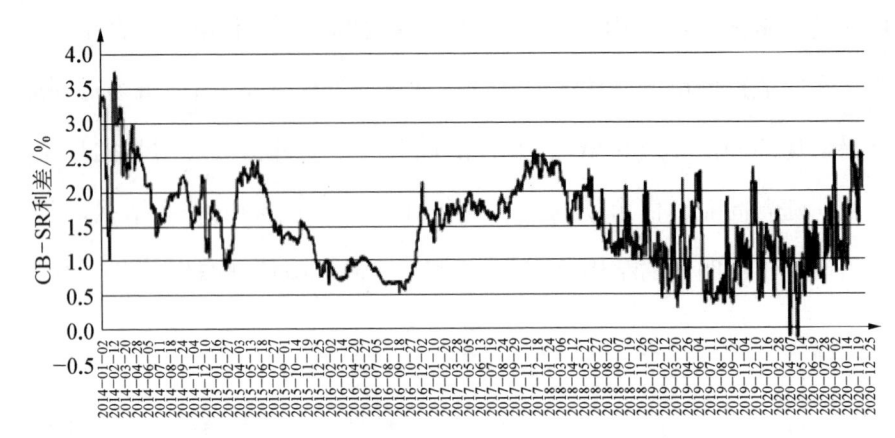

图 6-18 企业债市场与同业拆借市场间的利差变化

综合上述不同提前期的脉冲响应时变特征分析结果,结合我国不同债权工具市场的变化情况,国债市场正向冲击导致企业债市场正向响应的结果,与国债利率为金融市场基准利率以及是固定收益证券基础收益率的观点相符合。这意味着国债作为利率债的代表,其市场变化已经有效影响以企业债为代表的信用债市场。同时国债市场变化能够影响同业拆借市场。但是同业拆借市场作为短期资金供求市场,其构成了债权市场的另一个重要的参考利率。两者之间存在相关性,随着同业拆借市场的波动增强,变动积簇性增大,两个市场的短期冲击效应明显,存在国债市场与同业拆借市场之间的双向跨市场金融风险传染。

(3) 不同时点的脉冲响应时变特征分析

本文选取三个典型事件,采用时点脉冲响应函数来分析市场之间的动态响应。时点 1 为 2015 年 3 月 20 日,10 年期国债期货正式挂牌交易,我国国债期货的期限结构更为完善。时点 2 为 2018 年 6 月 22

日,之后同业拆借市场波动性增大。时点3为2018年12月5日,国家发展和改革委员会印发《关于支持优质企业直接融资 进一步增强企业债券服务实体经济能力的通知》,实施了弹性配售选择权、当期追加选择权等定价方式,有利于企业降低发行利率和扩大直接债权融资规模。

图 6-19 中的不同时点外生冲击的脉冲响应函数结果显示,国债市场与企业债市场之间的时点冲击效应均为正向,且存在明显差异。从响应速度来看,国债市场对企业债市场的冲击效应在时点 1 和时点 2 为第一时间达到了最大响应幅度,时点 3 在滞后 1 期达到最大响应幅度。企业债市场对国债市场的冲击效应则在滞后 2 期达到最大幅度。在国债市场对企业债市场的冲击效应中,时点 2 的冲击效应最大,其次是时点 1,最小的为时点 3。其中,时点 2 和时点 3 的冲击响应变化趋势存在相似性。在企业债市场冲击引起国债市场响应方面,不同时点的冲击响应均在滞后 2 期达到最大响应幅度。不同时点的最大响应幅度仅存在数值上的不同。其中,时点 1 的冲击响应最大,时点 2 和时点 3 的冲击响应较为相近。在时点冲击效应大小对比方面,国债市场对企业债市场的冲击效应明显大于企业债市场对国债市场的冲击效应。结合不同时点的市场背景分析不难发现,国债期货上市不仅有利于完善国债利率期限结构,还强化了国债市场对企业债市场的影响,加强了两个市场的关联关系。企业债发行的变化明显提升了企业债市场对国债市场的影响,但是总体影响仍旧较小。

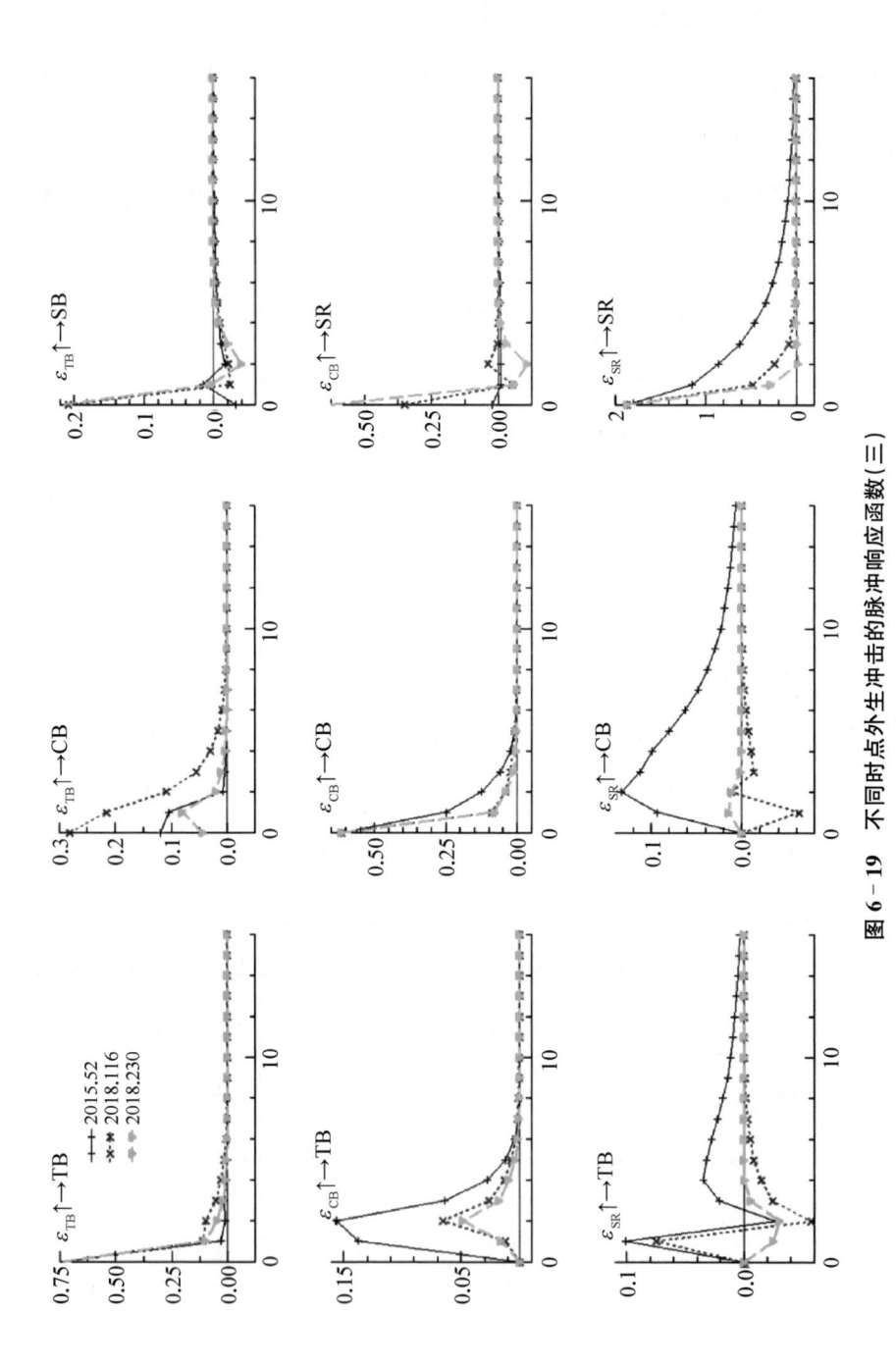

图 6-19 不同时点外生冲击的脉冲响应函数（三）

国债市场与同业拆借市场之间的时点冲击效应存在显著差异。在国债市场对同业拆借市场的冲击效应中,所有时点都是在第一时间达到响应的最大幅度。在最大响应幅度方面,时点 2 和时点 3 为正向且数值相近,时点 1 为负向且绝对值小于另两个时点。同业拆借市场对国债市场的冲击效应存在明显的时点差异,时点 1 和时点 2 均为滞后 1 期达到最大响应幅度,时点 3 在滞后 2 期达到最大响应幅度。在响应幅度方面,时点 1 和时点 2 均为正向且数值相近,时点 3 为负向且数值绝对值小于时点 1 和时点 2。在时点冲击效应大小对比方面,国债市场对同业拆借市场的冲击效应明显大于同业拆借市场对国债市场的冲击效应。结合不同时点的市场背景分析不难发现,在利差上升和利差迅速变化时期,国债市场与同业拆借市场的关联关系也明显提升。结合前述同业拆借市场与国债市场的冲击联动效应来看,同业拆借市场与国债市场形成相互影响关系,但是整体上仍旧是国债市场占据主导地位。

同业拆借市场与企业债市场之间的时点冲击效应存在显著差异。企业债市场对同业拆借市场的冲击效应整体为正向,且所有时点在第一时间达到最大响应幅度。在不同时点的最大响应幅度对比方面,时点 2>时点 3>时点 1。同业拆借市场对企业债市场的冲击效应存在时点差异。时点 2 和时点 3 滞后 1 期达到响应的最大幅度,时点 1 在滞后 2 期达到最大响应幅度。在响应最大幅度对比方面,时点 1>时点 2>时点 3,其中时点 1 和时点 2 为正向,时点 3 为负向。在时点冲击效应大小对比方面,企业债市场对同业拆借市场的冲击效应明显大于同业拆借市场对企业债市场的冲击效应。

在企业债市场受外部冲击影响方面,各时点的国债市场冲击效应大于同业拆借市场。这说明作为信用债市场代表的企业债券市场受到国债市场变化的影响更大。同业拆借市场和企业债市场自身变动会引起其对国债市场冲击效应的变化。但是整体上无论是作为信用债市场代表的企业债市场,还是同业拆借市场,对国债市场的冲击影响均较小,这意味着信用债市场和同业拆借市场对利率债市场的影响较小。

3. 不同债权工具间的金融风险传染研究结论

上述基于中央国债登记结算有限责任公司中债估值中心发布的中债国债到期收益率(1年)、中债企业债到期收益率(AAA,1年)和全国银行间同业拆借中心发布的SHIBOR的隔夜利率数据,运用TVP-VAR模型对我国国债、企业债和同业拆借市场间的风险传染进行实证分析。综合相关分析结果,可以得到如下基本结论:

首先,以中债国债到期收益率(1年)、中债企业债到期收益率(AAA,1年)和全国银行间同业拆借中心发布的SHIBOR的隔夜利率为表征的我国国债市场、企业债市场和同业拆借市场之间存在跨市场金融风险传染。短期冲击引起的不同债权工具间跨市场金融风险传染更为显著。

其次,在不同债权工具间的冲击效应差异方面,国债市场对企业债市场的短期波动冲击效应最强,企业债市场对国债市场的短期波动冲击效应最弱。

再次,在时点影响方面,同业拆借市场对企业债市场的冲击效应受时点影响较大。企业债市场对国债市场的冲击效应受时点影响较小。

最后,在脉冲响应时变特征方面,国债、企业债和同业拆借市场之间存在跨市场风险传染的影响幅度和方向差异。从国债市场到企业债市场的风险传染强度最大。随着同业拆借市场的波动性增强,变动加剧,其与国债市场、企业债市场间的风险传染出现明显变化。

综合上述,我国不同债权工具之间存在跨市场金融风险传染。国债市场、企业债市场和同业拆借市场之间的金融风险传染强度具有差异性,并且具有明显的时变特征。国债市场、企业债市场和同业拆借市场间的金融风险传染受到市场利差和各市场自身变动的共同影响。

6.3 产业关联期货品种间的金融风险传染研究

随着期货市场的不断发展,期货品种的不断丰富,以及商品期货市场内产业关联品种的逐步增多,我国上市交易的商品期货品种中形成了多个纵向产业关联(如铁矿石—螺纹钢、大豆二号—豆油等)、横向产业关联(如豆油—豆粕、菜籽油—菜籽粕等)和相互替代(如菜籽油—豆油等)的产品或者板块组合。因此,选取不同产业关联类型的商品期货品种组合,来分析基于产业关联的期货品种间的金融风险传染。

6.3.1 变量选择与样本数据整理

本文选取产业纵向关联产品(铁矿石—螺纹钢)、产业横向关联产品(豆油—豆粕)、替代产品(菜籽油—豆油)作为产业关联的期货品种表征指标(见表6-8)。初始样本采样区间为2014年1月1日—2020年12月31日,选取各期货品种的主力合约日收盘价格。数据分别取自大连商品交易所和郑州商品交易所。将采集到的期货收盘价格取对数收益率。

表6-8 指标变量

产业关联	期货品种	收益率序列符号
纵向关联	铁矿石	I_t
	螺纹钢	R_t
横向关联	豆油	Y_t
	豆粕	M_t
替代产品	菜籽油	O_t
	豆油	Y_t

采用ADF检验法对各时间序列的平稳性进行检验。其检验结果如表6-9所示。从检验结果可知,各期货价格收益率序列均为平稳序列,即各序列均是$I(0)$序列,同阶平稳。

表6-9 价格收益率序列平稳性检验结果

变量	ADF的t-统计量	检验临界值 1%	检验临界值 5%	检验临界值 10%	P-值*	平稳性
I_t	−39.169 2	−3.434 0	−2.863 0	−2.567 6	0.000 0	平稳***
R_t	−41.791 8	−3.434 0	−2.863 0	−2.567 6	0.000 0	平稳***
Y_t	−35.546 0	−3.434 0	−2.863 0	−2.567 6	0.000 0	平稳***
M_t	−35.098 2	−3.434 0	−2.863 0	−2.567 6	0.000 0	平稳***
O_t	−40.601 4	−3.434 0	−2.863 0	−2.567 6	0.000 0	平稳***

注:*** 表示在1%的显著性水平下显著。

采用Johansen-Juselius检验方法进行变量的协整检验。表6-10中的协整检验结果表明,对应品种的期货价格收益率之间存在协整关系。这说明所选择的产业关联产品期货市场间的价格收益率存在长期均衡关系,即各商品期货价格收益率变动间存在长期相关性。

表 6‐10　Johansen-Juselius 协整检验结果(二)

变量	原假设	特征根	迹统计量	5%临界值	P-值	结果
$I_t—R_t$	无协整向量	0.275 2	548.187 8	14.264 6	0.000 1	拒绝***
	最多一个协整向量	0.247 5	484.243 5	3.841 5	0.000 0	拒绝***
$Y_t—M_t$	无协整向量	0.255 3	501.972 0	14.264 6	0.000 1	拒绝***
	最多一个协整向量	0.229 9	444.909 4	3.841 5	0.000 0	拒绝***
$O_t—Y_t$	无协整向量	0.265 7	525.884 9	14.264 6	0.000 1	拒绝***
	最多一个协整向量	0.246 6	482.269 5	3.841 5	0.000 0	拒绝***

注：*** 表示在1%的显著性水平下显著。

6.3.2　产业关联期货板块间的收益率动态相关性分析

表 6‐11 所示为基于 DCC-GJR-GARCH 模型的产业关联期货板块价格收益率之间动态条件相关系数的估计结果。产业关联的期货板块间收益率之间的相关系数均值均较高，且呈现正向相关关系。其中，纵向关联的铁矿石和螺纹钢期货收益率之间的相关系数均值最高，横向关联的豆油和豆粕期货收益率之间的相关系数均值较小，且波动性较小。

表 6‐11　DCC-GARCH 模型的动态相关系数

品种组合	均　值	最大值	最小值	标准差
$I_t—R_t$	0.632 7	0.751 9	0.354 8	0.078 8
$Y_t—M_t$	0.352 2	0.683 8	0.058 6	0.050 3
$O_t—Y_t$	0.599 8	0.851 3	0.255 8	0.078 8

为了更直观地分析产业关联期货板块间收益率序列相关性随时间的动态变化，将估计结果绘制成图形。如图 6‐20—图 6‐22 所示，2014—2020 年，产业关联的期货板块间收益率之间的相关系数呈现波动变化。纵向关联的铁矿石和螺纹钢期货价格收益率之间的相关系数于 2017 年至 2019 年上半年呈现波动下降趋势。之后，2019 年 9 月—2020

年年底呈现上涨趋势,但是总体相关程度低于2016年至2017年一季度的水平。结合产品价格变化来看,2017年3月—2019年上半年,铁矿石和螺纹钢期货价格变化趋势呈现背离现象,同期期货价格收益率之间的相关系数呈现下降态势。2019年8月—2020年年底,铁矿石和螺纹钢期货价格变化趋势趋同,同期期货价格收益率之间的相关系数呈现上升态势。2014—2020年,横向关联的豆油和豆粕期货价格收益率之间的相关系数呈现长期小幅波动状态。较大幅度的波动出现在2015年10月、2018年6月豆粕期货价格下行与豆油期货价格趋势偏离之后,以及2020年2月豆粕与豆油期货价格反向变化等时点。这说明整体上豆油和豆粕价格收益率之间的相关系数相对稳定,但是会受到短期价格变化的冲击影响。2014—2020年,替代产品菜籽油和豆油期货价格收益率之间的相关系数呈现小幅波动状态。较大幅度的波动出现在价格阶段低点、高点和趋势背离点。

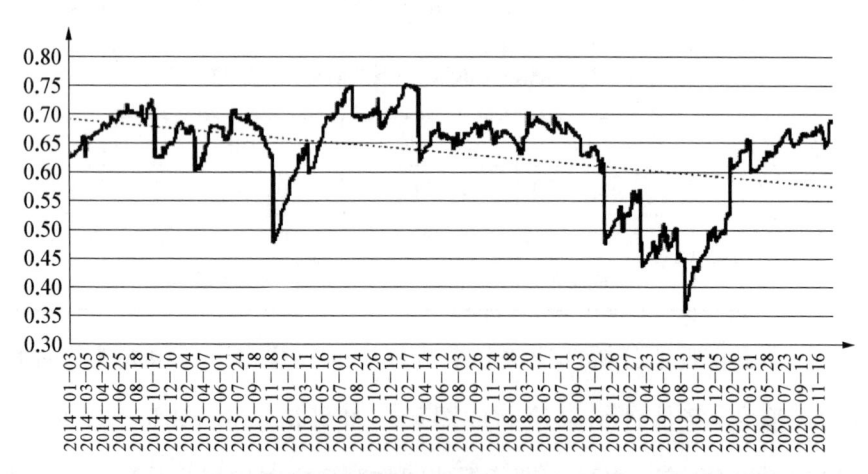

图6-20 纵向关联铁矿石—螺纹钢期货收益率动态相关系数的变化

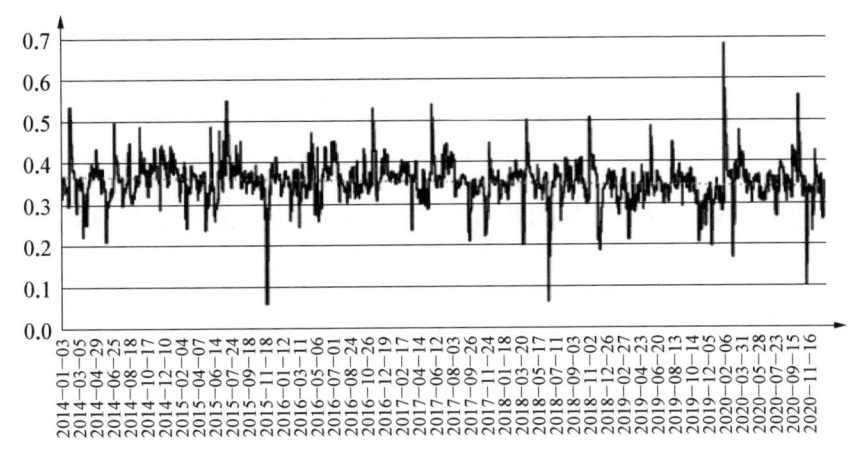

图 6-21 横向关联豆油—豆粕期货收益率动态相关系数的变化

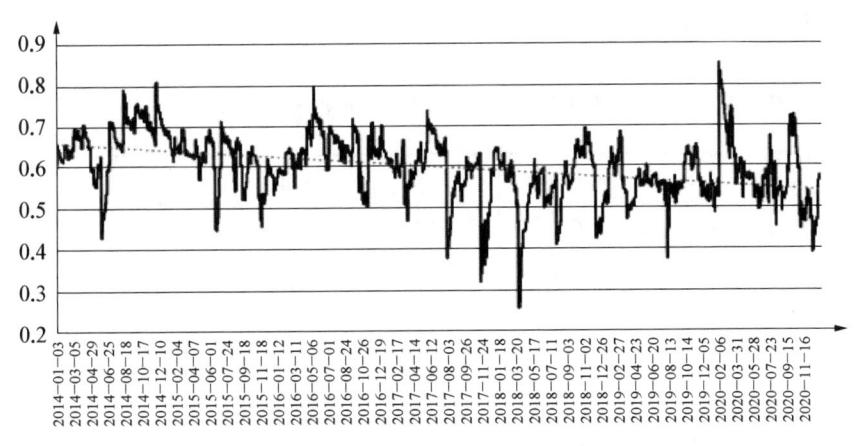

图 6-22 替代产品菜籽油—豆油期货收益率动态相关系数的变化

6.3.3 产业关联期货板块间的双向风险溢出

基于 DCC-GJR-GARCH-ΔCOVaR 模型,估计出 95% 置信水平下的产业关联的期货板块价格收益率间下行风险的动态 ΔCOVaR。表 6-12 所示为产业关联的期货板块价格收益率间下行风险动态 ΔCOVaR 的均值、最大值、最小值与标准差。从均值来看,纵向关联的铁矿石和螺纹钢期货价格收益率之间的 ΔCoVaR 分别是 -2.499 2 和 -2.077 1;横向关联的豆油和豆粕期货价格收益率之间的 ΔCoVaR 分别是$-0.534\,6$ 和 $-0.493\,4$；替代产品菜籽油和豆油期货价格收益率之间的 ΔCoVaR 分别是$-0.923\,7$ 和$-0.773\,2$。由此可以看出，各关联期货板块价格收益率之间的 ΔCoVaR 存在明显的非对称性；纵向关联的铁矿石和螺纹钢期货价格收益率之间双向风险溢出大于替代产品和横向关联期货。横向关联的豆油和豆粕期货价格收益率之间的双向风险溢出影响最小。这意味着纵向关联、横向关联和替代产品板块间存在非对称的风险溢出；纵向关联期货板块间螺纹钢对铁矿石期货的风险溢出效应最大；横向关联期货板块间豆粕对豆油期货的风险溢出效应最小。

表 6-12　产业关联期货板块间的下行风险溢出 ΔCoVaR(α＝5%)

品种关联	ΔCoVaR	均　值	最大值	最小值	标准差
纵向关联	ΔCoVaR R-I	$-2.499\,2$	$-1.437\,4$	$-5.295\,3$	$0.808\,7$
	ΔCoVaR I-R	$-2.077\,1$	$-1.389\,9$	$-4.109\,6$	$0.467\,5$
横向关联	ΔCoVaR Y-M	$-0.534\,6$	$-0.418\,8$	$-0.780\,6$	$0.073\,1$
	ΔCoVaR M-Y	$-0.493\,4$	$-0.336\,9$	$-1.564\,8$	$0.132\,1$
替代产品	ΔCoVaR Y-O	$-0.923\,7$	$-0.723\,6$	$-1.348\,7$	$0.126\,2$
	ΔCoVaR O-Y	$-0.773\,2$	$-0.586\,9$	$-1.386\,4$	$0.130\,0$

注：R-I 表示由期货 R 向期货 I 的溢出。

为直观地分析产业关联的期货板块间价格收益率序列之间下行风险的 ΔCoVaR 动态变化，将各 ΔCoVaR 的时序变化绘制成图形。图 6-23—图 6-25 所示为产业关联的期货板块间的 ΔCoVaR 动态变化。如图 6-23 所示为产业纵向关联的期货板块间价格收益率之间的 ΔCoVaR 动态变化。从整体趋势上看，铁矿石对螺纹钢和螺纹钢对铁矿石的 ΔCoVaR 动态变化有相近之处。其中，螺纹钢对铁矿石的风险溢出明显大于铁矿石对螺纹钢的风险溢出程度，从产业下游产品期货板块向上游产品期货板块的风险溢出更为强烈。分阶段来看,2016年之前,螺纹钢和铁矿石期货市场的风险溢出程度较为接近,并且整体趋势趋同。2016年之后,随着螺纹钢和铁矿石期货市场价格变化趋势的明显差异,甚至是背离现象的发生,两个品种间的风险溢出出现明显差异,螺纹钢对铁矿石的风险溢出明显大于铁矿石对螺纹钢的风险溢出程度,且波动幅度更大。2019年以来,随着螺纹钢和铁矿石期货价格背离现象的减少,整体变化趋势趋同增强,两个品种间风险溢出程度的差异减小。2020年下半年,螺纹钢和铁矿石期货市场间双向风险溢出的对称性增强。

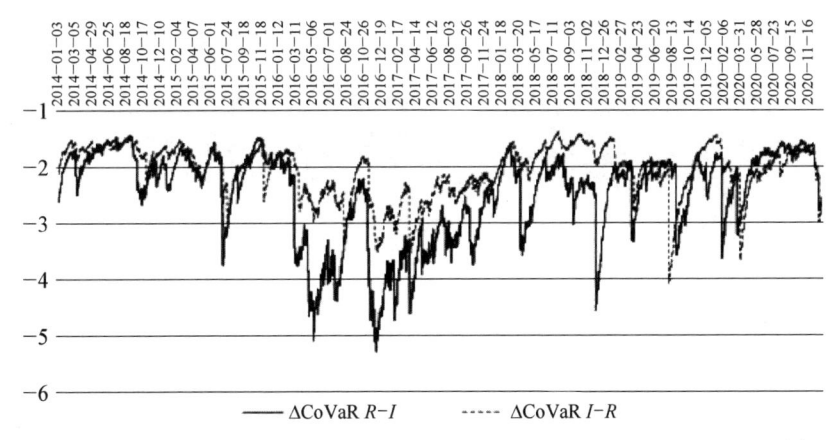

图6-23 产业纵向关联期货板块间的收益率下行风险溢出 $\Delta CoVaR(\alpha=5\%)$

图6-24所示为产业横向关联的期货板块间价格收益率之间的 $\Delta CoVaR$ 动态变化。从整体趋势上看,豆油对豆粕和豆粕对豆油的 $\Delta CoVaR$ 动态变化具有明显不同,且风险溢出呈现明显的非对称性。其中,豆粕对豆油的风险溢出波动性更大。分阶段来看,2014年5月—2014年10月,豆粕对豆油的风险溢出程度加剧,且波动幅度较大,同期豆油对豆粕的风险溢出程度变化相对稳定。之后直至2016年3月,豆

油对豆粕的风险溢出程度大于豆粕对豆油的,且两者之间的变化趋势相近。2016年4月—2017年1月,豆粕对豆油的风险溢出呈现持续大幅度波动状态。2017年2月—2018年11月,豆粕对豆油的风险溢出波动相对较缓,前期,豆油对豆粕的风险溢出程度较大,豆粕对豆油的风险溢出波动相对较缓;后期,豆粕对豆油的风险溢出增强,且大于同期豆油对豆粕的风险溢出程度。2018年11月—2019年3月,豆粕对豆油的风险溢出经历了巨幅波动。2019年8月—2020年年底,豆粕对豆油的风险溢出程度小于豆油对豆粕的风险溢出程度。特别是在2020年后,豆油对豆粕的风险溢出程度在增强。

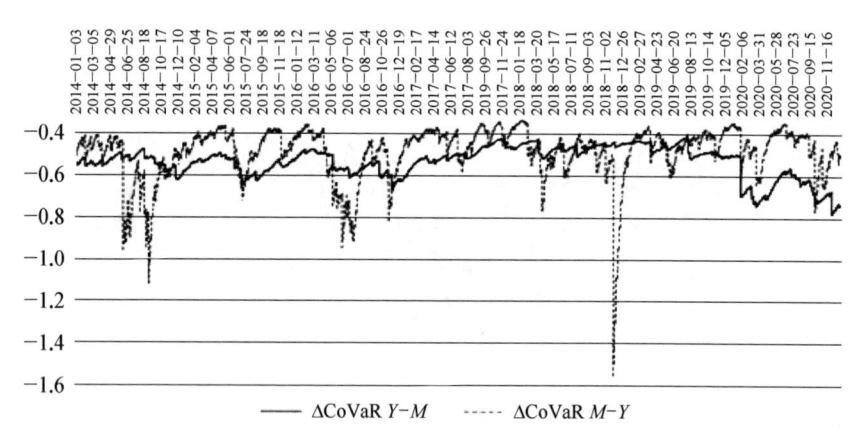

图6-24 产业横向关联期货板块间的收益率下行风险溢出 $\Delta\mathrm{CoVaR}(\alpha=5\%)$

图6-25所示为替代产品的期货板块间价格收益率之间的 $\Delta\mathrm{CoVaR}$ 动态变化。从整体趋势上看,菜籽油对豆油和豆油对菜籽油的 $\Delta\mathrm{CoVaR}$ 动态变化趋势相近,风险溢出呈现明显的非对称性。其中,豆油对菜籽油的风险溢出程度更高,菜籽油对豆油风险溢出的波动性更大。分阶段来看,2014年1月—2016年5月,豆油对菜籽油的风险溢出程度高于菜籽油对豆油的,且两者的风险溢出程度变化相近。2016年6月—2017

年3月,菜籽油对豆油的风险溢出波动幅度较大,且部分时段大于豆油对菜籽油的风险溢出。2017年4月—2020年1月,豆油对菜籽油的风险溢出变化程度较为平缓,而同期菜籽油对豆油的风险溢出在2018年6月—2018年8月、2019年2月—2019年4月两次波动幅度快速增大后迅速回落。2020年1月—2020年年底,菜籽油对豆油和豆油对菜籽油的风险溢出程度均处于波动扩张趋势,整体上菜籽油对豆油风险溢出程度的波动幅度更大,而从风险溢出程度上看,豆油对菜籽油的风险溢出仍旧大于菜籽油对豆油的风险溢出。

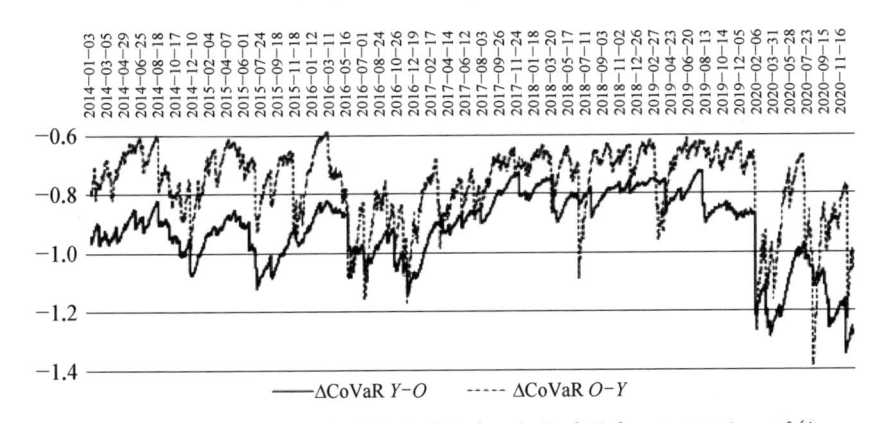

图6-25 替代产品期货板块间的收益率下行风险溢出 $\Delta CoVaR(\alpha=5\%)$

6.3.4 产业关联期货品种间的金融风险传染研究结论

在产业关联期货品种间的金融风险传染研究中,运用DCC-GJR-GARCH-ΔCoVaR模型从纵向产业关联、横向产业关联和相互替代三个方面,选取样本数据进行实证研究。基于上述实证分析结果,可以得出如下结论:

首先,所选择的基于产业关联的期货板块间存在非对称的金融风险传染，并且风险传染响应程度随着市场价格的相对变化而变化。长期来看，产业纵向关联期货板块间的金融风险传染效应最大，产业横向关联期货板块间的金融风险传染效应最小。

其次，在产业纵向关联的螺纹钢和铁矿石期货之间，螺纹钢对铁矿石的风险传染明显大于铁矿石对螺纹钢的风险传染程度，表明从产业下游产品期货板块向上游产品期货板块的风险传染更为强烈。在产业横向关联的豆油和豆粕期货之间存在非对称性风险传染关系，豆油对豆粕和豆粕对豆油的风险传染强度动态变化具有明显不同。在替代产品的菜籽油和豆油期货之间，风险传染强度的动态变化趋势相近，风险溢出大小呈现明显的非对称性。豆油对菜籽油的风险传染强度更高，而菜籽油对豆油风险传染强度的波动性更大。

第七章

金融市场与实体经济间的金融风险传染实证研究

金融市场与实体经济之间的关系一直是理论与实践领域关注的重点之一。随着我国深化金融体制改革的不断推进,金融体系日趋完善,金融市场与国际市场的联系也在不断加强。与此同时,受到外部冲击等影响,我国金融市场也出现了暴涨暴跌、剧烈震荡、暴跌V型反转等行情,甚至出现被视作经济"晴雨表"的金融市场无法反映经济真实运行的情况。要防范与化解金融风险,实现金融与实体经济良性循环,须深入分析金融市场与实体经济间的关系。本章对我国虚拟资产与实体资产、期货与实体经济、股票与实体经济间的风险传染问题进行实证检验。

7.1 期货、现货及证券市场相关资产间的金融风险传染研究

在我国期货、现货及证券市场相关资产中,部分资产具有集中交易市场或者场内市场,市场价格形成较为快捷。在考虑跨市场风险传染的动态性以及当期价格之间的相关关系的情况下,运用 SVAR 模型和 DCC-GJR-GARCH-ΔCoVaR 模型来进行我国期货、现货及证券市场间的风险传染研究。

7.1.1 基于 SVAR 的期货、现货及证券市场相关资产间的金融风险传染研究

1. 实证分析模型与样本数据

(1) 多变量的 SVAR 模型

早期 VAR 模型中并没有给出变量之间当期相关关系的确切形式，而这些当期相关关系隐藏在误差项的相关结构中，是无法解释的。结构 VAR(Structural VAR)模型实际上是指 VAR 模型的结构式，即在模型中包含变量之间的当期关系。

当存在 k 个变量时，p 阶结构向量自回归模型 SVAR(p) 可以表述为：

$$C_O y_t = \Gamma_1 y_{t-1} + \Gamma_2 y_{t-2} + \cdots + \Gamma_p y_{t-p} + u_t, t = 1, 2, \cdots, T$$

式(7-1)

其中：

$$C_O = \begin{bmatrix} 1 & -C_{12} & \cdots & -C_{1k} \\ -C_{21} & 1 & \cdots & -C_{2k} \\ \vdots & \vdots & \ddots & \vdots \\ -C_{k1} & -C_{k2} & \cdots & 1 \end{bmatrix} \quad \Gamma_i = \begin{bmatrix} \gamma_{11}^{(i)} & \gamma_{12}^{(i)} & \cdots & \gamma_{1k}^{(i)} \\ \gamma_{21}^{(i)} & \gamma_{22}^{(i)} & \cdots & \gamma_{2k}^{(i)} \\ \vdots & \vdots & \ddots & \vdots \\ \gamma_{k1}^{(i)} & \gamma_{k2}^{(i)} & \cdots & \gamma_{kk}^{(i)} \end{bmatrix}$$

式(7-2)

$$i = 1, 2, \cdots, p, \quad u_t = \begin{bmatrix} u_{1t} \\ u_{2t} \\ \vdots \\ u_{kt} \end{bmatrix}$$

可以将式(7-1)写成滞后算子形式,即:

$$C(L)y_t = u_t \quad E(u_t u'_t) = i_k \quad \text{式}(7-3)$$

其中,$C(L)=C_0-\Gamma_1 L-\Gamma_2 L^2-\cdots-\Gamma_p L$PC(L)是滞后算子$L$的$k\times k$的参数矩阵,$C_0 \neq i_k$。

不失一般性,在式(7-3)中假定结构是误差项u_t,u_t的方差—协方差矩阵为单位矩阵i_k。同样,如果矩阵多项式$C(L)$可逆,可以表示出SVAR的无穷阶的VMA形式,即:

$$\Theta(L)\varepsilon_t = y_t = D(L)u_t \quad \text{式}(7-4)$$

其中,$D(L)=C(L)^{-1}$,$D(L)=D_0+D_1 L+D_2 L^2+\cdots$,$D_0=C_0^{-1}$,$\Theta(L)$为VAR模型的VMA模型的滞后算子式。

由于上式对于任意t都成立,故式(7-4)被称为典型的SVAR模型表达式,由于$\Theta_0=i_k$,可以得到:

$$D_0^{-1}\varepsilon_t = u_t \quad \text{式}(7-5)$$

对式(7-5)两端平方取期望得到:

$$\sum = D_0 D'_0 \quad \text{式}(7-6)$$

所以可以通过对D_0施加约束来识别SVAR模型。

为了详细说明SVAR模型的约束形式,从式(7-4)和式(7-5)出发,可以得到:

$$\Theta(L) D_0 u_t = D(L)u_t \quad \text{式}(7-7)$$

式中,$\Theta(L)$、$D(L)$分别是VAR模型和SVAR模型相应的VMA模型的滞后算子式,这就隐含着:

$$\Theta_i D_0 = D_i, i = 0, 1, 2 \cdots \qquad 式(7-8)$$

因此,只需要对 D_0 进行约束,就可以识别整个结构系统。

为了解决 VAR 模型脉冲响应函数费正交化的问题,由 Cholesky 分解可将正定的协方差矩阵 $\sum$ 分解为:

$$\sum = GQG' \qquad 式(7-9)$$

式中,G 是下三角形矩阵;Q 是主对角线元素为正的对角矩阵。利用这一矩阵 G 可以构造一个 k 维向量 u_t,构造方法为 $u_t = G^{-1}\varepsilon_t$,则 $\varepsilon_t = Gu_t$。因此,VAM 可以表示为:

$$y_t = (I + \Theta_1 L + \Theta_2 L^2 + \cdots)Gu_t = D(L)u_t \qquad 式(7-10)$$

而正交的脉冲响应函数为:

$$d_{ij}^{(q)} = \frac{\partial y_{i,t+q}}{\partial u_{jt}}, q = 0, 1, \cdots \qquad 式(7-11)$$

同样由 y_j 的脉冲引起的 y_i 的累积响应函数可表示为:

$$\sum_{q=1}^{\infty} d_{ij}^{(q)} \qquad 式(7-12)$$

不失一般性,对于一个 n 元的 SVAR(p) 模型,其脉冲响应函数为:

$$D = \frac{\partial y_{t+q}}{\partial u_t'}, q = 0, 1, \cdots \qquad 式(7-13)$$

(2) 变量选择与样本数据整理

在期货、现货及证券市场相关资产间的风险传染研究中,选取铜期货价格为期货市场表征变量,选取铜现货价格为现货市场表征变量,选取铜业上市公司股票价格为证券市场相关资产表征变量。样本数据的采样区间为自 2016 年 1 月 1 日起至 2020 年 12 月 31 日止。铜期货价格取自上海期货交易所铜期货主力合约收盘价格。国内铜现货价格选取长江有色金属网公布的长江 1# 铜的日均价。中国铜业上市公司股票价格指数取上海证券交易所和深圳证券交易所上市的江西铜业、铜陵有色、云南铜业公司股票日收盘价格，以各公司总股本数量为权重加权平均计算得出。为了避免各数据数量级、量纲差异及时间序列经济数据中的异方差影响，所有变量均取实际值的对数收益率形式，并将得到的期货、现货和公司价格指数收益率序列分别记作 F_t、S_t 和 SI_t。在采用 SVAR 方法分析前，首先采用 ADF 检验法对各时间序列的平稳性进行检验。其检验结果如表 7-1 所示。

表 7-1 国内外铜期、现货及股票价格收益率序列平稳性检验结果

变量	ADF 的 t-统计量	检验临界值 1%	检验临界值 5%	检验临界值 10%	P-值*	平稳性
F_t	-36.1146	-3.4355	-2.8637	-2.5680	0.0000	平稳***
S_t	-23.2035	-3.4355	-2.8637	-2.5680	0.0000	平稳***
SI_t	-36.9501	-3.4355	-2.8637	-2.5680	0.0000	平稳***

注：*** 表示在 1% 的显著性水平下显著。

从表 7-1 所示的平稳性检验结果可知，铜期、现货价格及铜上市公司股票价格收益率序列均为平稳序列，即各序列均是 $I(0)$ 序列，同阶平稳，可以采用 SVAR 模型研究各序列间的长期相关关系。

2. 期货、现货及证券市场相关资产间的长期相关性

(1) VAR 模型的建立与多变量协整检验

根据 AIC、SC 和 HQ 各指标判断准则，确定构建滞后期为 3 的

VAR 模型。经检验建立的模型 VAR(3)是稳定的,将滞后期数确定为 3 是合理的。基于上述得到的 VAR(3)模型对 F_t、S_t 和 SI_t 变量协整关系进行检验。由表 7-2 中的检验结果可知,在 1%的显著性水平下,三个变量间存在协整关系,也就是在 99%的置信区间内,有理由相信铜期、现货价格及铜上市公司股票价格收益率波动之间存在长期均衡关系。

表 7-2 多变量 Johansen-Juselius 协整检验结果

原假设	特征根	迹统计量	5%临界值	P-值**	结 果
无协整向量	0.414 9	650.109 2	21.131 6	0.000 1	拒绝***
最多一个协整向量	0.202 7	274.775 3	14.264 6	0.000 1	拒绝***
最多两个协整向量	0.194 4	262.179 3	3.841 5	0.000 0	拒绝***

注:*** 在 1%的显著性水平下拒绝原假设;
♯ MacKinnon-Haug-Michelis(1999) 单侧 P-值。

(2) SVAR 模型短期约束设定

由于矩阵 B 中元素表示的是变量间的当期关系,因此根据相关理论得到如下约束条件:首先,由于期货价格变动领先于现货价格变动,并形成对现货价格的引导,因此,现货价格对当前期货价格无显著影响,即 $b_{12}=0$;其次,短期内生产企业资产价格的波动并不能直接对商品期货、现货价格产生显著冲击效应,即公司资产价格短期内不会影响到商品期货与现货的价格,相应地设定 $b_{13}=0,b_{23}=0$。

根据上述约束条件的设定,得到如下约束矩阵:

$$B = \begin{bmatrix} 1 & 0 & 0 \\ c(1) & 1 & 0 \\ c(2) & c(3) & 1 \end{bmatrix} \quad \text{式}(7-14)$$

(3) SVAR 模型的估计结果

基于上述简化的 VAR(3)模型和约束矩阵设定,应用 Eviews 8.0 软件进行 SVAR 模型估计,经计算得到如表 7-3 所示的估计结果。结果表明,各变量通过显著性检验,可以基于 SVAR 模型进一步分析变量间的短期相关性。

表 7-3 SVAR 模型的估计结果

	Coefficient	Std. Error	z-Statistic	Prob.
C(2)	0.696 8	0.014 1	49.321 1	0.000 0
C(4)	1.333 8	0.080 8	16.512 3	0.000 0
C(5)	−0.242 9	0.094 7	−2.564 9	0.010 3
C(1)	1.072 8	0.021 8	49.274 7	0.000 0
C(3)	0.528 0	0.010 7	49.274 7	0.000 0
C(6)	1.742 1	0.035 4	49.274 7	0.000 0
Log likelihood		−5 151.648		
	Estimated A matrix:			
1.000 0	0.000 0	0.000 0		
−0.696 8	1.000 0	0.000 0		
−1.333 8	0.242 9	1.000 0		
	Estimated B matrix:			
1.072 8	0.000 0	0.000 0		
0.000 0	0.528 0	0.000 0		
0.000 0	0.000 0	1.742 1		

Model: Ae=Bu where E[uu′]=I Restriction Type: Cornish-run text form
@e1=C(1)*@u1
@e3=C(2)*@e1 + C(3)*@u3
@e2=C(4)*@e1 + C(5)*@e3 + C(6)*@u2
Where
@e1 represents F_t residuals
@e2 represents S_t residuals
@e3 represents SI_t residuals

3. 期货、现货及证券市场相关资产间的脉冲响应分析

基于 SVAR 模型选择结构模型脉冲响应函数进行脉冲响应分析,以确定各变量代表的市场之间的风险传染情况。从图 7-1 所示的股票市场对期货市场脉冲响应的结果中可以看出,当在本期铜期货市场产生一个正向脉冲引起国内铜业上市公司股票价格收益的正向响应,并且在第 1 期达到最大波幅时,收益率增加了 1.3%。之后波动幅度下降,在第 5 期跌至最低后迅速趋于稳定。这表明铜期货收益率出现短期的某一冲击后,给铜业上市公司股票价格带来同向的冲击,冲击效应在第 1 个交易日达到最大,之后迅速回落并在第 5 个交易日之后趋于稳定。这表明如果上海期货交易所铜期货市场发生意外波动(风险形成)将迅速通过信息渠道传染至国内证券市场,并在第 1 期铜业公司股价上得到显现,即形成了从期货市场到证券市场以铜期货价格信息为渠道的风险传染。

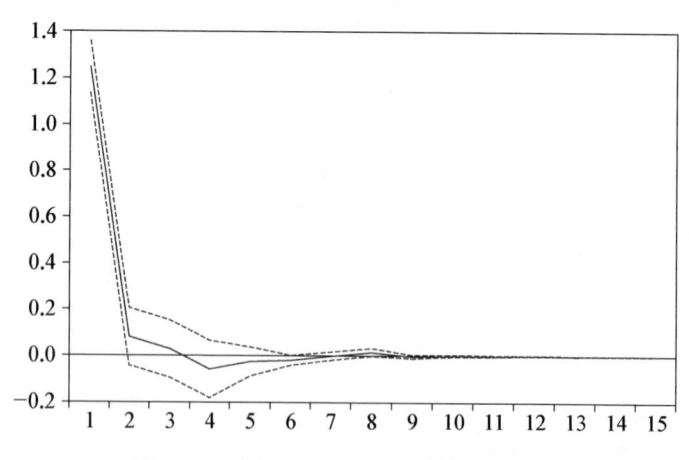

图 7-1 股票市场对期货市场脉冲的响应

图7-2所示为股票市场对现货市场的脉冲响应结果。从图7-2中可以看出,铜现货价格收益率一个正向脉冲引起国内铜业上市公司股票价格收益率增加了0.9%。这表明从铜现货市场到国内证券市场的风险传染效应显著,但较期货市场影响略低。上述结果表明,存在上海期货交易所铜期货市场、铜现货市场到证券市场的风险传染。

图7-2 股票市场对现货市场脉冲的响应

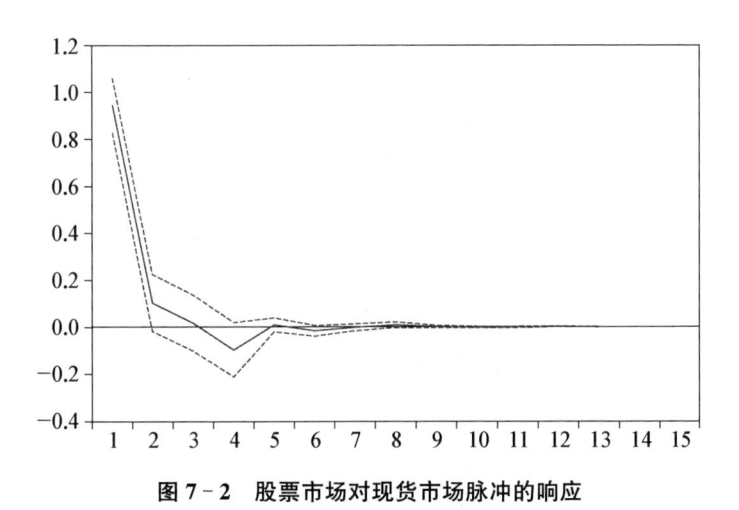

图7-3所示为铜现货市场价格收益率对期货市场的脉冲响应情况。从图7-3中可以看出,国内铜现货市场受到上海期货交易所铜期货收益率变动的影响较大。这表明如果上海期货交易所铜期货市场发生意外波动(风险形成)则将迅速传染至铜现货市场,并在第1期长江现货长江1#铜价格收益上得到体现,即形成了从上海期货交易所到长江现货以铜期货—现货价格引导为路径的风险传染。

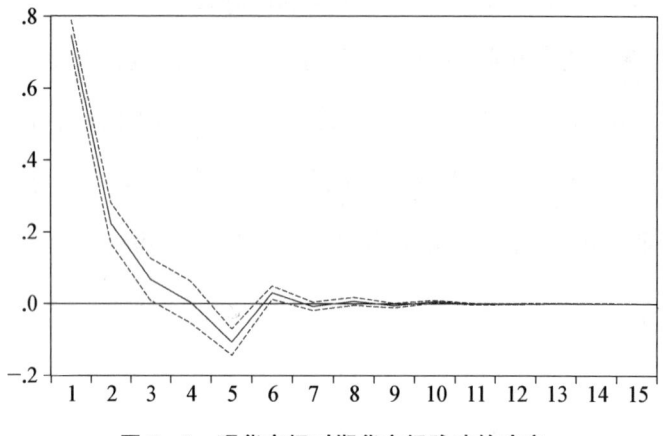

图 7-3 现货市场对期货市场脉冲的响应

综上分析,证券市场铜业公司股票价格收益率波动与上海期货交易所铜期货、国内现货市场铜商品价格收益率之间存在相关性。存在以铜商品价格为纽带且以信息为基础的风险跨市场传染。最明显的跨市场风险传染是起源于铜商品期货价格收益率变动,经信息渠道传染至证券市场,体现在证券市场铜业公司股票价格收益波动上。

7.1.2 期货、现货及证券市场间的风险溢出动态分析

1. 期货、现货及证券市场相关资产间的收益率动态相关性分析

采用 DCC-GJR-GARCH 模型估计期货、现货及证券市场相关资产间收益率之间的动态相关系数,相关系数的统计结果如表 7-4 所示。期货与现货收益率之间的相关系数均较高,且呈现正向相关关系。现货与股票收益率之间的动态相关系数均值较小,但是波动性较大。

表 7-4 DCC-GARCH 的动态相关系数

变量关系	均　值	最大值	最小值	标准差
$F_t—S_t$	0.726 4	0.947 5	0.463 2	0.041 7
$F_t—SI_t$	0.587 7	0.868 8	0.263 9	0.054 9
$S_t—SI_t$	0.408 5	0.807 1	0.058 2	0.065 6

为了更直观地分析期货、现货及证券市场相关资产收益率之间相关性随时间的动态变化,将估计结果绘制成图形。如图 7-4—图 7-6 所示,2016—2020 年,期货、现货及证券市场相关资产收益率之间的动态相关系数无明显上升或下降趋势。从图 7-4 所示的期货市场与股票市场间动态相关系数变动的结果中可以直观地看出,期货市场与股票市场间相关系数在 2016 年—2017 年 11 月间的波动幅度较大,异常波动(短时大幅度波动)出现的频率较高。之后波动幅度减小,异常波动的频率降低。在 2019 年之后,异常波动的频率再次增高。

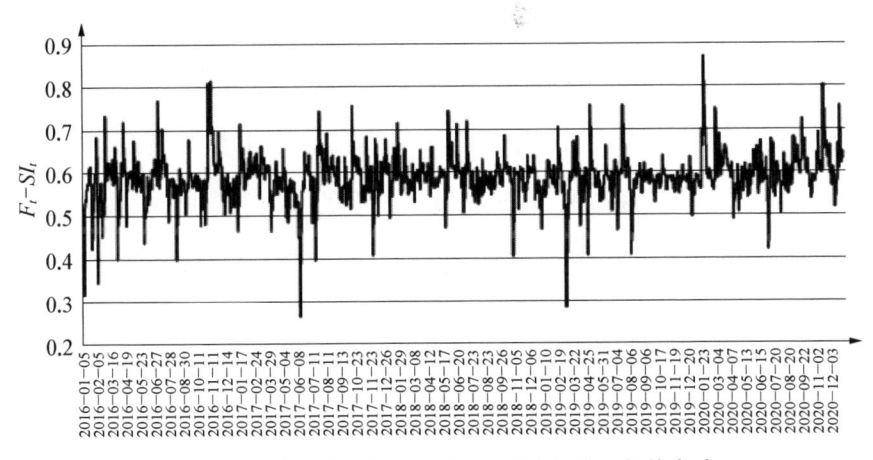

图 7-4　期货市场与股票市场间动态相关系数的变动

图 7-5 所示为现货市场与股票市场间动态相关系数的变动情况,可以直观地看出,现货市场与股票市场间相关系数的整体低于期货市场

与股票市场间的相关系数,但是波动性明显更强。2016—2018年间的波动幅度较大,异常波动(短时大幅度波动)出现的频率较高。之后波动幅度减小,异常波动的频率降低。在2020年之后,异常波动的频率再次增高,且波动的幅度明显加大。

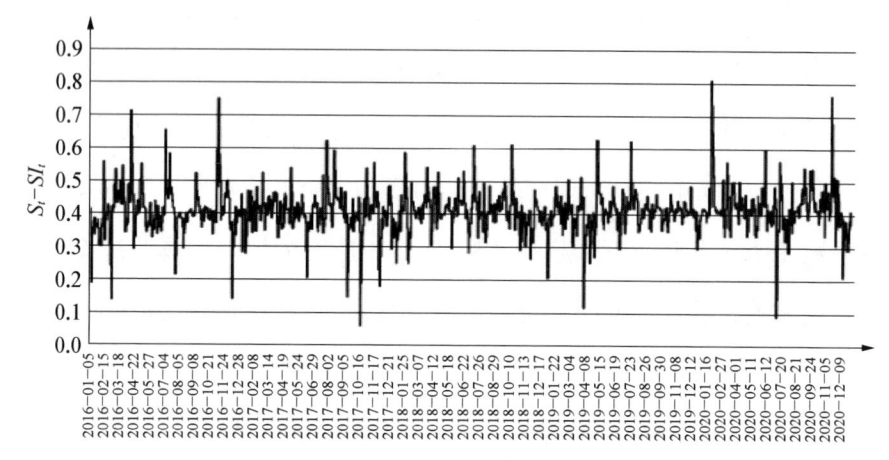

图7-5 现货市场与股票市场间动态相关系数的变动

图7-6所示为期货市场与现货市场间动态相关系数的变动情况,可以直观地看出,期货市场与现货市场相关系数的数值较高,波动性相比于另两个相关系数要小,异常波动出现的频率也相对略低。2016—2017年的波动幅度逐渐增大,异常波动出现的频率逐渐增高。之后波动幅度减小,异常波动的频率降低。在2020年之后,异常波动的频率再次增高,且波动的幅度明显加大。

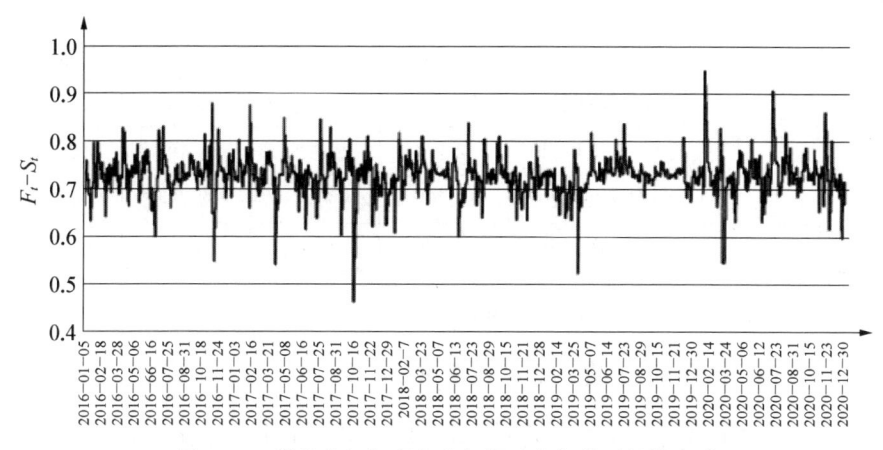

图 7-6 期货市场与现货市场间动态相关系数的变动

2. 基于 DCC-GJR-GARCH 模型的期货、现货及证券市场间的风险溢出动态分析

基于 DCC-GJR-GARCH-ΔCoVaR 模型，估计出 95% 置信水平下的期货、现货及证券市场收益率间下行风险的动态 CoVaR 和 ΔCoVaR。表 7-5 所示为 CoVaR 和 ΔCoVaR 的均值、最大值、最小值与标准差。从均值来看，期货对现货的 CoVaR 和 ΔCoVaR 影响分别是 -2.1042 和 -1.0807；现货对股票的 CoVaR 和 ΔCoVaR 影响分别是 -4.5055 和 -1.46941；期货对股票的 CoVaR 和 ΔCoVaR 影响分别是 -4.8028 和 -2.1714。由此可以看出，期货对股票的溢出效应和溢出贡献程度大于现货。这意味着期货市场对证券市场的风险冲击更为强烈。

表 7-5 期货、现货及证券市场间的下行风险溢出 ΔCoVaR($\alpha=5\%$)

关联资产	测度指标	均值	最大值	最小值	标准差
期货—现货	CoVaR F-S	-2.1042	-1.7324	-4.2583	0.3381
	ΔCoVaR F-S	-1.0807	-0.7089	-3.2347	0.3381

续表

关联资产	测度指标	均　值	最大值	最小值	标准差
期货—股票	CoVaR F-SI	−4.802 8	−4.055 8	−9.131 1	0.679 3
	ΔCoVaR F-SI	−2.171 4	−1.424 4	−6.499 7	0.679 3
现货—股票	CoVaR S-SI	−4.505 5	−4.068 7	−8.784 9	0.493 7
	ΔCoVaR S-SI	−1.469 4	−1.032 6	−5.748 8	0.493 7

注：F-S 表示由期货向现货的溢出。

为直观地分析期货、现货及证券市场间下行风险的 CoVaR 和 ΔCoVaR 动态变化，将各 CoVaR 和 ΔCoVaR 的时序变化绘制成图形。图 7-7—图 7-9 所示为期货、现货及证券市场间的 CoVaR 和 ΔCoVaR 动态变化。从整体趋势上看，期货、现货及证券市场间的 CoVaR 和 ΔCoVaR 动态变化有相近之处。2016 年 11 月，随着期货、现货价格的快速上涨，期货对现货及证券市场、现货对证券市场的溢出效应和溢出贡献程度快速增加，CoVaR 和 ΔCoVaR 达到了阶段峰值。之后，期货对现货、证券市场风险溢出效应的波动幅度减缓。2020 年 1—3 月，商品期、现货价格快速下跌，期货对现货及证券市场、现货对证券市场均达到了阶段极值。从波动幅度的对比上看，期货对现货及证券市场、现货对证券市场溢出效应的波动幅度明显大于期货对现货市场的。在 2016—2020 年动态变化幅度的对比上，期货对现货市场溢出效应和溢出贡献程度更为稳定，期货对证券市场、现货对证券市场的溢出效应和溢出贡献程度存在较大波动性。

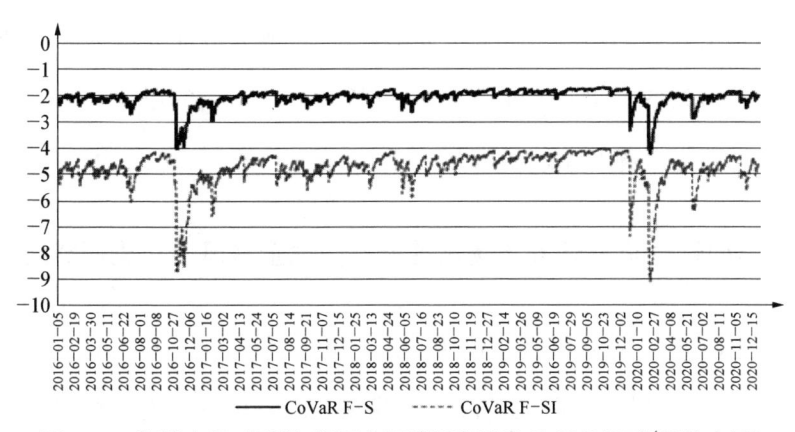

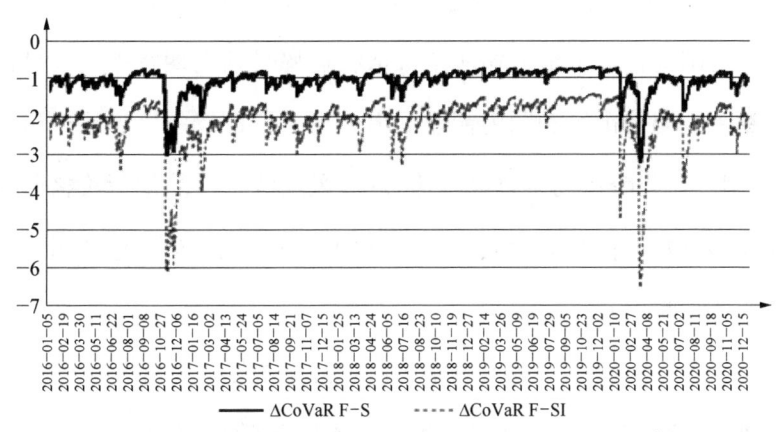

第七章 金融市场与实体经济间的金融风险传染实证研究

图7-7 期货市场对现货、股票市场的风险溢出 CoVaR(95%置信水平)

图7-8 期货市场对现货、股票市场的风险溢出 ΔCoVaR(95%置信水平)

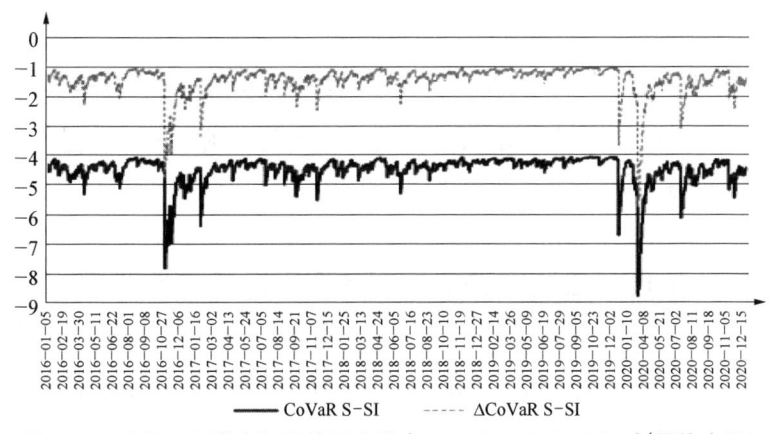

图7-9 现货对证券市场间的风险溢出 CoVaR、ΔCoVaR(95%置信水平)

综合上述分析，期货对现货及证券市场、现货对证券市场间存在动态风险溢出关系。期货对证券市场、现货对证券市场的风险溢出大于期货市场对现货市场的风险溢出。

7.1.3 期货、现货及证券市场相关资产间的金融风险传染研究结论

上述研究分别运用 SVAR 模型和 DCC-GJR-GARCH-ΔCoVaR 模型对我国铜期货价格、铜现货价格和铜业上市公司股价收益率间的金融风险传染进行了实证分析。基于实证结果，可以得出如下基本结论：

首先，国内铜业上市公司股票价格收益率受到铜期货市场波动的影响，存在由铜期货市场到国内铜业上市公司股票市场的跨市场金融风险传染机制。在此跨市场金融风险传染中，风险源于商品期货价格收益波动（风险形成），经信息渠道传染至国内证券市场，从而引起公司股价收益波动（风险响应）。

其次，存在由铜现货市场到铜业上市公司股价收益率的跨市场金融风险传染。但是该作用效果明显小于铜期货市场对公司股票市场的作用。

最后，国内铜现货市场受到铜期货市场波动的影响，存在由铜期货市场到铜现货市场的跨市场金融风险传染。铜期货市场对铜业上市公司股票市场的风险传染强度大于对铜现货市场的风险传染强度。

7.2 期货市场与宏观经济变量间的金融风险传染研究

2006 年以来，我国期货市场得到了长足发展，目前已经形成了涵盖商品期货、金融期货的多品种期货市场。截止到 2020 年年底，我国内地已经建立

了4家期货交易所,有62种商品期货和6种金融期货上市交易,年交易额达到了4 373 005亿元。实践中,商品期货价格指数被视作国民经济预警器,是在货币政策制定与调整过程中参考的重要先行指标。随着我国期货市场的不断发展,商品期货价格指数与宏观经济变量之间的关系是否加强并存在动态变化?商品期货市场的价格波动是否引起宏观经济变量的变动?针对这些问题,本节选取我国商品期货价格指数和宏观经济变量,来分析商品期货与宏观经济之间的动态关系,并探讨商品期货与宏观经济之间的风险传染问题。

7.2.1 变量选择与样本数据整理

采用市场认可度较高的南华商品指数作为代表商品期货市场价格变动的指标变量。在宏观变量选择方面,本文选取CPI指数和银行间同业拆借利率作为表征变量。研究采样区间为2007年1月至2020年12月。所有指标均采用月度数据,南华商品指数选取收盘价格,银行间同业拆借利率选取30天加权平均利率。为了避免各数据数量级、量纲差异及时间序列经济数据中的异方差影响,所有变量均取实际值的对数收益率形式。将得到的南华商品指数、CPI指数和银行间同业拆借利率价格收益率序列分别记作 $NHCI_t$、CPI_t 和 IR_t。采用ADF检验法对各时间序列的平稳性进行检验。其检验结果如表7-6所示。

表7-6 各变量价格收益率序列平稳性检验结果(一)

变量	ADF的 t-统计量	检验临界值 1%	检验临界值 5%	检验临界值 10%	P-值*	平稳性
$NHCI_t$	−10.649 4	−3.469 7	−2.878 7	−2.576 0	0.000 0	平稳***
CPI_t	−10.208 3	−3.469 7	−2.878 7	−2.576 0	0.000 0	平稳***
IR_t	−14.236 1	−3.469 7	−2.878 7	−2.576 0	0.000 0	平稳***

注:*** 表示在1%的显著性水平下显著。

从检验结果可知,南华商品指数、CPI 指数和银行间同业拆借利率价格收益率序列均为平稳序列,即各序列均是 $I(0)$ 序列,同阶平稳。

7.2.2 基于 TVP-VAR 模型的期货市场与宏观经济变量间的金融风险传染研究

1. TVP-VAR 模型参数估计

设定 TVP-VAR 模型的滞后期为 2,MCMC 抽样方法为 Gibbs 抽样,次数为 20 000 次,对模型参数进行估计。表 7-7 所示的 TVP-VAR 模型参数估计中,Geweke 检验结果显示,在 5% 的显著性水平下不能拒绝收敛于后验分布的原假设;所有参数估计的无效因子均较小,无效因子最大值为 134.49,表明 MCMC 抽样可以产生足够多的有效样本。

表 7-7 TVP-VAR 模型的估计结果(一)

参数	均值	标准差	95%下限	95%上限	Geweke	无效因子
$(\sum_\beta)_1$	0.022 6	0.002 5	0.018 3	0.028 2	0.720	9.34
$(\sum_\beta)_2$	0.022 8	0.002 6	0.018 3	0.028 6	0.519	10.08
$(\sum_\alpha)_1$	0.041 6	0.007 2	0.029 5	0.057 5	0.394	28.08
$(\sum_\alpha)_2$	0.075 7	0.032 8	0.040 6	0.157 1	0.222	89.47
$(\sum_h)_1$	0.308 0	0.085 3	0.165 2	0.499 5	0.594	51.58
$(\sum_h)_2$	0.302 1	0.131 4	0.115 7	0.620 8	0.599	134.49

图 7-10 所示的 TVP-VAR 模型参数估计结果中,迭代抽样后的 $\sum_\beta$、$\sum_\alpha$ 和 $\sum_h$ 参数自相关系数迅速衰减,抽样参数之间是相互独立的。综合表 7-7 和图 7-10 所示的 TVP-VAR 模型参数估计结果,可以认定基于 MCMC 抽样的模型估计有效,可以进一步分析。

图 7-10 TVP-VAR 模型的 MCMC 估计结果（一）

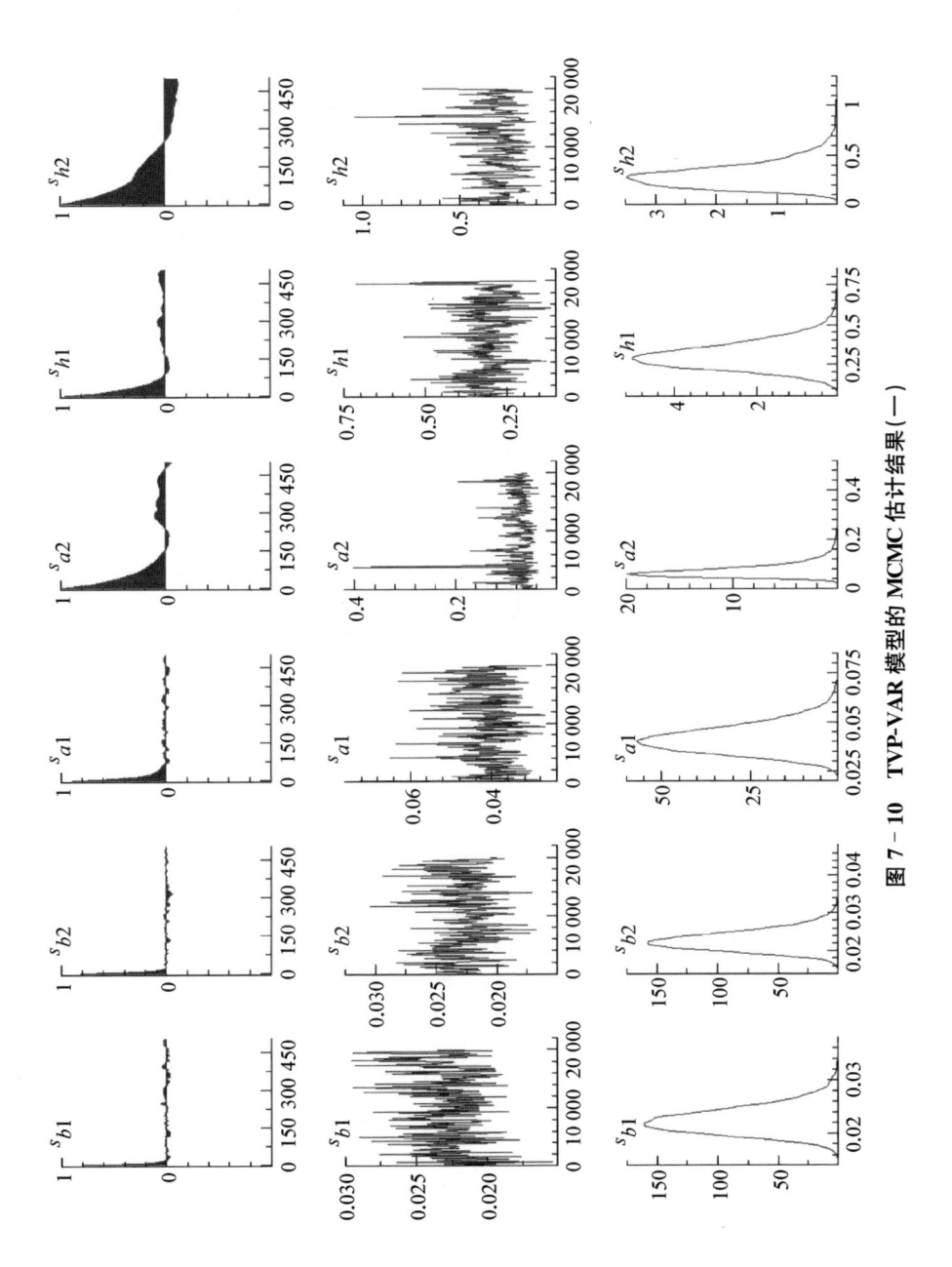

图 7-11 所示为各变量随机波动率的时变特征,变量随机波动率较好地反映了各变量的历史波动。其中,同业拆借利率波动频率最高,相对波动幅度变化最大;CPI 指数波动最小。在波动率强度上,同业拆借利率＞南华商品指数＞CPI 指数。

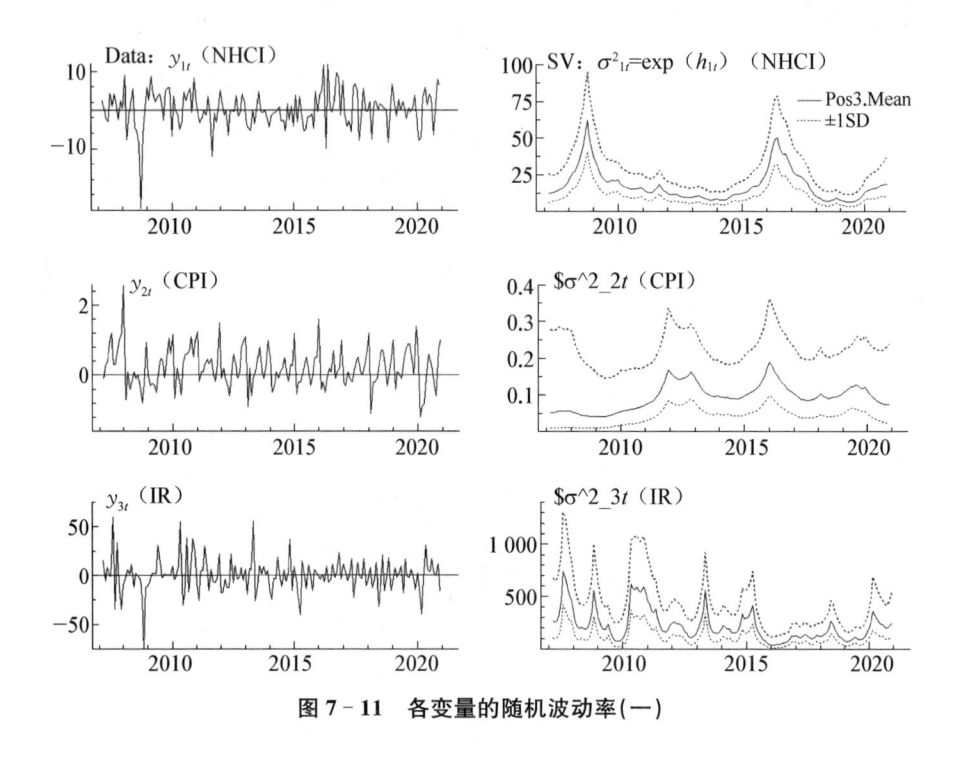

图 7-11 各变量的随机波动率(一)

2. 时变脉冲响应分析

(1) 不同提前期的脉冲响应时变特征分析

考虑到样本采样周期和不同时期脉冲响应的可比性,将滞后期设定为 1、3、6 期,分别对应 1 个月、3 个月和 6 个月以分析短期、中期和长期动态脉冲影响。基于 TVP-VAR 模型得到如图 7-12 所示的动态脉冲响应,其中,实线、长虚线、短虚线分别代表滞后 1 个月、3 个月和 6 个月的动态脉冲。鉴于本研究重点关注的是商品期货指数对宏观经济指标的预警，以及短期资金供求对商品期货指数、宏观经济的影响。因此，图 7-12 仅给出了商品期货对 CPI 指数的脉冲响应（$\varepsilon_{NHCI}\uparrow \to$ CPI），同业拆借利率对 CPI 指数的脉冲响应（$\varepsilon_{IR}\uparrow \to$ CPI），以及商品期货与同业拆借市场利率之间的脉冲响应的结果。图示结果显示，三个脉冲响应的时变特征均显著，也说明 TVP-VAR 模型有效测度了各变量冲击随时间变动的特征。从冲击效应的时变特征来看，各市场受到短期冲击的脉冲响应效应更为显著。

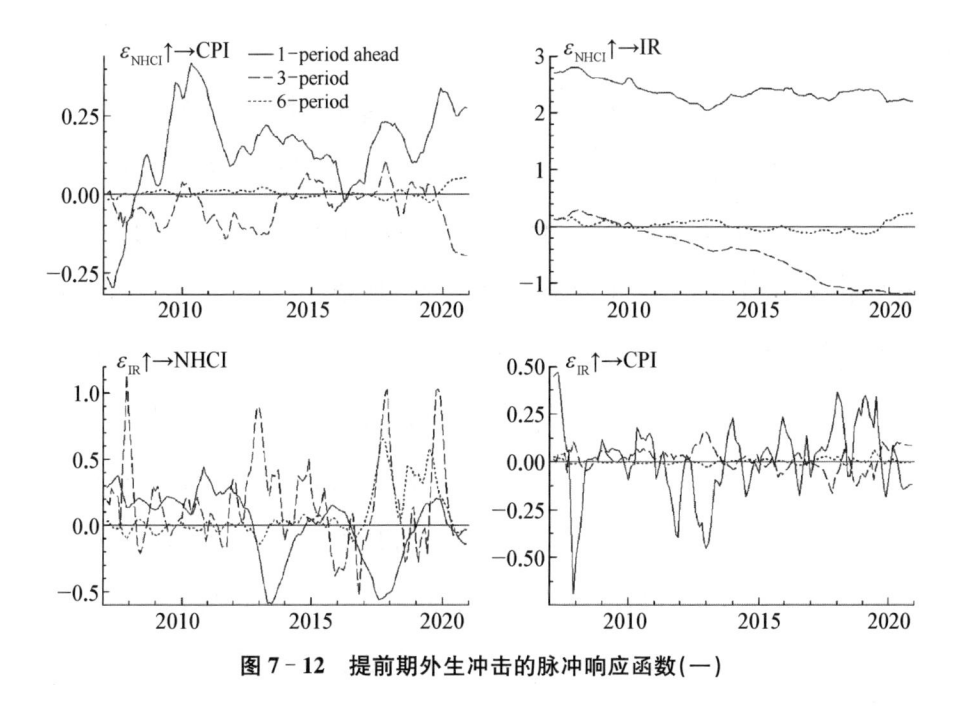

图 7-12 提前期外生冲击的脉冲响应函数（一）

CPI 指数对商品期货（$\varepsilon_{NHCI}\uparrow \to$ CPI）波动冲击的响应显著，且多数为正，说明商品期货波动冲击能够在短时间内传导至 CPI 指数。2007年，CPI 指数对商品期货脉冲的响应为负值。之后持续上涨，2008 年出现正值，并于 2010 年达到正向最大幅度，然后回落。2012—2019 年，整体冲击效应波动较小。2019 年年底—2020 年，商品期货市场对 CPI 指数波动冲击的效应明显走强,且滞后 3 个月期的脉冲效应也在加强。商品期货市场短期波动影响 CPI 指数有一个前提条件,即商品期货品种要足够丰富,且涵盖 CPI 指数的主要消费品。商品期货市场长期脉冲影响 CPI 指数则是商品期货中工业品更为丰富,能够对 PPI 指数形成预警功能,通过 PPI 指数逐渐传导至 CPI 指数。从商品期货对 CPI 指数冲击效应的动态变化可以看出,商品期货与 CPI 指数之间存在长期稳定的相关关系。商品期货对 CPI 指数的冲击效应受到自身发展以及外部环境变化和冲击的影响。

CPI 指数对同业拆借($\varepsilon_{IR}\uparrow \rightarrow$ CPI)波动冲击的响应显著。2007 年,同业拆借利率对 CPI 指数冲击效应的波动性较强,从正向最大幅度直接下探负向最大幅度。2008—2009 年,在次贷危机背景下,同业拆借利率对 CPI 指数冲击效应的变动仍旧明显小于 2007 年。这说明外部环境变化对同业拆借利率与 CPI 指数脉冲响应的影响相对较小。2011—2013 年,同业拆借利率对 CPI 指数的冲击效应出现 W 型下探变化,而同期同业拆利率却经历了两次冲高过程。这意味着在短期内同业拆借市场利率上升且流动性紧张的行情下,同业拆借利率的短期冲击会引起 CPI 指数负向响应。之后的脉冲响应变化与此类似。因此,同业拆借利率对 CPI 指数的冲击效应受到同业拆借市场变动的影响。

商品期货与同业拆借利率之间的脉冲响应存在非常明显的差异。从响应程度来看,同业拆借市场对商品期货市场脉冲的响应幅度较高,但是波动性较小。而商品期货对同业拆借市场脉冲的响应程度小于同业拆借市场对商品期货市场脉冲的响应,但是波动性更强,且提前3期的脉冲响应程度更高。这表明商品期货对同业拆借利率的脉冲效应较强，反映出大宗商品期货价格能够对短期资金市场产生影响。而同业拆借利率对商品期货脉冲效应的波动性更强，且中期的脉冲影响更大。

(2) 不同时点的脉冲响应时变特征分析

本文选取三个典型事件，采用时点脉冲响应函数来分析市场之间的动态响应。时点1为2008年10月，该阶段我国商品期货市场指数出现巨幅波动。时点2为2009年1月，商品期货价格指数出现连续上涨，而同期CPI指数出现了连续下降。时点3为2018年6月，之后同业拆借市场波动性增大。

图7-13所示的不同时点外生冲击的脉冲响应函数结果中，商品期货、CPI指数和同业拆借利率之间的冲击联动效应存在差异性。从响应速度来看，商品期货对CPI指数、同业拆借对CPI指数以及商品期货与同业拆借利率之间的脉冲响应均不在第一时间达到最大值，说明时点的冲击响应存在滞后性。

商品期货对CPI指数的冲击联动效应的时点差异明显。时点1和时点3最大响应幅度为负值，且在滞后2期达到最大幅度。时点2最大响应幅度为正向，在滞后1期达到最大幅度。从最大响应幅度来看，时点2的响应幅度最大。这说明不同时点商品期货变动对CPI指数的冲击效应不同；在商品期货价格指数出现连续上涨，而同期CPI指数出现连续下降，两个变量背离变化的情况下冲击效应最大。

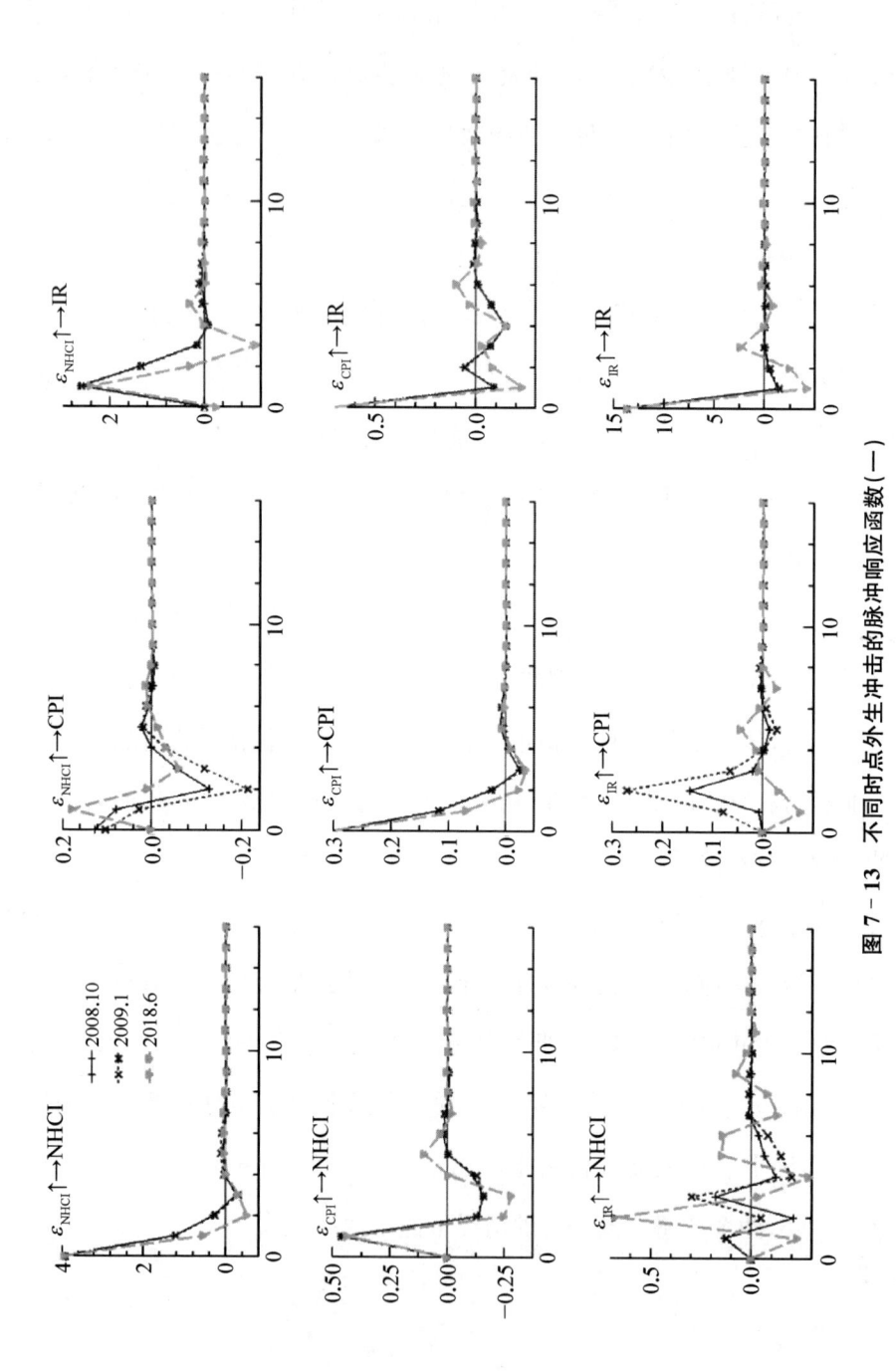

图 7-13 不同时点外生冲击的脉冲响应函数（一）

商品期货对同业拆借利率冲击联动效应的时点差异较小。三个时点的最大响应幅度均为正向,均出现在滞后 1 期,数值接近。这说明商品期货对同业拆借利率的冲击效应更为稳定,受市场变化影响较小。同业拆借利率对商品期货冲击联动效应的时点差异明显。时点 1 和时点 3 的最大响应幅度出现在滞后 2 期,其中时点 1 的最大响应为负向,时点 3 的最大响应为正向,且是三个时点响应幅度绝对值中最大的。时点 2 的最大响应幅度出现在滞后 3 期,为正向。从收敛特征来看,各时点的脉冲效应均出现了在响应幅度正负之间摆动的情况,均在滞后 10 期趋于稳定。由此可以看出,同业拆借利率对商品期货的冲击联动效应波动较大,容易受到各市场变动的影响,其中受自身变动影响更大。

同业拆借利率对 CPI 指数冲击联动效应的时点差异明显。在响应速度方面,时点 3 滞后 1 期达到最大响应幅度,为负向。时点 1 和时点 2 均在滞后 2 期达到最大响应幅度,为正向。从响应幅度来看,各时点最大响应幅度的绝对值从大到小为时点 2＞时点 1＞时点 3。从冲击响应的收敛方面来看,所有时点的脉冲效应均经历了正负方向摆动,在滞后 9 期趋于稳定。由此可知,同业拆借利率对 CPI 指数的冲击效应存在明显时点差异,受到不同时点的内外部环境影响。

7.2.3　期货市场与宏观经济变量间的金融风险传染研究结论

上述分析运用 TVP-VAR 模型对我国期货市场与宏观经济变量间的金融风险传染进行了实证分析。基于实证结果分析,可以得出如下基本结论:

首先,我国商品期货市场与宏观经济变量之间存在风险传染。

商品期货价格指数变动能够引起宏观经济变量CPI指数和同业拆借利率的变动。

其次,商品期货指数波动能够引起CPI指数变动这一结论与张树忠、李天忠和丁涛(2006)[325]、杜迎伟等(2008)[326]、冯科和李昕昕(2014)[327][114]的研究结论相似。但是不同之处在于,杜迎伟等(2008)、冯科和李昕昕(2014)的研究认为,中国期货指数领先宏观经济变量3—6个月不等。而本研究发现,商品期货指数短期波动对CPI指数影响更为强烈。究其原因,一方面是由于我国商品期货市场快速发展,上市品种更为齐全,商品期货的价格发现功能增强;另一方面,随着我国商品现货市场与流通领域的快速发展,价格变动的传导能力增强,反应也更为迅速。相关价格信息会迅速反映在商品期、现货市场之中,并传导至相关市场与宏观经济指数。因此,商品期货指数短期波动能够迅速引起CPI指数反应,形成从期货到宏观经济变量的风险传染。

最后,商品期货价格指数与同业拆借利率之间存在双向风险传染。其中,商品期货价格指数对同业拆借利率的风险传染更为稳定,而同业拆借利率对商品期货价格指数的风险传染更容易受到市场与外部因素的影响。

7.3 股票市场与宏观经济变量间的金融风险传染研究

近年来,我国股票市场发展迅速,我国沪、深两市总市值自2007年年初的105 643.47亿元增长到了2020年年底的797 238亿元,上涨了654.65%,同期上市公司也从1 445家增长到了4 154家,上涨了187.47%。

在我国股票市场发展与宏观经济持续增长的背景下,对股票市场的经济"晴雨表"功能是否加强,股票市场与宏观经济变量之间是否存在的风险传染问题进行实证检验。

7.3.1 变量选择与样本数据整理

本节采用市场认可度较高的上证综合指数作为代表股票市场价格变动的指标变量。在宏观经济变量选择方面,选取 CPI 指数和银行间同业拆借利率作为表征变量。数据选取 2007 年 1 月至 2020 年 12 月的月度数据。上证综合指数采用月收盘价格。为了避免各数据数量级、量纲差异及时间序列经济数据中的异方差影响,所有变量均取实际值的对数收益率形式。将得到的上证指数、CPI 指数和银行间同业拆借利率收益率序列分别记作 SZ_t、CPI_t 和 IR_t。采用 ADF 检验法对各时间序列的平稳性进行检验。其检验结果如表 7-8 所示。

表 7-8 各变量价格收益率序列平稳性检验结果(二)

变量	ADF 的 t-统计量	检验临界值 1%	检验临界值 5%	检验临界值 10%	P-值*	平稳性
SZ_t	−11.889 1	−3.469 7	−2.878 7	−2.576 0	0.000 0	平稳***
CPI_t	−10.208 3	−3.469 7	−2.878 7	−2.576 0	0.000 0	平稳***
IR_t	−14.236 1	−3.469 7	−2.878 7	−2.576 0	0.000 0	平稳***

注:*** 表示在 1% 的显著性水平下显著。

从表 7-8 的平稳性检验结果中可知,上证指数、CPI 指数和银行间同业拆借利率价格收益率序列均为平稳序列,即各序列均是 $I(0)$ 序列,同阶平稳。

7.3.2 基于 TVP-VAR 模型的股票市场与宏观经济变量间的金融风险传染研究

1. TVP-VAR 模型参数估计

设定 TVP-VAR 模型的滞后期为 2，MCMC 抽样方法为 Gibbs 抽样，次数为 20 000 次，对模型参数进行估计。表 7-9 所示的 TVP-VAR 模型参数估计中，Geweke 检验结果显示，在 5% 的显著性水平下不能拒绝收敛于后验分布的原假设；所有参数估计的无效因子均较小，无效因子最大值为 138.63，表明 MCMC 抽样可以产生足够多的有效样本。

表 7-9　TVP-VAR 模型的估计结果（二）

参数	均值	标准差	95%下限	95%上限	Geweke	无效因子
$(\sum_\beta)_1$	0.022 5	0.002 5	0.018 2	0.028 0	0.011	9.98
$(\sum_\beta)_2$	0.022 8	0.002 7	0.018 3	0.028 8	0.564	9.89
$(\sum_\alpha)_1$	0.033 2	0.004 7	0.025 3	0.043 7	0.318	22.28
$(\sum_\alpha)_2$	0.069 9	0.024 0	0.039 7	0.131 9	0.211	76.66
$(\sum_h)_1$	0.345 0	0.088 9	0.198 5	0.547 5	0.787	38.71
$(\sum_h)_2$	0.313 3	0.131 0	0.129 4	0.621 2	0.815	138.63

图 7-14 所示的 TVP-VAR 模型参数估计结果中，迭代抽样后的 $\sum_\beta$、$\sum_\alpha$ 和 $\sum_h$ 参数自相关系数迅速衰减，抽样参数之间是相互独立的。综合表 7-9 和图 7-14 所示的 TVP-VAR 模型参数估计结果，可以认定基于 MCMC 抽样的模型估计有效，可以进一步分析。

图 7-14 TVP-VAR 模型的 MCMC 估计结果（二）

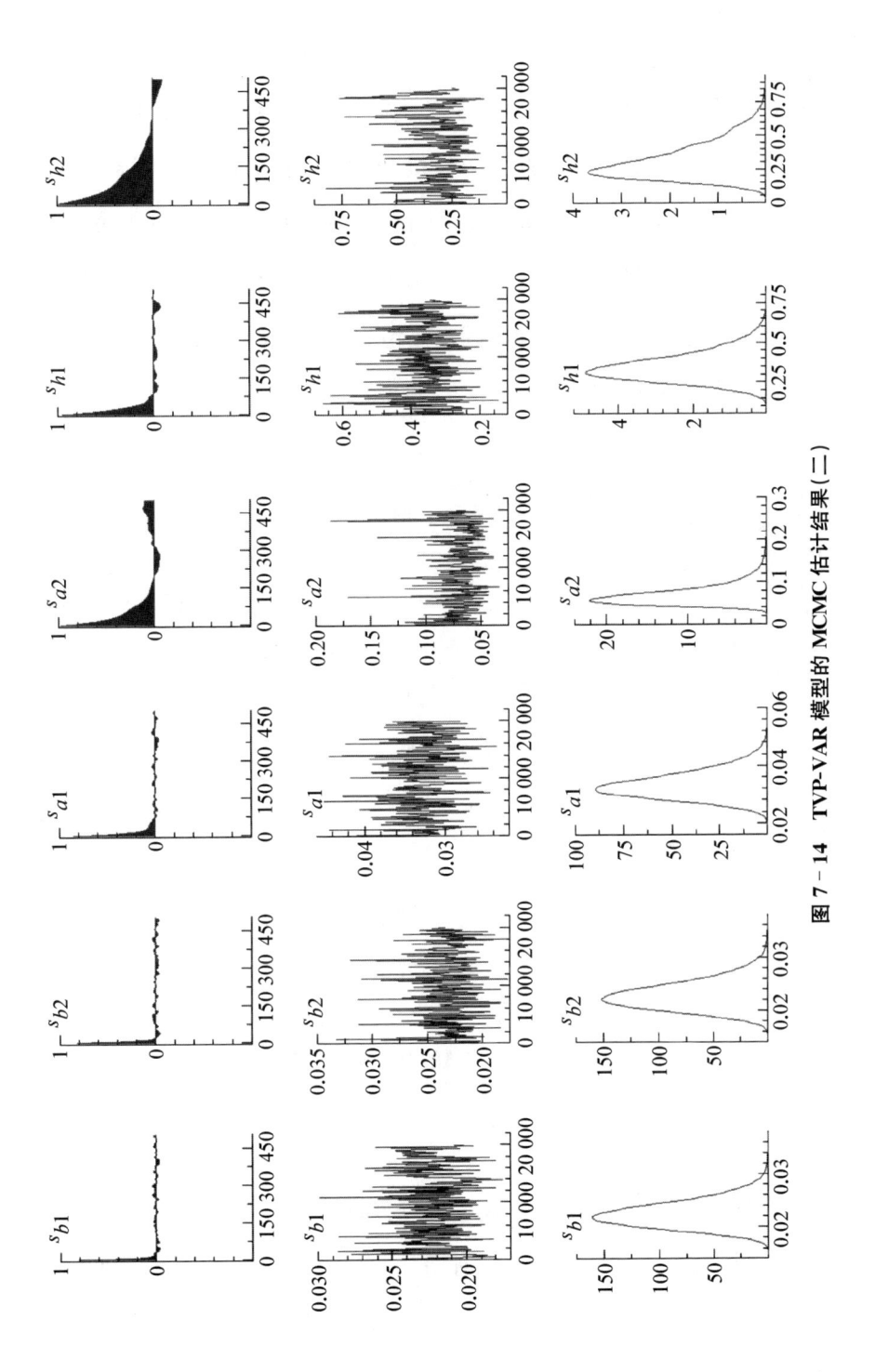

图 7-15 所示为各变量随机波动率的时变特征,变量随机波动率较好地反映了各变量的历史波动。上证指数在 2007 年至 2009 年,及 2015 年波动最剧烈,期间经历的次贷危机和 2015 年股灾。CPI 指数则在 2007 年至 2008 年经历剧烈波动。同业拆借利率则在 2007 至 2008 年波动剧烈,之后波动幅度趋逐步缩小。2020 年 CPI 指数和同业拆借利率波动变化频繁,这与当年受到国际国内疫情影响与冲击相符合。波动率强度上,同业拆借利率>上证指数>CPI 指数。

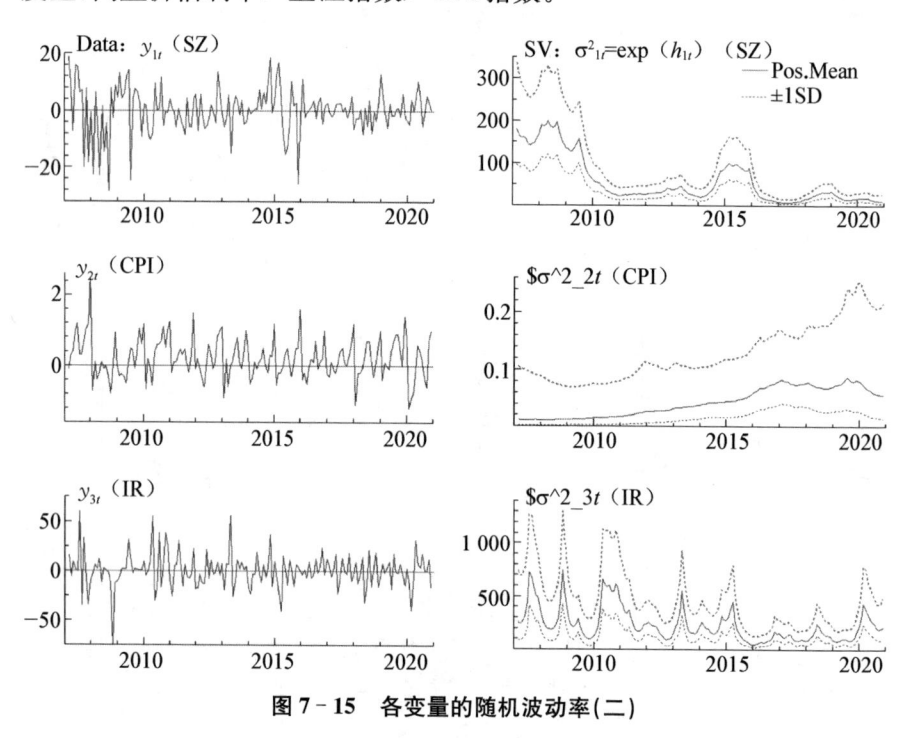

图 7-15 各变量的随机波动率(二)

2. 时变脉冲响应分析

(1) 不同提前期的脉冲响应时变特征分析

考虑到样本采样周期和不同时期脉冲响应的可比性,将滞后期设定为 1、3、6 期,分别对应 1 个月、3 个月和 6 个月以分析短期、中期和长期动态脉冲影响。基于 TVP-VAR 模型得到如图 7-16 所示的动态脉冲响应,其中,实线、长虚线、短虚线分别代表滞后 1 个月、3 个月和 6 个月的动态脉冲。本研究重点关注的是上证指数对宏观经济的"晴雨表"功能,以及短期资金供求对上证指数的影响。因此,图 7-16 仅给出了上证指数对 CPI 指数的脉冲响应($\varepsilon_{SZ}\uparrow \to$ CPI),上证指数与同业拆借市场之间的脉冲响应的结果。图示结果显示,三个市场的时变特征均显著,也说明 TVP-VAR 模型有效测度了各变量冲击随时间变动的特征。从冲击效应的时变特征来看,各市场受到短期冲击的脉冲响应效应更为显著。

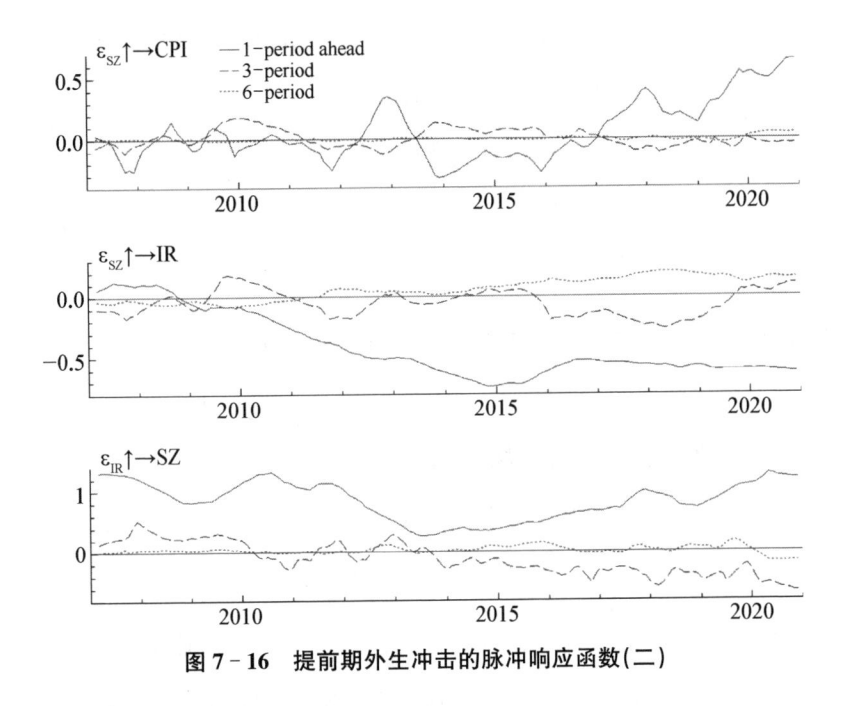

图 7-16 提前期外生冲击的脉冲响应函数(二)

CPI 指数对上证指数($\varepsilon_{SZ}\uparrow \to$ CPI)波动冲击的响应显著,说明上证指数波动冲击能够在短时间内传导至 CPI 指数。2007—2008 年,CPI 指数对上证指数脉冲的响应为负值。2012—2013 年,经历了冲高回落的过程,并下探至阶段低点。2016年,冲击效应呈现波动上升趋势。2020年达到了样本区间的最高点。从上证指数对CPI指数冲击效应的动态变化可以看出,上证指数对CPI指数的冲击效应受到自身发展以及外部环境变化的影响。

上证指数与同业拆借利率之间的脉冲响应存在非常明显的差异。从响应程度来看,上证指数对同业拆借利率的脉冲响应程度较高。而同业拆借利率对上证指数的脉冲响应程度相对较小。在不同提前期方面,两个市场间的短期脉冲响应更强。在中期脉冲响应方面,同业拆借利率对同业拆借利率的中期脉冲效应自2015年开始逐步加强,并且与短期脉冲响应方向相反。这意味着上证指数除了受到同业拆借利率短期信息影响外,中期波动影响作用也在加强。

(2) 不同时点的脉冲响应时变特征分析

本文选取三个典型事件,采用时点脉冲响应函数来分析市场之间的动态响应。时点1为2007年10月,该阶段我国股市创出阶段性新高点,之后快速下跌,次贷危机传导至国内股票市场。时点2为2018年6月,之后同业拆借市场波动性增大。时点3为2020年2月,受到疫情影响,国内宏观经济增长和金融市场受到冲击。

图7-17中的不同时点外生冲击的脉冲响应函数结果显示,上证指数、CPI指数和同业拆借利率之间的冲击联动效应存在差异性。从响应速度来看,上证指数对CPI指数、上证指数与同业拆借利率之间的脉冲响应均未在第一时间达到最大值,说明时点的冲击响应存在滞后性。

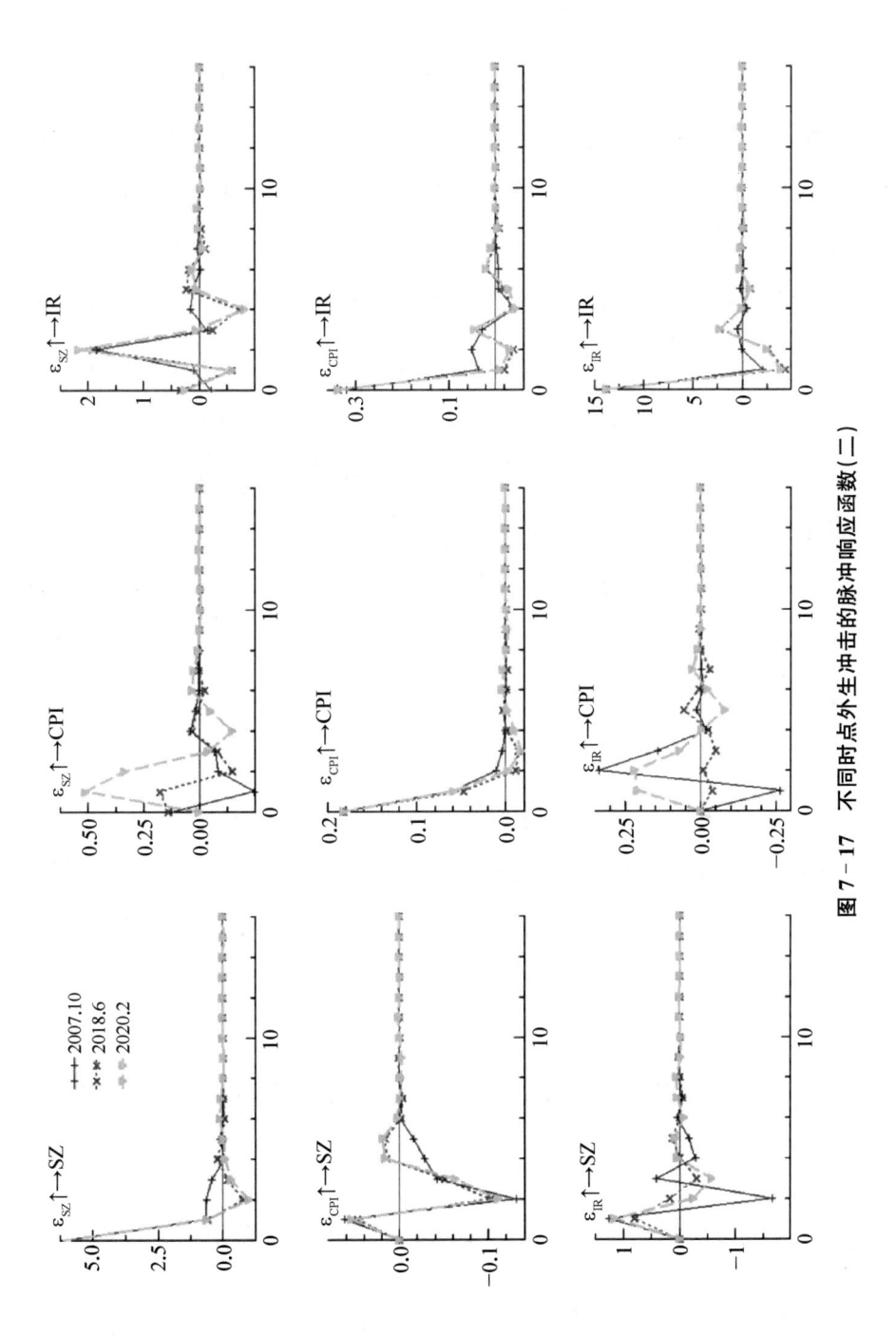

图 7-17 不同时点外生冲击的脉冲响应函数（二）

上证指数对CPI指数冲击联动效应的时点差异明显。时点1的最大响应幅度为负值，且在滞后1期达到最大幅度。时点2和时点3的最大响应幅度为正向，在滞后1期达到最大幅度。从最大响应幅度来看，时点3的响应幅度最大。这说明不同时点的上证指数变动对CPI指数的冲击联动效应不同；在新冠肺炎疫情影响下，国内宏观经济增长和金融市场受到冲击，上证指数对CPI指数的冲击联动效应最强。在2007年上证指数冲高后下行的背景下，上证指数对CPI指数的冲击联动效应仍旧是在滞后1期达到最大，且为负向。这说明上证指数在自身市场剧烈变动的行情下对CPI指数的冲击效应仍旧小于整体经济环境变化下的冲击效应。

上证指数对同业拆借利率冲击联动效应的时点差异较小。三个时点的最大响应幅度均为正向，均出现在滞后2期，数值接近。这说明上证指数对同业拆借利率的冲击联动效应更为稳定，受市场变化及外部经济环境变化影响较小。同业拆借利率对上证指数冲击联动效应的时点差异明显。时点2和时点3的最大相应幅度出现在滞后2期，且为正向。时点1的最大响应幅度出现在滞后2期，为负向，且是三个时点响应幅度绝对值中最大的。时点1滞后1期的响应幅度为正向，数值与时点2和时点3的最大幅度相近。从收敛特征来看，各时点的脉冲效应均出现了在响应幅度正负之间摆动的情况，均在滞后10期趋于稳定。由此可以看出，同业拆借利率对商品期货的冲击联动效应波动较大，容易受到各市场变动的影响，其中受上证指数变动影响更大。

7.3.3 股票市场与宏观经济变量间的金融风险传染研究结论

通过对我国上证指数与CPI指数、同业拆借利率之间风险传染的分析，来研究我国股票市场与宏观经济变量之间的关系。基于实证结果分析，可以得到如下基本结论：

首先，我国上证指数与宏观经济变量之间存在风险传染。上证指数变动能够引起 CPI 指数和同业拆借利率的变动。

其次，上证指数波动能够引起 CPI 指数变动，且短期波动风险传染影响更为强烈。在检测股票市场与宏观经济变量联动变化时，要重点关注股票市场短期波动的影响。特别是在面临外部临时性冲击时，要关注股票市场与宏观经济变量之间相关性的动态变化影响。

最后，上证指数与同业拆借利率之间存在双向风险传染。其中，上证指数对同业拆借利率的风险传染更为稳定，而同业拆借利率对商品期货价格指数的风险传染更容易受到市场与外部因素的影响。

第八章

结论与展望

8.1　主要研究结论

在梳理跨市场金融风险传染相关研究成果的基础上,以我国股票、债券、期货和现货市场为核心,从资产价格波动风险入手,应用金融学、经济学、计量经济学、金融物理学和行为金融学等理论方法,对我国跨市场金融风险传染问题进行了较为深入和系统的研究。分析了我国金融市场资产价格的波动性和关联性,对我国金融市场的资产价格波动风险进行了测度,并检验了我国金融市场风险的相关性,梳理了跨市场金融风险传染的特征,探析了跨市场金融风险传染的机制。基于金融市场间、金融市场内部板块间、金融市场与实体经济间多维度样本数据运用时变模型方法,对我国跨市场金融风险传染进行了实证研究。通过前述理论分析与实证研究得到的主要研究结论如下:

① 跨市场金融风险传染是风险累积与市场关联的共同作用结果。跨市场金融风险传染存在资本流动、资产替代、信息溢出、投资心理预期、资产的产业关联等多种传染路径。当某一市场的风险累积量突破临

界状态时,风险借助市场关联关系,以各类风险传染路径向外传染,最终形成跨市场金融风险传染。跨市场金融风险传染可以是通过单一传染路径来实现,也可以是多路径共同作用的结果。

② 资产价格波动风险传染具有明显的累积性、临界性、路径依赖性以及载体的物化和非物化特征。在跨市场金融风险传染的推动力和阻力方面,资本逐利与投机行为是资产价格波动风险传染的动力源泉;市场中投资者的从众心理与羊群效应的群体行为构成了风险传染的推动力;各市场(交易)的进出壁垒构成了风险传染的主要阻力。外来输入风险引发市场显性反应的条件是输入风险和自身内部风险累积叠加后,总风险超出市场可以调节或容纳的范围,突破市场风险临界点的限制。

③ 我国主要金融市场资产价格收益率波动具有明显的非正态性、非对称性及集簇效应特征和分数维度。金融市场的这些统计特征与现代金融学理论基本假设——随机游走理论不相符。我国金融市场资产价格收益率波动具有明显的外部关联性特征。我国股票、期货和债券市场之间、各市场不同子市场之间,以及金融市场与宏观经济运行之间存在长期相关性。国内外市场之间、国内市场不同资产之间的资产价格收益率波动风险存在较为明显的差异。我国沪、深两市资产价格收益率波动风险大于国际发达市场。我国债券市场日收益率的波动风险小于股票市场。中短期债券市场收益率波动风险大于长期债券市场。公司债市场收益率风险大于金融债市场。我国国内商品期货市场中交易活跃品种的日间价格收益率波动风险较小。我国股票、债券和商品期货市场之间存在风险相关性,并且在 2007 年股灾之后,各市场之间的风险相关性显著提升。

④ 我国股票、债券与商品期货市场之间存在金融风险传染。随着我国金融市场的不断完善与发展,以及商品期货市场"金融化"的提升,三个市场间的跨市场金融风险传染逐步增强。以股指期货、国债期货为代表的金融期货市场与金融现货市场之间存在非对称风险传染关系。金融现货市场对金融期货市场的风险传染大于期货对现货市场的风险传染。金融期、现货市场间的风险传染会随着市场波动幅度的增大而增强。我国商品期货、债券市场内不同板块间存在风险传染,且短期冲击引起的板块间风险传染更为显著。各板块之间的金融风险传染受到自身板块变动和不同板块相对变动的共同影响。金融市场与实体经济之间存在风险传染。随着我国金融市场的快速发展,金融市场与实体经济之间的联系更为紧密,股票市场的经济"晴雨表"功能和商品期货市场的经济预警功能增强。金融市场短期波动能够迅速传导至宏观经济变量,引起 CPI 等宏观经济指数的反应,从而形成从金融市场到宏观经济变量的风险传染。

⑤ 我国跨市场金融风险传染受到各市场自身变化、市场之间相对变化以及外部冲击影响呈现出动态变化。金融市场的剧烈变动和强烈的外部冲击影响均可能引起跨市场金融风险传染的临时结构性变化。在跨市场金融风险传染的监控与防范中,要在重点关注市场极值风险传染的同时,强化对外部冲击的监控,建设与完善金融风险防范体系,防范外部冲击造成系统性风险的恶性传染和巨大危害。

⑥ 我国跨市场金融风险传染受到外部环境非经济因素的冲击影响,如全球新冠肺炎疫情等外部冲击会引起跨市场风险传染的临时结构性变化。本研究成果完成时,全球新冠肺炎疫情尚未全部结束,此类外部

冲击对跨市场金融风险传染的影响还有待于未来做进一步深入研究。

8.2 展　望

跨市场金融风险传染既是一个理论问题，也是实践中的重要应用问题。相关理论与实证研究成果能够为投资决策、市场监管、防范系统性金融风险以及调控虚拟经济和实体经济运行关系提供决策参考。因此，有关该问题的研究具有重要的理论与应用意义。本研究仅在已有研究成果的基础上做了一些工作，一些理论和实证问题还有待于进一步深入分析与研究。

① 本研究沿着资产价格波动—波动风险—跨市场金融风险传染的逻辑思路进行了我国跨市场金融风险传染研究。研究主要集中于基本的理论推演和实证分析方面。在理论体系梳理方面还存在不足，特别是有关跨市场金融风险传染的产生和演变过程的理论研究存在不足。尚未深入研究具体路径传染过程中的风险演变过程。充分考虑到金融系统的复杂性和演化的特性，在进一步研究中可以引入非均衡、非线性理论与模型，运用金融物理学、行为金融学等新金融理论来构建研究框架，对跨市场金融风险传染的产生和演变过程进行探讨。

② 中国金融市场不断创新发展，可能发生市场升级与结构性变化。如何在建模过程中充分考虑潜在的市场结构变化影响，以及突变结构下的跨市场金融风险传染机制的演变，尚需进一步深入研究。

参考文献

[1] Louis Bachelier trans, James Boness. Theory of Speculation. In Cootner (1964), 1900: 17-78.

[2] Maurice Kendall. The Analysis of Economic Time Series [J]. Journal of the Royal Statistical Society, Series A, 1953,96:11-25.

[3] M F M Osborne. Brownian Motion in the Stock Market [J]. Operations Research, 1959, 7(2): 145-173.

[4] Eugene F Fama. The Behaviour of Stock Market Prices [J]. Journal of Business,1965,38:34-105.

[5] Eugene F Fama. Efficient Capital Markets: A Review of Theory and Empirical Work[J]. Journal of Finance, 1970,25:383-417.

[6] Benoit Mandelbrot. New Methods in Statistical Economics [J]. Journal of Political Economy, 1963, 71:421-440.

[7] Benoit Mandelbrot. The Variation of Certain Speculative Prices [J]. Journal of Business, 1963, 26:394-419.

[8] Paul H Cootner (ed.). The Random Character of Stock Market

参考文献

Prices [M]. MIT Press,1964:540-545.

[9] Eugene F Fama. Random Walks in Stock Market Prices [J]. Financial Analysts Journal, September/October 1965: 55-59.

[10] Benoit Mandelbrot. Some Noises with 1/f Spectrum: A Bridge between Direct Current and White Noise[J]. IEEE Transactions on Information Theory, 1967(4):462-470.

[11] William F Sharpe. Portfolio Theory and Capital Markets [M]. New York: McGraw-Hill, 1970, Reprinted in 1999.

[12] Robert J Shiller. Do Stock Prices Move Too Much to Be Justified by Subsequent Changes in Dividends? [J]. American Economic Review, 1981,71: 421-436.

[13] Werner F M De Bondt, Richard Thaler. Does the Stock Market Overreact? [J]. Journal of Finance,1985,40(3):793-805.

[14] Mantegna Rosario N, Stanley H Eugene. Scaling Behaviour in the Dynamics of An Economic Index [J]. Nature, 1995, 376(6535): 46-49.

[15] Edgar E Peters. Chaos and Order in the Capital Markets: A New View of Cycles, Prices and Market Volatility[M]. New York: John Wiley & Sons,1991.

[16] Edgar E Peters. A Chaotic Attractor for the S & P500 [J]. Financial Analysts Journal, 1991, 47(2):55-62, 81.

[17] Edgar E Peters. Fractal Market Analysis: Applying Chaos Theory to Investment and Economics[M]. New York: John Wiley &

247

Sons, 1994.

[18] Robert F Engle. Autoregressive Conditional Heteroskedasticity with Estimates of the Variance of U.K. Inflation [J]. Econometrica, 1982, 50:987-1008.

[19] Tim Bollerslev. Generalized Autoregressive Conditional Heteroskedasticity [J]. Journal of Economics, 1986, 31:307-327.

[20] Robert F Engle, David M Lilien, Russell P Robins. Estimating Time Varying Risk Premia in the Term Structure: The Arch-M Model [J]. Econometrica, 1987, 55(2):391-407.

[21] Lawrence R Glosten, Ravi Jagannathan, David E Runkle. On the Relation between the Expected Value and the Volatility of the Nominal Excess Return on Stocks [J]. The Journal of Finance, 1993, 48(5):1779-1801.

[22] Jean Michel Zakoian. Threshold Arch Models and Asymmetries in Volatility [J]. Journal of Applied Econometrics, 1993, 8(1):31-49.

[23] Robert F Engle, Tim Bollerslev. Modelling the Persistence of Conditional Variances [J]. Econometric Reviews, 1986, 5(1):1-50.

[24] Jean Michel Zakoian. Threshold Heteroskedastic Models [J]. Journal of Economic Dynamics and Control, 1994, (18):931-955.

[25] Daniel B Nelson. Conditional Heterosdasticity in Asset Returns: A

New Approach[J].Econometrica,1991(59):347-370.

[26] Richard T Baillie, Tim Bollerslev, Hans Ole Mikkelsen. Fractionally Integrated Generalized Autoregressive Conditional Heteroskedasticity[J]. Journal of Econometrics, 1996, 74(1): 3-30.

[27] Campbell R Harvey, Akhtar Siddique. Autoregressive Conditional Skewness[J]. Journal of Financial and Quantitative Analysis, 1999, 34(4): 465-487.

[28] Leon A, Rubio G, Serna G. Autoregresive Conditional Volatility, Skewness and Kurtosis[J]. The Quarterly Review of Economics and Finance, 2005, 45:599-618.

[29] Peter Reinhard Hansen, Zhuo Huang, Howard Howan Shek. Realized GARCH: A Joint Model for Returns and Realized Measures of Volatility[J]. Journal of Applied Econometrics, 2012, 27:877-906.

[30] 许启发.基于时间序列矩属性的金融波动模型研究[D].天津大学博士学位论文,2005.

[31] 许启发.高阶矩波动性建模及应用[J].数量经济技术经济研究,2006,23(12):135-145.

[32] 许启发,张世英.多元条件高阶矩波动模型研究[J].系统工程学报,2007,22(1):1-8.

[33] 黄苒,唐齐鸣.基于可变强度跳跃-GARCH模型的资产价格跳跃行为分析——以中国上市公司股票市场数据为例[J].中国管理科学,

2014,22(06):1-9.

[34] 杨爱军,刘晓星,林金官.基于 MCMC 抽样的金融贝叶斯半参数 GARCH 模型研究[J].数理统计与管理,2015,34(03):452-462.

[35] 王天一,黄卓.Realized GAS-GARCH 及其在 VaR 预测中的应用[J].管理科学学报,2015,18(05):79-86.

[36] 杨继平,冯毅俊,王辉.基于结构转换 PTTGARCH 模型沪深股市波动率的估计[J].系统工程理论与实践,2016,36(09):2205-2215.

[37] 于孝建,王秀花.基于混频已实现 GARCH 模型的波动预测与 VaR 度量[J].统计研究,2018,35(01):104-116.

[38] 刘亭,赵月旭.基于 QR-t-GARCH(1,1)模型沪深指数收益率风险度量的研究[J].数理统计与管理,2018,37(03):533-543.

[39] 姚萍,王杰,杨爱军,刘晓星.基于 EGB2 分布族的 GAS-EGARCH 模型与 VaR 预测[J].运筹与管理,2019,28(11):125-134.

[40] 胡宗义,李毅,万闯.基于贝叶斯 GARCH-Expectile 模型的 VaR 和 ES 风险度量[J].数理统计与管理,2020,39(03):467-477.

[41] Peter K Clark. A Subordinated Stochastic Process Model with Finite Variance for Speculative Prices[J]. Econometrica, 1973 (41):135-155.

[42] Taylor S. J. Modeling Financial Time Series[M]. New York: John Wiley & Sons,1986.

[43] Andrew Harvey, Esther Ruiz, Neil Shephard. Multivariate Stochastic Variance Models[J]. Review of Economic Studies, 1994,61:247-264.

[44] Eric Jacquier, Nicholas G Polson, Peter E Rossi. Bayesian Analysis of Stochastic Volatility Models[J]. Journal of Business & Economic Statistics,1994,12：371-89.

[45] Sangjoon Kim, Neil Shephard, Siddhartha Chib. Stochastic Volatility：Likelihood Inference and Comparison with ARCH Models[J]. Review of Economic Studies,1998,65：361-93.

[46] Siem Jan Koopman, Eugenie Hol Uspensky. The Stochastic Volatility in Mean Model：Empirical Evidence from International Stock Markets[J]. Journal of Applied Econometrics,2002,17：667-689.

[47] F Jay Breidt, Nuno Crato, Pedro J F de Lima. The Detection and Estimation of Long Memory in Stochastic Volatility[J]. Journal of Econometrics, 1998, 83：325-348.

[48] F Jay Breidt, Nuno Crato, Pedro J F de Lima. Modelling Long-memory Stochastic Volatility[J]. Journal of Econometrics, 2004, 73：325-334.

[49] 吴鑫育,李心丹,马超群.门限已实现随机波动率模型及其实证研究[J].中国管理科学,2017,25(03):10-19.

[50] 吴鑫育,李心丹,马超群.双因子非对称已实现SV模型及其实证研究[J].中国管理科学,2018,26(02):1-13.

[51] 鲍家勇,赵月旭.带跳GARCH-SV模型的参数估计及实证分析[J].数理统计与管理,2019,38(06):1119-1128.

[52] Benoit B Mandelbrot. Long-run Interdependence in Price Records

and Other Economic Time Series [J]. Econometrica, 1970(38): 122-123.

[53] Benoit B Mandelbrot. When Can a Price Be Arbitraged Efficiently? A Limit to the Validity of the Random Walk and Martingale Models [J]. Review of Economics and Statistics, 1971(53): 225-236.

[54] Harry M Markowitz. Portfolio Selection [J]. The Journal of Finance, 1952, 7(1):77-91.

[55] Haim Levy. A Utility Function Depending on the First Three Moments [J]. The Journal of Finance, 1969, 24(4): 715-719.

[56] Paul Anthony Samuelson. The Fundasmental Approximation Theorem of Portfolio Analysis in Terms of Means, Variances and Higher Moments [J]. The Review of Economic Studies. 1970, 37(4): 537-542.

[57] Mark E Rubinstein. A Comparative Statics Analysis of Risk Premiums [J]. The Journal of Business, 1973, 12: 605-615.

[58] Alan Kraus, Robert H Litzenberger. Skewness Preference and the Valuation of Risk Assets[J]. Journal of Finance, 1976, 31(4): 1085-1100.

[59] Robert C Scott, Philip A Horvath. On the Direction of Preference for Moments of Higher Order than the Variance[J]. Journal of Finance, 1980,35: 915-919.

[60] Kian-Guan Lim. A New Test of the Three-moment Capital Asset

Pricing Model[J]. Journal of Financial and Quantitative Analysis, 1989, 24:205-216.

[61] Hiroshi Konno, Ken-ichi Suzuki. A Mean-variance-skewness Optimization Model[J]. Journal of the Operations Research of Japan, 1995, 38:137-187.

[62] Tsong-Yue Lai. Portfolio Selection with Skewness: A Multiple-objective Approach [J]. Review of Quantitative Finance and Accounting, 1991, 1:293-305.

[63] QianSun, YuxingYan. Skewness Persistence with Optimal Portfolio Selection [J]. Journal of Banking and Finance, 2003, 27:1111-1121.

[64] Carol Alexander. Risk Management and Analysis: Vol. I: Measuring and Modeling [M]. John Wiley & Sons, 1998.

[65] Gustavo M de Athayde, Renato G Flôres Jr. Finding A Maximum Skewness Portfolio-A General Solution to Three Moments Portfolio Choice [J]. Journal of Economic Dynamics & Control, 2004, 28:1335-1352.

[66] Eric Jondeau, Michael Rockinger. Optimal Portfolio Allocation Under Higher Moments [J]. European Financial Management, 2006, 12(1):29-55.

[67] 蒋翠侠,许启发,张世英.金融市场条件高阶矩风险与动态组合投资[J].中国管理科学,2007,15(1):27-33.

[68] 许启发,张世英.多元条件高阶矩波动性建模[J].系统工程学报,2007(01):1-8+33.

[69] Tanya Styblo Beder. VAR：Seductive but Dangerous[J]. Financial Analysts Jounral,1995(9-10):12-24.

[70] John C Hull, Alan D White. Value at Risk When Daily Changes in Market Variables Are not Normally Distributed[J]. Journal of Derivatives,1998(5):9-19.

[71] Dowd, Kevin. The Extreme Value Approach to VAR-An Introduction [J]. Financial Engineering News,1999(3):35-40.

[72] Philippe Artzner, Freddy Delbaen, Jean-Marc Eber, David Heath. Coherent Measures of Risk[J]. Mathematical Finance, 1999, 9: 203-228.

[73] R Tyrrell Rockafellar, Stanislav Uryasev. Optimization of Conditional Value-at-risk [J]. The Journal of Risk, 2000, 2(3): 21-41.

[74] Jianqing Fan, Juan Gu. Semiparametric Estimation of Value at Risk [J]. Econometrics Journal, 2003, 6(2): 261-290.

[75] Joshua V Rosenberg, Til Schuermann. A General Approach to Integrated Risk Management with Skewed, Fat-tailed Risks[J]. Journal of Financial Economics,2006, 79(3), 569-614.

[76] Turan G Bali, Hengyong Mo, Yi Tang. The Role of Autoregressive Conditional Skewness and Kurtosis in the Estimation of Conditional VaR [J]. Journal of Banking & Finance, 2008, 32(2): 269-282.

[77] 郑文通.金融风险管理的 VaR 方法[J].国际金融研究,1997(9):58-62.

[78] 刘宇飞.VAR 及其在金融管理中的应用[J].经济科学,1999(1):

39-43.

[79] 范英.VaR 方法及其在股市风险分析中的应用初探[J].中国管理科学 2000,8(3):26-32.

[80] 陈学华,杨辉耀.VAR-APARCH 模型与证券投资风险量化分析[J].中国管理科学,2003(1):22-27.

[81] 邹建军,张宗益,秦拯.GARCH 模型在计算我国股市风险价值中的应用研究[J].系统工程理论与实践,2003(5):20-25.

[82] 康宇虹,梁健.基于 GJR-GARCH 的 VAR 模型及其在上海证券市场的实证研究[J].南开管理评论,2004,4:80-82.

[83] 刘小茂,杜红军.金融资产的 VAR 和 CVAR 风险的优良估计[J].中国管理科学,2006,14(5):1-6.

[84] 柏满迎,孙禄杰.三种 Copula-VaR 计算方法与传统 VaR 方法的比较[J].数量经济技术经济研究,2007(2):154-160.

[85] 肖智,傅肖肖,钟波.基于 EVT-POT-FIGARCH 的动态 VaR 风险测度[J].南开管理评论,2008,11(4):100-104.

[86] 杨娴,陆凤彬,汪寿阳.国际有色金属期货市场 VaR 和 ES 风险度量功效的比较[J].系统工程理论与实践,2011,31(9):1645-1651.

[87] 吴鑫育,马宗刚,汪寿阳,马超群.基于 SV-SGED 模型的动态 VaR 测度研究[J].中国管理科学,2013,21(06):1-10.

[88] 黄友珀,唐振鹏,周熙雯.基于偏 t 分布 realized GARCH 模型的尾部风险估计[J].系统工程理论与实践,2015,35(09):2200-2208.

[89] 吴鑫育,周海林.基于已实现 SV 模型的动态 VaR 测度研究[J].管理工程学报,2018,32(02):144-150.

[90] Eugene F Fama. Stock Returns, Real Activity, Inflation, and Money [J]. American economic review, 1981,71(4):545-565.

[91] Gautam Kaul. Stock Returns and Inflation: The Role of the Monetary Sector [J]. Journal of Financial Economics, 1987, (18):253-276.

[92] Raymond Atje, Boyan Jovanovic. Stock Markets and Development [J]. European Economic Review, 1993, 37(2-3):632-640.

[93] Asli Demirguc-Kunt, Ross Levine. Stock Markets, Corporate Finance, and Economic Growth [J]. World Bank Economic Review, 1996, 10(5): 223-239.

[94] Ross Levine, Sara Zervos. Stock Markets, Banks and Economic Growth [J]. American Economic Review, 1998, 88:537-588.

[95] Richard D F Harris. Stock Markets and Development: A Re-assessment [J]. European Economic Review, 1997, 41(1):139-146.

[96] Philip Arestis, Panicos Demetriades. Financial Development and Economic Growth: Assessing the Evidence [J]. The Economic Journal,1997,107:783-799.

[97] 靳云汇,于存高.中国股票市场与国民经济关系的实证研究(上)[J].金融研究,1998(3):40-45.

[98] 靳云汇,于存高.中国股票市场与国民经济关系的实证研究(下)[J].金融研究,1998(4):41-46.

[99] 谈儒勇.中国金融发展和经济增长关系的实证研究[J].经济研究,1999(10):53-61.

[100] 顾岚,刘长标.中国股市与宏观经济基本面的关系[J].数理统计与管理,2001,20(3):41-44.

[101] 张培源.中国股票市场与宏观经济波动溢出效应研究[J].经济问题,2013(3):46-50+68.

[102] 孙传志,杨一文.基于时变Copula的宏观经济和股票市场波动关系[J].系统工程,2016,34(11):9-16.

[103] 丁乙.我国股票市场波动和经济增长周期的关系研究——基于线性和非线性Granger因果关系检验[J].江苏社会科学,2018(3):175-182.

[104] 寇明婷,杨海珍,汪寿阳.股票价格与宏观经济联动关系研究——政策预期视角[J].管理评论,2018,30(09):3-11.

[105] 刘凤根,吴军传,杨希特,欧阳资生.基于混频数据模型的宏观经济对股票市场波动的长期动态影响研究[J].中国管理科学,2020,28(10):65-76.

[106] F Gerard Adams, Yasukazu Ichino. Commodity Prices and Inflation: A Forward-looking Price Model [J]. Journal of Policy Modeling, 1995, 17(4):397-426.

[107] S Brock Blomberg, Ethan S Harris. The Commodity-Consumer Price Connection: Fact or Fable? [J]. Federal Reserve Bank of New York Economic Policy Review, 1995, 10:21-38.

[108] Philip Halpern, Randy Warsager. The Performance of Energy and Non-Energy Based Commodity Investment Vehicles in Periods of Inflation [J]. The Journal of Alternative Investments,

1998,(1):75-81.

[109] Harry Bloch, A Michael Dockery, David Sapsford. Commodity Prices, Wages and U.S. Inflation in the Twentieth Century [J]. Journal of Post Keynesian Economics, 2004, 26(3): 523-545.

[110] 王志强,王雪标.中国商品期货价格指数与经济景气[J].世界经济,2001(4):69-73.

[111] 张扬.商品期货指数研制与实证分析[D].长沙:中南大学,2003:20-75.

[112] 张树忠,李天忠,丁涛.农产品期货价格指数与关系的实证研究[J].金融研究,2006(11):103-115.

[113] 蔡慧,华仁海.中国商品期货指数与GDP指数的关系研究[J].金融理论与实践,2007(8):3-6.

[114] 冯科,李昕昕.我国商品期货价格指数与宏观经济指标关系的实证研究[J].经济与管理,2014,28(01):51-55.

[115] 王楠,汪琛德.郑商所农产品期货对通货膨胀的预警作用——基于VAR模型的分析[J].系统管理学报,2015,24(06):854-858.

[116] Charles Kindleberger. Manias, Panics and Crashes: A History Financial Crisis [M]. Macmilian Press Ltd, 1996.

[117] Paul Krugman. A Model of Balance-of-Payment Crises [J]. Journal of Money, Credit and Banking, 1979 (11): 311-325.

[118] Reinhart C, Calvo S. Capital Flows to Latin America: Is There Evidence of Contagion Effects? [R]. The World Bank, Policy Research Working Paper Series 1619, 1996.

[119] Goldfajn J, Valdes R. Capital Flows and the Twin Crises: The Role of Liquidity[R]. IMF Working Paper, 1997, No. WP/97/87.

[120] Rijckeghem C V, Weder B. Financial Contagion: Spillovers through Banking Centers [R/OL]. CFS Working Paper, 1999. http://www.ifk-cfs.de/papers/99_17.pdf.

[121] Abul M M Masih, Rumi Masih. Are Asian Stock Market Fluctuations due mainly to Intra-regional Contagion Effects? Evidence based on Asian Emerging Stock Markets [J]. Pacific-Basin Finance Journal, 1999, 7(3-4):251-282.

[122] Dornbusch, Rudiger, Yung Chul Park, Stijn Claessens. Contagion: Understanding How It Spreads[J]. World Bank Research Observer, 2000, 15 (2): 177-197.

[123] Gökçe Soydemir. International Transmission Mechanism of stock market movement: Evidence from Emerging Equity Market[J]. Journal of Forecasting,2000,19(3):149-176.

[124] Corsetti G, Pericoli M, Sbracia M. Correlation Analysis of Financial Contagion: What One Should Know Before Running a Test[R]. Yale Economic Growth Center Discussion Paper,2001, No.822.

[125] Laura E Kodres, Matthew Pritsker. A Rational Expectations Model of Financial Contagion [J]. Journal of Finance, 2002(52): 769-799.

[126] Kristin J Forbes, Roberto Rigobon. No Contagion, Only Interdependence: Measuring Stock Market Comovements [J]. Journal of Finance, 2002, 57(5): 2223-2261.

[127] 石俊志.金融危机生成机理与防范[M].北京:中国金融出版社, 2001:127-130.

[128] 李小牧等.金融危机的国际传导:90年代的理论与实践[M].北京:中国金融出版社, 2001:25-32.

[129] 张志波,齐中英.基于VAR模型的金融危机传染效应检验方法与实证分析[J].管理工程学报, 2005, 19(3): 115-120.

[130] 朱波,范方志.金融危机理论与模型综述[J].世界经济研究, 2005(6): 28-35.

[131] 张志英.金融风险传导的路径研究[J].企业经济, 2008(3): 144-146.

[132] 郑庆寰,林莉.跨市场金融风险的传递与监督[J].南方金融, 2006(8): 31-34.

[133] 刘冬凌.金融危机的国际传导路径和实证研究[J].金融理论与实践, 2009(3): 74-76.

[134] 曾志坚,吴汪洋.贸易渠道视角下的金融危机传染研究:基于复杂网络与SIRS模型[J].湖南大学学报(社会科学版), 2018, 32(03): 87-93.

[135] 刘方,安娜斯卡西亚·斯拉瓦.国际金融危机传染机制研究——基于行为经济学视角[J].中央财经大学学报, 2018(11): 107-116.

[136] Bala Arshanapalli, John Doukas. International Stock Market

Linkages: Evidence from the Pre-and Post-October 1987 Period [J]. Journal of Banking and Finance, 1993, 17(1):193-208.

[137] Gary Koop. An Objective Bayesian Analysis of Common Stochastic Trends in International Stock Price and Exchange Rates [J]. Journal of Empirical Finance, 1994, 1(3-4):343-364.

[138] Cashin P, Kumar M, McDermott J. International Integration of Equity Marks and Contagion Effects[R]. IMF Working Paper, 1995, No.WP/95/110.

[139] Hyuk Choe, Bong-Chan Kho, René M Stulz. Do Foreign Investors Destabilize Stock Markets? The Korean Experience in 1997 [J]. Journal of Financial Economics, 1999, 54(2):227-264.

[140] Taimur Baig, Ilan Goldfajn. Financial Market Contagion in the Asian Crisis [J]. IMF Staff Papers, 1999, 46(2):167-195.

[141] Asim Ghosh, Reza Saidi, Keith H Johnson. Who moves the Asia-Pacific Stock Markets: US or Japan? Empirical Evidence Based on the Theory of Cointegration[J]. The Financial Review, 1999, 34(1):159-169.

[142] José De Gregorio, Rodrigo O Valdés. Crisis Transmission: Evidence from the Debt, Tequila, and Asian Flu Crises [J]. World Bank Econ Review, 2001, 15(2):289-314.

[143] Andrew Ang, Geert Bekaert. International Asset Allocation with Regime Shifts [J]. Review of Financial Studies, 2002, 15(4):1137-1187.

[144] Carlo A Favero, Francesco Giavazzi. Is the International Propagation of Financial Shocks Non-linear? Evidence from the ERM [J]. Journal of International Economics, 2002, 57(1): 231-246.

[145] Kee-Hong Bae, G Andrew Karolyi, René M Stulz. A New Approach to Measuring Financial Market Contagion [J]. Review of Financial Studies, 2003, 16(1):717-764.

[146] Brian H Boyer, Tomomi Kumagai, Kathy Yuan. How Do Crises Spread? Evidence from Accessible and Inaccessible Stock Indices [J]. Journal of Finance, 2006, 61(2):957-1003.

[147] Rim, Setaputra. Empirical study on the impacts of major events on inter-market relationships in Asia [J]. Global Business and Finance Review, 2007, 12(2): 75-87.

[148] Rim Setaputra. Studies on the Financial Market Integration and Financial Efficiency: Evidences from Asian Markets [J]. The Business Review, 2008, 10(2): 357-363.

[149] Dirk G Baur, Brian M Lucey. Flights and Contagion—An Empirical Analysis of Stock-bond Correlations [J]. Journal of Financial Stability, 2009, 5(4):339-352.

[150] 蒋序怀,吴富佳,金桩.当前资本市场的风险传导机制——基于传染效应的实证分析[J].财经科学,2006(2):16-24.

[151] 孙晶晶.金融危机的国际传染性研究[D].青岛:青岛大学,2007.

[152] 王宝,肖庆宪.我国金融市场间风险传染特征的实证研究[J].统计与决策,2008(11):78-79.

[153] 龚朴,黄荣兵.次贷危机对中国股市影响的实证分析——基于中美股市的联动性分析[J].管理评论,2009,2(21):21-32.

[154] 叶五一,缪柏其.基于Copula变点检测的美国次级债金融危机传染分析[J].中国管理科学,2009,17(03):1-7.

[155] 杜晓蓉.美国金融危机对中国溢出的传染渠道检验[J].数理统计与管理,2014,33(06):1070-1079.

[156] 孙红梅,朱伟琪,崔百胜.金融危机的传导效应——以欧洲金融危机为例[J].金融论坛,2018,23(01):16-26.

[157] 陈赤平,陈海波.发达市场对新兴市场的金融传染性分析——基于国际危机视角[J].湖南大学学报(社会科学版),2018,32(06):49-55.

[158] 丁剑平,吴洋,鞠卓.货币危机、银行业危机和主权债务危机的传染及叠加效应研究[J].国际金融研究,2019(12):43-52.

[159] Mervyn A King, Sushil Wadhwani. Transmission of Volatility between Stock Markets [J]. Review of Financial Studies, 1990, 3(1):5-33.

[160] Yasushi Hamao, Ronald W Masulis, Victor Ng. Correlations in Price Changes and Volatility across International Stock Markets[J]. Review of Finance Studies, 1990, 3(2):281-307.

[161] Kenneth Kasa. Common Stochastic Trends in International Stock Markets [J]. Journal of Monetary Economics, 1992, 29(1):95-124.

[162] Wen-Ling Lin, Robert F Engle, Takatoshi Ito. Do Bulls and

Bears Move Across Borders? International Transmission of Stock Returns and Volatility [J]. Review of Finance Studies, 1994, 7(3): 507-538.

[163] François Longin, Bruno Solnik. Extreme Correlation of International Equity Markets [J]. Journal of Finance, 2001, 56(3): 649-676.

[164] Charlotte Christiansen. Volatility Spillover Effects in European Bond Markets[J]. European Financial Management, 2007,13(5): 923-948.

[165] John Y Campbell, John Ammer. What Moves the Stock and Bond Markets? A Variance Decomposition for Long-Term Asset Returns[J]. Journal of Finance, 1993, 48:3-37.

[166] Sangbae Kim, Francis Haeuck In, Chris W Viney. Modelling Linkages Between Australian Financial Futures Markets [J]. Australian Journal of Management, 2001, 26(1): 19-34.

[167] Tarun Chordia, Asani Sarkar, Avanidhar Subrahmanyam. An Empirical Analysis of Stock and Bond Market Liquidity [J]. Review of Financial Studies, 2005, 18(1): 85-129.

[168] David Bigman, David Goldfarb, Edna Schechtman. Futures Market Efficiency and the Time Content of the Information Sets [J]. Journal of Futures Markets, 1983, 3(3):321-334.

[169] David A Bessler, Ted Covey. Cointegration: Some Results on U.S. Cattle Prices [J]. Journal of Futures Markets, 1991, 11:461-474.

[170] Chris Brooks, Alistair G Rew, Stuart Ritson. A Trading Strategy

Based on the Lead-lag Relationship Between the Spot Index and Futures Contract for the FTSE 100[J]. International Journal of Forecasting, 2001, 17:31–44.

[171] Hany A Shawky, Achla Marathe, Christopher L Barrett. A First Look at the Empirical Relation Between Spot and Futures Electricity Prices in the United States [J]. Journal of Futures Markets, 2003, 23(10):931–955.

[172] 朱宏泉,卢祖帝,汪寿阳.中国股市的 Granger 因果关系分析[J].管理科学学报,2001,5(4):7–12.

[173] Raymond W So, Yiuman Tse. Price Discovery in the Hang Seng Index Markets: Index, Futures, and the Tracker Fund [J]. Journal of Futures Markets, 2004, 24(9):887–907.

[174] 吴世农,潘越.香港红筹股、H 股与内地股市的协整关系和引导关系研究[J].管理学报,2005,2(2):190–199.

[175] 姚燕云,杨国孝.沪深股市收益的相关性[J].数理统计与管理,2006,1(25):78–83.

[176] 张屹山.宏观金融风险形成的微观机理研究[M].北京:经济科学出版社,2007.

[177] 谷耀,陆丽娜.沪、深、港股市信息溢出效应与动态相关性——基于 DCC-(BV)EGARCH-VAR 的检验[J].数量经济技术经济研究,2006(08):142–151.

[178] 鲁旭,赵迎迎.沪深港股市动态联动性研究——基于三元 VAR-GJR-GARCH-DCC 的新证据[J].经济评论,2012(01):97–107.

[179] 史道济,关静.沪深股市风险的相关性分析[J].统计研究,2003(10):45-48.

[180] 魏平,刘海生.Copula模型在沪深股市相关性研究中的应用[J].数理统计与管理,2010,29(05):890-898.

[181] 王璐,黄登仕.沪深股市相关结构之谜:基于贝叶斯Copula的研究[J].运筹与管理,2014,23(02):213-219.

[182] 吴玉宝,汪金菊.沪深股市的相关结构分析与投资组合风险度量——基于ARFIMA-GARCH-Copula模型[J].运筹与管理,2016,25(02):220-225.

[183] 吴冲锋,何勇,李卫东.期货价格及其模型初探[J].系统工程理论方法应用,1994(4):70-75.

[184] 吴冲锋,王海成,幸云.期铜价格引导关系和互谐关系实证研究[J].系统工程理论方法应用,1997(02):1-9.

[185] 严太华,刘昱洋.我国商品期货价格与现货价格协整关系的实证研究[J].预测,1993(3):58,72-74.

[186] 夏天,程细玉.国内外期货价格与国产现货价格动态关系的研究——基于DCE和CBOT大豆期货市场与国产大豆市场的实证分析[J].金融研究,2006,308(2):110-117.

[187] 刘庆富,王海民.期货市场与现货市场之间的价格研究——中国农产品市场的经验[J].财经问题研究,2006(4):44-51.

[188] 刘向丽,成思危,汪寿阳,洪永淼.期现货市场间信息溢出效应研究[J].管理科学学报,2008(6):125-139.

[189] 胡振华,钟代立,王欢芳.中国铁矿石期货市场的定价影响力研

究——基于 VEC-SVAR 模型的实证分析[J].中国管理科学,2018,26(02):96-106.

[190] 王茵田,文志瑛.股票市场和债券市场的流动性溢出效应研究[J].金融研究,2010(03):155-166.

[191] 胡秋灵,马丽.我国股票市场和债券市场波动溢出效应分析[J].金融研究,2011(10):198-206.

[192] 龚玉婷,陈强,郑旭.谁真正影响了股票和债券市场的相关性?——基于混频 Copula 模型的视角[J].经济学(季刊),2016,15(03):1205-1224.

[193] 周颖刚,林珊珊,洪永淼.中国股市和债市间避险对冲效应及其定价机制[J].经济研究,2020,55(09):42-57.

[194] Kenneth D Garbade, William L Silber. Price Movements and Price Discovery in Futures and Cash Markets[J]. The Review of Economics and Statistics, 1983, 65 (2):289-297.

[195] Kon S Lai, Michael Lai. A Cointegration Test for Market Efficiency[J]. Journal of Futures Markets,1991,11(5):567-575.

[196] Asim Ghosh. Hedging with Stock Index Futures:Estimation and Forecasting with Error Correction Model[J]. Journal of Futures Markets,1993,13(7):743-752.

[197] T Randall Fortenbery, Hector O Zapata. An Examination of Cointegration Relations Between Futures and Local Grain Markets[J]. Journal of Futures Markets, 1993, 13(8):921-932.

[198] Michael S Haigh. Cointegration, Unbiased Expectations, and

Forecasting in the BIFFEX Freight Futures Market[J]. Journal of Futures Markets, 2000, 20(6):545-571.

[199] 王洪伟,蒋馥,吴家春.铜期货价格与现货价格引导关系的实证研究[J].预测,2001,20(1):75-77.

[200] 华仁海,仲伟俊.对我国期货市场价格发现功能的实证分析[J].南开管理评论,2002(5):57-61.

[201] 张屹山,方毅.中国期货市场功能及国际影响的实证研究[J].管理世界,2006(4):10-14.

[202] 武琳,丁浩.铜期货市场波动对国内现货价格影响的实证研究[J].价格理论与实践,2012(03):53-54.

[203] 谢赤,龙瑞,曾志坚.基于时变Copula的沪深300股指期现货高频价格相依结构测度[J].系统工程,2016,34(08):24-31.

[204] 孙洁,郑凌云.基于VAR模型的股指期货与现货价格联动关系研究[J].上海金融,2017(11):63-69.

[205] 徐长生,饶珊珊.中国铁矿石期货市场价格的发现效率及其动态变化[J].江西财经大学学报,2018(01):20-29.

[206] Peter Tufano. The Determinants of Stock Price Exposure: Financial Engineering and the Gold Mining Industry[J]. The Journal of Finance, 1998, 53(3):1015-1052.

[207] Victor Fang, Chien-Ting Lin, Warren Poon. An Examination of Australian Gold Mining Firms' Exposure Over the Collapse of Gold Price in the Late 1990s[J]. International Journal of Accounting and Information Management, 2007, 15(2):37-49.

[208] 肖倬,郭彦峰.黄金现货价格和黄金矿业股价格的动态关联性[J].系统工程,2009(3):29-35.

[209] Robert J. Greer. The Nature of Commodity Index Returns [J]. Journal of Alternative Investments, 2000, 3(1):45-53.

[210] 黄飞雪,寇玲.侯铁珊.郑州白糖期货价格对南宁糖业股价的动态影响机制[J].中国农业大学学报,2009,14(5):140-144.

[211] 寇明婷,卢新生,陈凯华.农产品期货市场与股票市场的互动关系研究——基于多元VAR-GARCH(1,1)-BEKK模型的实证分析[J].经济经纬,2011(3):123-127.

[212] 章晟,余攀.跨市场相关资产价格互动的实证研究——以金属铜为例[J].财贸经济,2008(12):16-20.

[213] 武琳,丁浩.大宗商品价格波动对相关资产收益的影响——基于中国糖业的实证[J].经济问题探索,2012(05):155-159.

[214] JianYang, James W Kolari, Peter Wibawa Sutanto. On the Stability of Long-run Relationships Emerging and US Stock Markets [J]. Journal of Multinational Financial Management, 2004, 14(3):233-248.

[215] Lorenzo Cappiello, Robert F Engle, Kevin Sheppard. Asymmetric Dynamics in the Correlations of Global Equity and Bond Returns [J]. Journal of Financial Econometrics, 2006, 4(4): 537-572.

[216] 陈守东,陈雷,刘艳武.中国沪深股市收益率及波动性相关分析[J].金融研究,2003(7):80-85.

[217] 方毅,张屹山.国内外金属期货市场"风险传染"的实证研究[J].金

融研究,2007(5):133-146.

[218] 刘程,陈思钟.中国与国际证券市场间的风险传导模式——基于方差因果性研究的新证据[J].世界经济文汇,2008(5):30-44.

[219] 林宇.中国股市与国际股市的极值风险传导效应研究[J].中国管理科学,2008,16(4):36-43.

[220] 王宜峰,范时昊,张晓磊.已实现高阶矩的风险传染效应:基于马尔科夫机制转换的实证分析[J].系统管理学报,2019,28(04):652-659.

[221] 李合龙,林楚汉,张卫国."深港通"背景下深港投资者情绪的传染性研究——基于SHIBBS-EEMD模型[J].系统管理学报,2020,29(06):1056-1064.

[222] 王素珍.国外跨市场金融风险监管及其启示[J].海南金融,2004(2):9-13.

[223] 董丽.跨市场金融风险监测与控制问题研究[J].甘肃金融,2005(6):24-26.

[224] Robert B Barsky. Why Don't the Prices of Stocks and Bonds Move Together? [J]. American Economic Review, 1989, 79(5): 1132-1145.

[225] Jeff Fleming, Chris Kirby, Barbara Ostdiek. Information and Volatility Linkages in the Stock, Bond and Money Markets[J]. Journal of Financial Economics, 1998, 49(1):111-137.

[226] 人民银行张家口市中心支行课题组.对我国跨市场跨行业金融风险防范问题研究[J].华北金融,2005(9):27-30.

[227] 丁浩,许长新.我国现阶段跨市场金融风险的传递载体刍议[J].上

海金融,2008(3):52-56.

[228] 谢斌.现阶段我国跨市场金融风险相关问题初探[J].上海金融,2005(7):25-28.

[229] 武琳.我国资产价格波动风险的跨市场传导研究[D].河海大学学位论文,2012.

[230] 黄玮强,庄新田,姚爽.基于信息溢出网络的金融机构风险传染研究[J].系统管理学报,2018,27(02):235-243.

[231] 张强,张瑞怀.证券风险转嫁为银行风险的形成路径与防范策略[J].财经理论与实践,2006(3):16-19.

[232] 陈军,钱皓.我国资本市场和货币市场关联性分析[J].财经科学,2005(2):1-8.

[233] 张志英.金融风险传导机理研究[M].北京:中国市场出版社,2009.

[234] 王擎,韩鑫韬.货币政策能盯住资产价格吗?——来自中国房地产市场的证据[J].金融研究,2009(8):114-123.

[235] 何晓行.金融市场系统风险与资产证券化的相关性[J].财经科学,2010(4):10-16.

[236] 李红权,洪永淼,汪寿阳.我国A股市场与美股、港股的互动关系研究:基于信息溢出视角[J].经济研究,2011,46(08):15-25+37.

[237] 李红权,何敏园,严定容.国际金融风险传导的微观经济基础研究:基于公司数据角度[J].金融评论,2017,9(05):58-72+125.

[238] 周开国,邢子煜,彭诗渊.中国股市行业风险与宏观经济之间的风险传导机制[J].金融研究,2020(12):151-168.

[239] Frank J Fabozzi, Franco P Modigliani, Frank J Jones. Foundations of

Financial Markets and Institutions (4th Edition) [M]. Prentice Hall, 2009:2.

[240] 弗兰克 J.法博齐,弗兰科·莫迪利亚尼,弗兰克 J.琼斯 著,孔爱国,胡畏,张湄 等译.金融市场与金融机构基础(原书第 4 版)[M].北京:机械工业出版社,2010.09:4.

[241] Frank J Fabozzi, Franco P Modigliani, Frank J Jones. Foundations of Financial Markets and Institutions[M]. Pearson Education, Inc, 2009:4.

[242] Ruey S Tsay. An Introduction to Analysis of Financial Data with R[M]. John Wiley & Sons, Inc., Hoboken, New Jersey, 2013:176.

[243] Chris Brooks. Introductory Econometrics for Finance (Second Edition) [M]. Cambridge University Press,2008:7.

[244] John Y Campbell, Andrew W Lo, A Craig MacKinlay. The Econometrics of Financial Markets[M]. Princeton University Press,1996:8.

[245] Benoit Mandelbrot. New Methods in Statistical Economics [J]. Journal of Political Economy, 1963, 71 (5):421-440.

[246] Robert F Engle. Autoregressive Conditional Heteroscedasticity with Estimates of the Variance of United Kingdom Inflation [J]. Econometrica,1982,50(4): 987-1008.

[247] [美] 曼特尼亚,斯坦利.经济物理学导论:金融中的相关性与复杂性[M].封建强,匡宏波,译.北京:中国人民大学出版社,2006:85.

[248] [美]曼特尼亚,斯坦利.经济物理学导论:金融中的相关性与复杂性[M].封建强,匡宏波,译.北京:中国人民大学出版社,2006:88.

[249] 高铁梅主编.计量经济学分析方法与建模 EVIEWS 应用及实例(第二版)[M].北京:清华大学出版社,2009.

[250] Fischer Black. Studies in Stock Price Volatility Changes of the Nominal Excess Return on Stocks[J]. Proceedings of the American Statistical Association, Business and Economics Statistics Section, 1976:177-181.

[251] Andrew A Christie. The Stochastic Behavior of Common Stock Variances: Value, Leverage and Interest Rate Effects[J]. Journal of Financial Economics, 1982, 4(10):407-432.

[252] Tsay R. S.金融数据分析导论:基于 R 语言[M].李洪成,尚秀芬,郝瑞丽,译.北京:机械工业出版社,2013:173.

[253] Tsay R. S.金融数据分析导论:基于 R 语言[M].李洪成,尚秀芬,郝瑞丽,译.北京:机械工业出版社,2013:170.

[254] H E Hurst. Long-term Storage Capacity of Reservoirs[J]. Transactions of the American Society of Civil Engineers, 1951, 116:770-799.

[255] Benoit B Mandelbrot, James R Wallis. Robustness of the Rescaled Range R/S in the Measurement of Noncyclic Long Run Statistical Dependence[J]. Water Resources Research, 1969, 5(5):967-988.

[256] Benoit B Mandelbrot, James R Wallis. Computer Experiments with

Fractional Gaussian Noises: Part 1, Averages and Variances [J]. Water Resources Research, 1969, 1(5):228 – 241.

[257] Benoit B Mandelbrot, James R Wallis. Computer Experiments with Fractal Gaussian Noises. Part 2, Rescaled Ranges and Spectra [J]. Water Resources Research, 1969, 1(5): 242 – 259.

[258] Benoit B Mandelbrot, James R Wallis. Computer Experiments with Fractional Gaussian Noises. Part 3, Mathematical Appendix [J]. Water Resources Research, 1969, 1(5): 260 – 267.

[259] 埃德加·E.彼得斯.资本市场的混沌与秩序[M].王小东,译.北京:经济科学出版社,1999.

[260] 埃德加·E.彼得斯.分形市场分析——将混沌理论应用到投资与经济理论上[M].储海林,殷勤,译.北京:经济科学出版社,2002.

[261] C K Peng, S V Buldyrev, S Havlin, M Simons, H E Stanley, A L Goldberger. Mosaic Organization of DNA Nucleotides [J]. Physical Review E, 1994, 49(2): 1685 – 1689.

[262] 魏宇,卢方元,黄登仕.多标度分形理论的金融风险管理方法研究[M].北京:科学出版社,2010.7:27 – 30.

[263] S V Buldyrev, A L Goldberger, S Havlin, R N Mantegna, M E Matsa, C -K Peng, M Simons, H E Stanley. Long-range Correlation Properties of Coding and Noncoding DNA Sequences: GenBank Analysis [J]. Physical Review E, 1995(51): 5084 – 5091.

[264] 菲利普·乔瑞.VAR:在险价值[M].郑伏虎,万峰,杨瑞琪,译.北京:中信出版社,2003:73.

[265] 博迪,凯恩,马库斯.投资学[M].朱宝宪,等译.北京:机械工业出版社,2003:180.

[266] 弗兰克·N.马吉尔.经济学百科全书(上下卷)[M].北京:中国人民大学出版社,2009:1407.

[267] 约翰·伊特韦尔,墨里·米尔盖特,彼得·纽曼编.新帕尔格雷夫经济学大词典(第四卷:Q-Z)[M].北京:经济学科出版社,1996.12:217.

[268] 朱宝宪编著.投资学[M].北京:清华大学出版社,2002:96.

[269] 梁小民,雎国余,刘伟,杨云龙 主编.经济学大辞典[M].北京:团结出版社,1994:81.

[270] 富兰克·H.奈特.风险、不确定性与利润[M].安佳,译.北京:商务印书馆,2006.

[271] 刘海龙,王慧主编.金融风险管理[M].北京:中国财政经济出版社,2009.3:2.

[272] Peter Newman, Murray Milgate, John Eatwell. The New Palgrave Dictionary of Money and Finance[M]. Macmillan Press limited,1992.

[273] 约翰·伊特韦尔,墨里·米尔盖特,彼得·纽曼编.新帕尔格雷夫经济学大词典(第四卷:Q-Z)[M].北京:经济学科出版社,1996.12:216-222.

[274] 埃德加·E.彼得斯.复杂性、风险与金融市场[M].宋学锋,曹庆仁,王新宇,译.北京:中国人民大学出版社,2004.10:16-17,23.

[275] 约翰·马歇尔,维普尔·班赛尔.金融工程[M].宋逢明,等译.北京:清华大学出版社,1998.7:77.

[276] Roy A D. Safety-First and the Holding of Assets [J]. Econometrica, 1952, 20(3): 431-449.

[277] 约翰·赫尔. 风险管理与金融机构(第二版)[M]. 王勇, 译. 北京: 机械工业出版社, 2010: 116.

[278] Simone Manganellih, Robert F Engle. Value at Risk Models in Finance[R/OL]. ECB Working PaperNo. 75, August 2001: 7-8. http://papers.ssrn.com/sol3/papers.cfm? abstract_id=356220.

[279] Philippe Jorion. Value at Risk: The New Benchmark for Measuring Financial Risk [M]. McGraw-Hill, 2001: 251-252.

[280] 菲利普·乔瑞. VAR: 在险价值[M]. 郑伏虎, 万峰, 杨瑞琪, 译. 北京: 中信出版社, 2003: 251-255.

[281] 王新宇. 金融市场风险的测度方法与实证研究[M]. 北京: 经济管理出版社, 2010.6: 35.

[282] 菲利普·乔瑞. VAR: 在险价值[M]. 郑伏虎, 万峰, 杨瑞琪, 译. 北京: 中信出版社, 2003: 267.

[283] Darrell Duffie, Jun Pan. An Overview of Value at Risk [J]. The Journal of Derivatives, 1997, 4(3): 7-49.

[284] 菲利普·乔瑞. VAR: 在险价值[M]. 郑伏虎, 万峰, 杨瑞琪, 译. 北京: 中信出版社, 2003: 317-318.

[285] David X Li. Value at Risk Based on the Volatility, Skewness and Kurtosis[R]. New York: Riskmetrics Group, March 4 1999.

[286] Zangari Peter. A VaR Methodology for Portfolios that Include Options [R]. RiskMetrics Monitor, January 1996: 4-12.

[287] Jorge Mina, Andrew Ulmer. Delta-Gamma Four Ways [R]. RiskMetrics Group, LLC, August 31 1999: 1-12.

[288] Stefan Pichler, Karl Selitsch. A Comparison of Analytical VaR Methodologies for Portfolios that Include Options [Z]. Technical Document, TU Wien, December 1999: 1-22.

[289] Roger B Nelsen. An Introduction to Copulas (Second Edition) [M]. New York: Springer Science & Business Media, Inc, 2006.

[290] 中国社会科学院语言研究所词典编辑室编.现代汉语词典[K].北京:商务出版社,2005:1696.

[291] 费伦苏,邓明然.商业银行操作风险的传染载体、路径及效应分析[J].现代经济探讨,2007(7):83-87.

[292] 约翰.赫尔.风险管理与金融机构(第二版)[M].王勇,译.北京:机械工业出版社,2010:64.

[293] J Michael Harrison, David M Kreps. Speculative Investor Behavior in a Stock Market with Heterogeneous Expectations [J]. Quarterly Journal of Economics, 1978, 92(2):323-336.

[294] Milton Harris, Artur Raviv. Differences of Opinion Make a Horse Race [J]. Review of Financial Studies, 1993(6):473-506.

[295] Eugene Kandel, Neil D Pearson. Differential Interpretation of Public Signals and Trade in Speculative Markets [J]. The Journal of Political Economy, 1995, 103(4):831-872.

[296] 殷剑峰.商品市场的金融化与油价泡沫[J].中国货币市场,2008(11):36-41.

[297] 尹力博,柳依依.中国商品期货金融化了吗?——来自国际股票市场的证据[J].金融研究,2016(03):189-206.

[298] 胡聪慧,刘学良.大宗商品与股票市场联动性研究:基于融资流动性的视角[J].金融研究,2017(07):123-139.

[299] Christopher A Sims. Macroeconomics and Reality[J]. Econometrica, 1980, 48(1):1-48.

[300] Søren Johansen, Katarina Juselius. Maximum Likelihood Estimation and Inference on Cointegration—With Applications to the Demand for Money[J]. Oxford Bulletin of Economics and Statistics, 1990, 52:169-210.

[301] Gary Koop, M Hashem Pesaran, Simon M Potter. Impulse Response Analysis in Nonlinear Multivariate Models[J]. Journal of Econometrics, 1996, 74(1):119-147.

[302] Timothy Cogley, Thomas J Sargent. Drifts and Volatilities: Monetary Policies and Outcomes in the Post WWII US[J]. Review of Economic Dynamics, 2005, 8(2):262-302.

[303] Giorgio E Primiceri. Time Varying Structural Vector Autoregressions and Monetary Policy[J]. Review of Economic Studies, 2005, 72(3):821-852.

[304] Jouchi Nakajima. Time-Varying Parameter VAR Model with Stochastic Volatility: An Overview of Methodology and Empirical Applications[J]. Monetary and Economic Studies, 2011, 29:107-142.

[305] Jouchi Nakajima, Munehisa Kasuya, Toshiaki Watanabe. Bayesian Analysis of Time-varying Parameter Vector Autoregressive Model for the Japanese Economy and Monetary Policy[J]. Journal of the Japanese and International Economies, 2011,25(3): 225 – 245.

[306] Robert Engle. Dynamic Conditional Correlation: A Simple Class of Multivariate Generalized Autoregressive Conditional Heteroskedasticity Models[J]. Journal of Business & Economic Statistics, 2002, 20:339 – 350.

[307] Yiu Kuen Tse, Albert K C Tsui. A Multivariate Generalized Autoregressive Conditional Heteroscedasticity Model with Time-Varying Correlations[J]. Journal of Business and Economic Statistics, 2002,20: 351 – 362.

[308] Tobias Adrian, Markus K Brunnermeier. CoVaR[R]. Federal Reserve Bank of New York Staff Report,2008, No. 348.

[309] Tobias Adrian, Markus K Brunnermeier. CoVaR[J]. American Economic Review,2016, 106(7): 1705 – 41.

[310] 刘庆富,华仁海.中国股指期货与股票现货市场之间的风险传递效应研究[J]. 统计研究,2011,28(11):84 – 90.

[311] John Y Campbell, Robert J Shiller. Cointegration and Tests of Present Value Models [J].Journal of Political Economy, 1987, 95(5): 1062 – 1088.

[312] John Y Campbell, Robert J Shiller. Yield Spreads and Interest Rate Movements: A Bird's Eye View [J]. Review of Economic

Studies,1991,58:495-514.

[313] Mark P Taylor. Modelling the Yield Curve[J]. The Economic Journal,1992,102:524-537.

[314] Tom Engsted, Carsten Tanggaard. Cointegration and the US Term Structure[J]. Journal of Banking & Finance,1994,18:167-181.

[315] 唐齐鸣,高翔.我国同业拆借市场利率期限结构的实证研究[J].统计研究,2002(05):33-36.

[316] 吴丹,谢赤.中国银行间国债利率期限结构的预期理论检验[J].管理学报,2005(05):536-541.

[317] 杨东亮,赵振全.我国利率期限结构特征识别与启示[J].吉林大学社会科学学报,2011,51(04):95-102.

[318] 卢倩倩,许坤.短期利率向长期利率传导的有效性分析[J].价格理论与实践,2019(07):82-86.

[319] 朱世武,陈健恒.利率期限结构理论实证检验与期限风险溢价研究[J].金融研究,2004(05):78-88.

[320] 史敏,汪寿阳,徐山鹰,陶铄.银行同业拆借市场利率期限结构实证研究[J].管理科学学报,2005(05):47-53.

[321] 张雪莹,陆红,汪冰.短期利率与长期利率的关系之谜:国际表现与中国实证[J].上海金融,2010(09):32-36.

[322] 徐剑刚,唐国兴.短期利率与长期利率间的隐藏协整分析[J].复旦学报(自然科学版),2003(05):779-786.

[323] 韩国文,邓颖婷.利率期限结构的突变效应:多结构变点协整分析[J].中南大学学报(社会科学版),2016,22(05):101-108+163.

[324] 中国人民银行南京分行课题组,周学东,李文森.基于短长期利率关系的中央银行政策利率传导机制研究[J].上海金融,2015(10):25-39.

[325] 张树忠,李天忠,丁涛.农产品期货价格指数与CPI关系的实证研究[J].金融研究,2006(11):103-115.

[326] 中国人民银行郑州中心支行课题组,杜迎伟,李天忠.中国期货指数宏观经济预警功能研究[J].金融理论与实践,2008(09):3-9.

[327] 冯科,李昕昕.中国商品期货价格指数对货币政策效果监控的参考价值[J].中南财经政法大学学报,2014(02):99-105+160.